最高人民法院案例指导工作指定用书

中国案例指导

CHINA CASE GUIDANCE

2023年第2辑（总第14辑）

杨万明　主编　段农根　副主编
最高人民法院案例指导工作办公室　编著

法律出版社
LAW PRESS·CHINA
北京

图书在版编目(CIP)数据

中国案例指导. 总第14辑 / 杨万明主编 ; 最高人民法院案例指导工作办公室编著. -- 北京 : 法律出版社, 2023

ISBN 978-7-5197-7598-8

Ⅰ. ①中… Ⅱ. ①杨… ②最… Ⅲ. ①案例－中国－丛刊 Ⅳ. ①D920.5-55

中国国家版本馆CIP数据核字(2023)第029824号

中国案例指导(总第14辑)
ZHONGGUO ANLI ZHIDAO
(ZONG DI-14 JI)

杨万明 主编
最高人民法院案例指导工作办公室 编著

策划编辑 冯雨春 李沂蔚
责任编辑 李沂蔚
装帧设计 李 瞻

出版发行 法律出版社
编辑统筹 法律应用出版分社
责任校对 朱海波
责任印制 刘晓伟
经　　销 新华书店

开本 710毫米×1000毫米 1/16
印张 19　　字数 330千
版本 2023年2月第1版
印次 2023年2月第1次印刷
印刷 三河市龙大印装有限公司

地址:北京市丰台区莲花池西里7号(100073)
网址:www.lawpress.com.cn
投稿邮箱:info@lawpress.com.cn
举报盗版邮箱:jbwq@lawpress.com.cn

销售电话:010-83938349
客服电话:010-83938350
咨询电话:010-63939796

书号:ISBN 978-7-5197-7598-8　　定价:86.00元

凡购买本社图书,如有印装错误,我社负责退换。电话:010-83938349

《中国案例指导》
编审委员会

《中国案例指导》
编　辑　部

充分发挥案例指导作用
促进法律统一正确实施(代序)

最高人民法院院长　周　强

案例指导制度是最高人民法院为总结审判经验、加强监督指导、统一法律适用、提高审判质量、维护司法公正而建立的一项具有中国特色的司法制度。该制度旨在通过统一发布对全国法院审判、执行工作具有指导作用的典型案例,规范法官自由裁量权,着力解决群众反映强烈的"同案不同判"问题;同时通过典型案例发挥司法规范、指导、评价、引领社会价值的重要作用,大力弘扬社会主义法治精神和社会主义核心价值观,增强全民法治意识,倡导良好社会新风。自建立以来,案例指导制度发展迅速,在统一裁判标准、提高审判质量、提升司法公信力方面发挥了重要作用。编撰《中国案例指导》丛书,将最高人民法院分批发布的指导性案例、关于案例指导制度的最新理论研究成果等汇编成书,是贯彻落实党的十八届四中全会关于加强案例指导工作要求的具体措施,必将有力推动案例指导制度的发展完善,促进形成有利于维护法制统一的法律适用机制,从而为促进法律正确实施,全面推进依法治国,实现中华民族伟大复兴的中国梦作出积极贡献。

一、案例指导制度是中国特色社会主义司法制度的重要组成部分

在人民司法制度建立初期,人民法院就十分重视通过典型案例指导审判工作。早在20世纪50年代,最高人民法院就开始用案例指导审判工作实

践。1954年年初,起草了《最高人民法院关于处理奸淫幼女案件的经验总结和对奸淫幼女罪犯的处刑意见》,并于1957年将经修订的《最高人民法院1955年以来奸淫幼女案件检查总结》以内部文件形式印发各地法院执行。这对统一全国各地量刑标准,纠正重罪轻判和罪与非罪界限不清现象,起到了重要作用。1956年的全国司法审判工作会议明确提出要分类分批汇编案例用以指导审判。1962年3月,毛泽东同志指出:"没有法律不行,刑法、民法一定要搞,不仅要制定法律,还要编案例。"同年12月,最高人民法院颁布《关于人民法院工作若干问题的规定》,明确要求"总结审判工作经验,选择案例,指导工作"。

改革开放以来,案例指导工作得到进一步发展。20世纪70年代末,最高人民法院印发9个典型案例,具体指导全国各级法院纠正"文化大革命"期间形成的冤错案件。随着刑法、刑事诉讼法等法律的颁布施行,1984年最高人民法院以文件形式印发了《刑事犯罪案例选编》(共包含34个案例),对定罪量刑问题提出具体指导意见。1985年7月18日,最高人民法院下发《关于破坏军人婚姻罪的四个案件》的通知,发布了四个破坏军人婚姻罪案例。1985年5月,《最高人民法院公报》开始向社会公布各类典型案例,供各级法院参考借鉴。自20世纪90年代起,最高人民法院各审判业务庭和教学研究单位相继出版审判参考类刊物。

1999年最高人民法院制定的《人民法院五年改革纲要》明确提出,要编选典型案例,供下级法院审判类似案件时参考。2005年《人民法院第二个五年改革纲要》第一次正式提出,要"建立和完善案例指导制度"。2008年12月,中央关于深化司法体制和工作机制改革若干问题的意见将案例指导制度作为国家司法改革的一项重要内容。2010年11月26日,最高人民法院颁布《关于案例指导工作的规定》,标志着中国特色案例指导制度正式确立。

二、案例指导制度在人民法院工作中发挥着重要作用

案例指导制度有利于统一法律适用和裁判尺度。受我国各地经济社会

发展不平衡、司法人员司法能力差异、地方执法环境不同等多种因素影响，在我国司法实践中长期存在“同案不同判”现象，影响了国家法律的统一适用，损害了司法公信力，人民群众反映强烈。建立案例指导制度，发布社会广泛关注，法律规定比较原则，具有典型性、疑难复杂或者新类型案例，为广大法官审理类似案件提供参考，可有效规范和限制自由裁量权，确保同类案件的法律适用基本统一，裁判尺度基本相同，处理结果基本一致。同时，以案例这种群众喜闻乐见的方式推动实现法律统一适用，可极大增强群众对司法的信任和支持，促进提升司法公信力。

案例指导制度有利于提升审判效率。案例具有及时性、灵活性、针对性强、易于把握的特点。用已决案例指导待决类似案件的裁判，可以在“抽象到具体”的法律适用中，增加一个“具体到具体”的参照，有助于缩短办案时间，提高司法效率。特别是对于新型、疑难、复杂案件而言，既能提升案件审判效率，也有助于减轻涉诉群众讼累。最高人民法院建立案例指导制度，定期发布指导性案例，以一个个具体案例来指导、规范众多类似案件的裁判，可以使广大法官审理同类案件的进程大大加快，为群众提供更为高效的司法服务。

案例指导制度有利于弘扬社会主义法治精神和社会主义核心价值观。案例是法制宣传教育的“活教材”。通过定期公布典型案例，可以增强全民的法治意识，使公众从案例中直观领悟法律的原则和精神，促进在全社会形成办事依法、遇事找法、解决问题用法、化解矛盾靠法的良好法治环境和尊重司法、信仰法律、崇尚法治的良好氛围。同时，通过发布案例这种群众看得见的方式，可以更好地发挥司法的指导引领作用，使群众更加深刻直接地了解什么行为是法律允许的，什么行为是法律禁止的，进而理解哪些行为是符合社会主义核心价值观的，哪些行为是违背社会主义核心价值观的，从而推动社会主义核心价值观建设，促进形成良好道德风尚和正确价值导向。

三、以改革创新精神进一步加强案例指导工作

党的十八大和十八届三中全会对全面深化改革、全面推进依法治国作

出了重大战略部署，党的十八届四中全会为法治中国建设描绘了新的宏伟蓝图。加强公正司法、推进依法治国是一项伟大的事业，人民法院促进法律统一正确实施的责任更加重大，任务更为艰巨，必须以改革创新精神进一步加强案例指导工作，为审判实践提供更多可资借鉴的指导性案例。

要把案例指导工作置于坚持和完善中国特色社会主义司法制度的战略高度来谋划。案例指导制度以其统一司法标准、规范裁判尺度的功能，进一步丰富和发展了中国特色社会主义司法制度的内涵。人民法院必须从坚持和完善中国特色社会主义司法制度的战略高度，持续推进人民法院案例指导工作，将其作为人民法院的一项常态性、基础性工作来规划和部署，以充分发挥案例指导制度在审判执行工作中的重要作用。

要把案例指导工作作为加强公正司法的有力抓手。在全面深化改革、全面推进依法治国背景下部署实施的人民法院新一轮司法改革，一个重要目的是确保依法独立公正行使审判权，实现司法公正，维护社会公平正义。通过编撰、发布指导性案例，总结审判经验，统一裁判标准，实施类案指导，有助于进一步规范司法行为、深化司法公开，让公平正义以看得见的方式实现。人民法院要以案例指导工作为抓手，以指导性案例为示范，引导一线办案法官在立案、审理、裁判、执行各个环节严格依法办案，确保司法公正。

要加强案例指导工作的规范化、标准化和信息化建设。各级法院要高度重视从维护国家安全和社会稳定、促进经济社会发展、维护市场秩序、服务保障民生等方面加强指导性案例编选工作，按照指导审判、宣传法治、促进和谐、引领进步的原则，及时编选发布裁判公正、效果良好、具有普遍指导价值的案例。要统筹研究和规划案例指导工作，规范各个层级、各种类型案例的编写体例、程序和发布主体，明确不同案例的效力和功能，方便广大法官和人民群众根据需要了解、掌握和运用司法案例。要积极适应信息技术快速发展与新媒体、大数据时代给案例指导工作带来的机遇、挑战和影响，切实加强案例指导工作信息化建设，努力建成全国法院案例信息汇集中心，更好地发挥指导性案例的作用。

要进一步完善案例指导工作机制。要逐步建立完善案例发现、论证、编发、考评等工作机制,确保广泛选择、精心编写、审慎公布案例。要积极引导和支持广大法官在审判执行工作中增强精品意识,强化法律思维,注重裁判说理,坚持程序公正和实体公正相统一,从一开始就努力把案件办成人民群众接受和认可的经典案例。要不断健全表彰激励机制,激发全国四级法院法官参与案例指导工作的积极性和主动性,推动人民法院案例指导工作不断迈上新台阶,为完善中国特色社会主义司法制度、促进实施依法治国基本方略作出新的更大贡献。

是为序。

2014年10月28日

编辑说明

案例指导制度是最高人民法院为总结司法经验,指导审判工作,统一司法尺度和裁判标准,促进司法公正,提升司法公信,充分发挥指导性案例作用的一项具有中国特色的司法制度。党的十八届四中全会通过的《中共中央关于全面推进依法治国若干重大问题的决定》要求:“加强和规范司法解释和案例指导,统一法律适用标准。”这是党的文献首次对案例指导工作提出明确要求,体现了党中央对案例指导制度的高度重视。2018 年修订的《人民法院组织法》首次从法律上确立了案例指导制度,第十八条第二款明确规定:“最高人民法院可以发布指导性案例。”为加强审判工作业务指导,及时交流案例指导工作经验,更好地为案例应用、法治宣传、案例教学和研究等工作服务,最高人民法院决定编辑《中国案例指导》丛书,搭建案例指导工作平台和交流载体。本丛书首次以指导性案例为主体,是最高人民法院案例指导工作办公室指导案例工作的公开出版物,是指导性案例的权威性、标志性、集成性发布平台。丛书重点围绕指导性案例和案例指导工作,主要设置以下栏目:

一、指导性案例

根据最高人民法院《关于案例指导工作的规定》第一条规定,对全国法院审判、执行工作具有指导作用的指导性案例,由最高人民法院确定并统一发布。本栏目有三部分内容:一是最高人民法院发布的指导性案例及新闻稿;二是指导性案例的裁判者、编选者撰写的指导性案例的理解与参照文章,全面、深入阐明指导性案例的编选经过和指导价值,审判实践中需要明确的问题和参照适用中应当注意的情况,为准确理解和参照适用指导性案例、依法裁判案件提供指导和帮助;三是与指导性案例相关的法律法规、司法解释、裁判文书、推荐单位和编写人等。根据最高人民法院《关于案例指导工作的规定》第七条规定，各级人民法院在审判类似案件时应当参照指导性案例。

二、参考性案例

最高人民法院《关于规范上下级人民法院审判业务关系的若干意见》第九条规定，高级人民法院可以发布参考性案例，对辖区内各级人民法院和专门人民法院的审判业务工作进行指导。本栏目为各高级人民法院根据上述文件发布的参考性案例，以及相关案例解读文章。

三、典型案例

本栏目为最高人民法院公布的具有典型意义的案例，通过具体案例阐明法律规定、宣传法院工作、开展法治教育、弘扬法治精神。

四、研讨案例

本栏目为全国各级人民法院公布或推荐的其他具有研讨价值的案例，针对法律适用中的重大、疑难、争议问题，进行深入分析和探讨，倡导学术争鸣，促进案例研究。

五、案例论坛

本栏目为专家、学者、法官及社会各界人士撰写的与案例或案例指导制度相关的论文和评论，对案例指导工作进行理论研究和实务探讨，促进学术智慧共享，推动案例工作发展。

六、案例工作

本栏目视情设置"文件规定""领导讲话""工作动态"等子栏目，为最新的与案例指导工作相关的规范性文件，最高人民法院院领导的重要讲话，以及各地人民法院开展案例指导工作的经验和做法等，以指导案例工作开展，展示案例指导工作成效。

本丛书的主旨在于及时出版指导性案例及其相关资料，总结和交流案例指导工作经验，推动案例指导制度理论和实务方面的研究和探索，为审判工作提供及时的指导和服务，为司法理论研究和案例教学提供生动鲜活、内容充实的参考资料。希望法学理论界和司法实务部门关心案例指导工作的专家、学者、司法工作者踊跃投稿，多提宝贵意见和建议，共同促进中国特色案例指导制度发展完善，为全面推进依法治国、建设社会主义法治国家做出更大贡献。

目　录

【指导性案例】

【参考性案例】

【典型案例】

【案例论坛】

【案例工作】

【指导性案例】

最高人民法院
关于发布第26批指导性案例的通知

法〔2020〕352号

各省、自治区、直辖市高级人民法院，解放军军事法院，新疆维吾尔自治区高级人民法院生产建设兵团分院：

经最高人民法院审判委员会讨论决定，现将张那木拉正当防卫案等四个案例（指导案例144—147号），作为第26批指导性案例发布，供在审判类似案件时参照。

最高人民法院
2020年12月31日

指导案例144号

张那木拉正当防卫案

（最高人民法院审判委员会讨论通过　2020年12月29日发布）

关键词　刑事/正当防卫/特殊防卫/行凶/宣告无罪

裁判要点

1. 对于使用致命性凶器攻击他人要害部位，严重危及他人人身安全的行为，应当认定为刑法第二十条第三款规定的“行凶”,可以适用特殊防卫的有关规定。

2. 对于多人共同实施不法侵害,部分不法侵害人已被制伏,但其他不法侵害人仍在继续实施侵害的,仍然可以进行防卫。

相关法条

《中华人民共和国刑法》第20条

基本案情

张那木拉与其兄张某1二人均在天津市西青区打工。2016年1月11日,张某1与案外人李某某驾驶机动车发生交通事故。事故发生后,李某某驾车逃逸。在处理事故过程中,张那木拉一方认为交警处置懈怠。此后,张那木拉听说周某强在交警队有人脉关系,遂通过鱼塘老板牛某找到周某强,请周某强向交警“打招呼”,周某强应允。3月10日,张那木拉在交警队处理纠纷时与交警发生争吵,这时恰巧周某强给张那木拉打来电话,张那木拉以为周某强能够压制交警,就让交警直接接听周某强的电话,张那木拉此举引起周某强不满,周某强随即挂掉电话。次日,牛某在电话里提醒张那木拉小心点,周某强对此事没完。

3月12日早上8时许,张那木拉与其兄张某1及赵某在天津市西青区鱼塘旁的小屋内闲聊,周某强纠集丛某、张某2、陈某2新,由丛某驾车,并携带了陈某2新事先准备好的两把砍刀,至天津市西青区张那木拉暂住处(分为里屋外屋)。四人首次进入张那木拉暂住处确认张那木拉在屋后,随即返回车内,取出事前准备好的两把砍刀。其中,周某强、陈某2新二人各持砍刀一把,丛某、张某2分别从鱼塘边操起铁锹、铁锤再次进入张那木拉暂住处。张某1见状上前将走在最后边的张某2截在外屋,二人发生厮打。周某强、陈某2新、丛某进入里屋内,三人共同向屋外拉拽张那木拉,张那木拉向后挣脱。此刻,周某强、陈某2新见张那木拉不肯出屋,持刀砍向张那木拉后脑部,张那木拉随手在茶几上抓起一把尖刀捅刺了陈某2新的胸部,陈某2新被捅后退到外屋,随后倒地。其间,丛某持铁锹击打张那木拉后脑处。周某强、丛某见陈某2新倒地后也跑出屋外。张那木拉将尖刀放回原处。此时,其发现张某2仍在屋外与其兄张某1相互厮打,为防止张某1被殴打,其到屋外,随手拿起门口处的铁锹将正挥舞砍刀的周某强打入鱼塘中,周某强爬上岸后张那木拉再次将其打落水中,最终致周某强左尺骨近段粉碎性骨折,其所持砍刀落入鱼塘中。此时,张某1已经将张某2手中的铁锤夺下,并将张某2打落鱼塘中。张那木拉随即拨打电话报警并在现场等待。陈某2新被送往医院后,因单刃锐器刺破心脏致失血性休克死亡;张那木拉头皮损伤程度构成轻微伤;周某强左尺骨损伤程度构成轻伤一级。

裁判结果

天津市西青区人民法院于2017年12月13日作出(2016)津0111刑初576号刑事附带民事判决,以被告人张那木拉犯故意伤害罪,判处有期徒刑十二年六个月。被告人张那木拉以其系正当防卫、不构成犯罪为由提出上诉。天津市第一中级人民法院于2018年12月14日作出(2018)津01刑终326号刑事附带民事判决,撤销天津市西青区人民法院(2016)津0111刑初576号刑事附带民事判决,宣告张那木拉无罪。

裁判理由

法院生效裁判认为,张那木拉的行为系正当防卫行为,而且是刑法第二十条第三款规定的特殊防卫行为。本案中,张那木拉是在周某强、陈某2新等人突然闯入其私人场所,实施严重不法侵害的情况下进行反击的。周某强、陈某2新等四人均提前准备了作案工具,进入现场时两人分别手持长约50厘米的砍刀,一人持铁锹,一人持铁锤,而张那木拉一方是并无任何思想准备的。周某强一方闯入屋内后径行对张那木拉实施拖拽,并在张那木拉转身向后挣脱时,使用所携带的凶器砸砍张那木拉后脑部。从侵害方人数、所持凶器、打击部位等情节看,以普通人的认识水平判断,应当认为不法侵害已经达到现实危害张那木拉的人身安全、危及其生命安全的程度,属于刑法第二十条第三款规定的“行凶”。张那木拉为制止正在进行的不法侵害,顺手从身边抓起一把平时生活所用刀具捅刺不法侵害人,具有正当性,属于正当防卫。

另外,监控录像显示陈某2新倒地后,周某强跑向屋外后仍然挥舞砍刀,此时张那木拉及其兄张某1人身安全面临的危险并没有完全排除,其在屋外打伤周某强的行为仍然属于防卫行为。

根据刑法第二十条第三款的规定,对正在进行行凶、杀人、抢劫、强奸、绑架以及其他严重危及人身安全的暴力犯罪,采取防卫行为,造成不法侵害人伤亡的,不属于防卫过当,不负刑事责任。本案中,张那木拉的行为虽然造成了一死一伤的后果,但是属于制止不法侵害的正当防卫行为,依法不负刑事责任。

(生效裁判审判人员:杨雪梅、何振奎、路　诚)

指导案例145号

张竣杰等非法控制计算机信息系统案

(最高人民法院审判委员会讨论通过 2020年12月29日发布)

关键词 刑事/非法控制计算机信息系统罪/破坏计算机信息系统罪/采用其他技术手段/修改增加数据/木马程序

裁判要点

1. 通过植入木马程序的方式,非法获取网站服务器的控制权限,进而通过修改、增加计算机信息系统数据,向相关计算机信息系统上传网页链接代码的,应当认定为刑法第二百八十五条第二款“采用其他技术手段”非法控制计算机信息系统的行为。

2. 通过修改、增加计算机信息系统数据,对该计算机信息系统实施非法控制,但未造成系统功能实质性破坏或者不能正常运行的,不应当认定为破坏计算机信息系统罪,符合刑法第二百八十五条第二款规定的,应当认定为非法控制计算机信息系统罪。

相关法条

《中华人民共和国刑法》第285条第1款、第2款

基本案情

自2017年7月开始,被告人张竣杰、彭玲珑、祝东、姜宇豪经事先共谋,为赚取赌博网站广告费用,在马来西亚吉隆坡市租住的Trillion公寓B幢902室内,相互配合,对存在防护漏洞的目标服务器进行检索、筛查后,向目标服务器植入木马程序(后门程序)进行控制,再使用“菜刀”等软件链接该木马程序,获取目标服务器后台浏览、增加、删除、修改等操作权限,将添加了赌博关键字并设置自动跳转功能的静态网页,上传至目标服务器,提高赌博网站广告被搜索引擎命中几率。截止2017年9月底,被告人张竣杰、彭玲珑、祝东、姜宇豪链接被植入木马程序的目标服务器共计113台,其中部分网站服务器还被植入了含有赌博关键词的广告网页。后公安机关将被告人张竣杰、彭玲珑、祝东、姜宇豪抓获到案。公诉机关以破坏计算机信息系统罪对四人提起公诉。被告人张竣杰、彭玲珑、祝东、姜宇豪及其辩护人在庭审中均

对指控的主要事实予以承认;被告人张竣杰、彭玲珑、祝东及其辩护人提出,各被告人的行为仅是对目标服务器的侵入或非法控制,非破坏,应定性为非法侵入计算机信息系统罪或非法控制计算机信息系统罪,不构成破坏计算机信息系统罪。

裁判结果

江苏省南京市鼓楼区人民法院于2019年7月29日作出(2018)苏0106刑初487号刑事判决:一、被告人张竣杰犯非法控制计算机信息系统罪,判处有期徒刑五年六个月,罚金人民币五万元。二、被告人彭玲珑犯非法控制计算机信息系统罪,判处有期徒刑五年三个月,罚金人民币五万元。三、被告人祝东犯非法控制计算机信息系统罪,判处有期徒刑五年,罚金人民币四万元。四、被告人姜宇豪犯非法控制计算机信息系统罪,判处有期徒刑二年六个月,罚金人民币二万元。一审宣判后,被告人姜宇豪以一审量刑过重为由提出上诉,其辩护人请求对被告人姜宇豪宣告缓刑。江苏省南京市中级人民法院于2019年9月16日作出(2019)苏01刑终768号裁定:驳回上诉,维持原判。

裁判理由

法院生效裁判认为,被告人张竣杰、彭玲珑、祝东、姜宇豪共同违反国家规定,对我国境内计算机信息系统实施非法控制,情节特别严重,其行为均已构成非法控制计算机信息系统罪,且系共同犯罪。南京市鼓楼区人民检察院指控被告人张竣杰、彭玲珑、祝东、姜宇豪实施侵犯计算机信息系统犯罪的事实清楚,证据确实、充分,但以破坏计算机信息系统罪予以指控不当。经查,被告人张竣杰、彭玲珑、祝东、姜宇豪虽对目标服务器的数据实施了修改、增加的侵犯行为,但未造成该信息系统功能实质性的破坏,或不能正常运行,也未对该信息系统内有价值的数据进行增加、删改,其行为不属于破坏计算机信息系统犯罪中的对计算机信息系统中存储、处理或者传输的数据进行删除、修改、增加的行为,应认定为非法控制计算机信息系统罪。部分被告人及辩护人提出相同定性的辩解、辩护意见,予以采纳。关于上诉人姜宇豪提出"量刑过重"的上诉理由及辩护人提出宣告缓刑的辩护意见,经查,该上诉人及其他被告人链接被植入木马程序的目标服务器共计113台,属于情节特别严重。一审法院依据本案的犯罪事实和上诉人的犯罪情节,对上诉人减轻处罚,量刑适当且与其他被告人的刑期均衡。综合上诉人犯罪行为的性质、所造成的后果及其社会危害性,不宜对上诉人适用缓刑。故对上诉理由及辩护意见,不予采纳。

(生效裁判审判人员:王　斌、黄　霞、李　涛)

指导案例146号

陈庆豪、陈淑娟、赵延海开设赌场案

(最高人民法院审判委员会讨论通过 2020年12月29日发布)

关键词 刑事/开设赌场罪/“二元期权”/赌博网站

裁判要点

以“二元期权”交易的名义,在法定期货交易场所之外利用互联网招揽“投资者”,以未来某段时间外汇品种的价格走势为交易对象,按照“买涨”“买跌”确定盈亏,买对涨跌方向的“投资者”得利,买错的本金归网站(庄家)所有,盈亏结果不与价格实际涨跌幅度挂钩的,本质是“押大小、赌输赢”,是披着期权交易外衣的赌博行为。对相关网站应当认定为赌博网站。

相关法条

《中华人民共和国刑法》第303条

基本案情

2016年6月,北京龙汇联创教育科技有限公司(以下简称“龙汇公司”)设立,负责为龙汇网站的经营提供客户培训、客户维护、客户发展服务,幕后实际控制人周熙坤。周熙坤利用上海麦曦商务咨询有限公司聘请讲师、经理、客服等工作人员,并假冒上海哲荔网络科技有限公司等在智付电子支付有限公司的支付账户,接收全国各地会员注册交易资金。

龙汇网站以经营“二元期权”交易为业,通过招揽会员以“买涨”或“买跌”的方式参与赌博。会员在龙汇网站注册充值后,下载安装市场行情接收软件和龙汇网站自制插件,选择某一外汇交易品种,并选择1M(分钟)到60M不等的到期时间,下单交易金额,并点击“买涨”或“买跌”按钮完成交易。买定离手之后,不可更改交易内容,不能止损止盈,若买对涨跌方向即可盈利交易金额的76%-78%,若买错涨跌方向则本金全亏,盈亏情况不与外汇实际涨跌幅度挂钩。龙汇网站建立了等级经纪人制度及对应的佣金制度,等级经纪人包括SB银级至PB铂金三星级六个等级。截止案发,龙汇网站在全国约有10万会员。

2017年1月,陈庆豪受周熙坤聘请为顾问、市场总监,从事日常事务协调管理,维系龙汇网站与高级经纪人之间的关系，出席“培训会”“说明会”并进行宣传，发展会员，拓展市场。2016 年 1 月，陈淑娟在龙汇网站注册账号，通过发展会员一度成为 PB 铂金一星级经纪人，下有 17000 余个会员账号。2016 年 2 月，赵延海在龙汇网站注册账号，通过发展会员一度成为 PB 铂金级经纪人，下有 8000 余个会员账号。经江西大众司法鉴定中心司法会计鉴定，2017 年 1 月 1 日至 2017 年 7 月 5 日，陈淑娟从龙汇网站提款 180975.04 美元，赵延海从龙汇网站提款 11598.11 美元。2017 年 7 月 5 日，陈庆豪、陈淑娟和赵延海被抓获归案。陈庆豪归案后，于 2017 年 8 月 8 日退缴 35 万元违法所得。

裁判结果

江西省吉安市中级人民法院于 2019 年 3 月 22 日作出（2018）赣 08 刑初 21 号刑事判决，以被告人陈庆豪犯开设赌场罪，判处有期徒刑三年，并处罚金人民币五十万元，驱逐出境；被告人陈淑娟犯赌博罪，判处有期徒刑二年，并处罚金人民币三十万元；被告人赵延海犯赌博罪，判处有期徒刑一年十个月，并处罚金人民币二十万元；继续追缴被告人陈淑娟和赵延海的违法所得。宣判后，陈庆豪、陈淑娟提出上诉。江西省高级人民法院于 2019 年 9 月 26 日作出（2019）赣刑终 93 号刑事判决，以上诉人陈庆豪犯开设赌场罪，改判有期徒刑二年六个月，并处罚金人民币五十万元，驱逐出境；上诉人陈淑娟犯开设赌场罪，判处有期徒刑二年，并处罚金人民币三十万元；被告人赵延海犯开设赌场罪，判处有期徒刑一年十个月，并处罚金人民币二十万元；继续追缴陈淑娟和赵延海的违法所得。

裁判理由

法院生效裁判认为，根据国务院 2017 年修订的《期货交易管理条例》第一条、第四条、第六条规定，期权合约是指期货交易场所统一制定的、规定买方有权在将来某一时间以特定价格买入或者卖出约定标的物的标准化合约。期货交易应当在期货交易所等法定期货交易场所进行，禁止期货交易场所之外进行期货交易。未经国务院或者国务院期货监督管理机构批准，任何单位或者个人不得以任何形式组织期货交易。简言之，期权是一种以股票、期货等品种的价格为标的，在法定期货交易场所进行交易的金融产品，在交易过程中需完成买卖双方权利的转移，具有规避价格风险、服务实体经济的功能。

龙汇“二元期权”的交易方法是下载市场行情接收软件和龙汇网站自制插件，会员选择外汇品种和时间段，点击“买涨”或“买跌”按钮完成交易，买对涨跌方向即可盈利交易金额的 76% –78%，买错涨跌方向则本金即归网站（庄家）所有，盈亏结果与外汇交易品种涨跌幅度无关，实则是以未来某段时间外汇、股票等品种的价格走势为交易对象，以标的价格走势的涨跌决定交易者的财产损益，交易价格与盈亏幅度事前确定,盈亏结果与价格实际涨跌幅度不挂钩,交易者没有权利行使和转移环节,交易结果具有偶然性、投机性和射幸性。因此,龙汇“二元期权”与“押大小、赌输赢”的赌博行为本质相同,实为网络平台与投资者之间的对赌,是披着期权外衣的赌博行为。

被告人陈庆豪在龙汇公司担任中国区域市场总监,从事日常事务协调管理,维护公司与经纪人关系,参加各地说明会、培训会并宣传龙汇“二元期权”,发展新会员和开拓新市场,符合《最高人民法院最高人民检察院公安部关于办理网络赌博犯罪案件适用法律若干问题的意见》(以下简称《意见》)第二条规定的明知是赌博网站,而为其提供投放广告、发展会员等服务的行为,构成开设赌场罪,其非法所得已达到《意见》第二条规定的“收取服务费数额在2万元以上的”5倍以上,应认定为开设赌场“情节严重”。但考虑到其犯罪事实、行为性质、在共同犯罪中的地位作用和从轻量刑情节,对其有期徒刑刑期予以酌减,对罚金刑依法予以维持。陈淑娟、赵延海面向社会公众招揽赌客参加赌博,属于为赌博网站担任代理并接受投注行为,且行为具有组织性、持续性、开放性,构成开设赌场罪,并达到“情节严重”。原判认定陈淑娟、赵延海的罪名不当,二审依法改变其罪名,但根据上诉不加刑原则,维持一审对其量刑。

(生效裁判审判人员:陈建平、汤媛媛、尧宇华)

指导案例147号

张永明、毛伟明、张鹭故意损毁名胜古迹案

(最高人民法院审判委员会讨论通过 2020年12月29日发布)

关键词 刑事/故意损毁名胜古迹罪/国家保护的名胜古迹/情节严重/专家意见

裁判要点

1. 风景名胜区的核心景区属于刑法第三百二十四条第二款规定的“国家保护

的名胜古迹”。对核心景区内的世界自然遗产实施打岩钉等破坏活动,严重破坏自然遗产的自然性、原始性、完整性和稳定性的,综合考虑有关地质遗迹的特点、损坏程度等,可以认定为故意损毁国家保护的名胜古迹“情节严重”。

2. 对刑事案件中的专门性问题需要鉴定,但没有鉴定机构的,可以指派、聘请有专门知识的人就案件的专门性问题出具报告,相关报告在刑事诉讼中可以作为证据使用。

相关法条

《中华人民共和国刑法》第 324 条

基本案情

2017 年 4 月份左右,被告人张永明、毛伟明、张鹭三人通过微信联系,约定前往三清山风景名胜区攀爬“巨蟒出山”岩柱体(又称巨蟒峰)。2017 年 4 月 15 日凌晨 4 时左右,张永明、毛伟明、张鹭三人携带电钻、岩钉(即膨胀螺栓,不锈钢材质)、铁锤、绳索等工具到达巨蟒峰底部。被告人张永明首先攀爬,毛伟明、张鹭在下面拉住绳索保护张永明的安全。在攀爬过程中,张永明在有危险的地方打岩钉,使用电钻在巨蟒峰岩体上钻孔,再用铁锤将岩钉打入孔内,用扳手拧紧,然后在岩钉上布绳索。张永明通过这种方式于早上 6 时 49 分左右攀爬至巨蟒峰顶部。毛伟明一直跟在张永明后面为张永明拉绳索做保护,并沿着张永明布好的绳索于早上 7 时左右攀爬到巨蟒峰顶部。在巨蟒峰顶部,张永明将多余的工具给毛伟明,毛伟明顺着绳索下降,将多余的工具带回宾馆,随后又返回巨蟒峰,攀爬至巨蟒峰 10 多米处,被三清山管委会工作人员发现后劝下并被民警控制。在张永明、毛伟明攀爬开始时,张鹭为张永明拉绳索做保护,之后张鹭回宾馆拿无人机,再返回巨蟒峰,沿着张永明布好的绳索于早上 7 时 30 分左右攀爬至巨蟒峰顶部,在顶部使用无人机进行拍摄。在工作人员劝说下,张鹭、张永明先后于上午 9 时左右、9 时 40 分左右下到巨蟒峰底部并被民警控制。经现场勘查,张永明在巨蟒峰上打入岩钉 26 个。经专家论证,三被告人的行为对巨蟒峰地质遗迹点造成了严重损毁。

裁判结果

江西省上饶市中级人民法院于 2019 年 12 月 26 日作出(2018)赣 11 刑初 34 号刑事判决:一、被告人张永明犯故意损毁名胜古迹罪,判处有期徒刑一年,并处罚金人民币十万元。二、被告人毛伟明犯故意损毁名胜古迹罪,判处有期徒刑六个月,缓刑一年,并处罚金人民币五万元。三、被告人张鹭犯故意损毁名胜古迹罪,免予刑事处罚。四、对扣押在案的犯罪工具手机四部、无人机一台、对讲机二台、攀岩绳、铁锤、电钻、岩钉等予以没收。宣判后,张永明提出上诉。江西省高级人民法院于

2020年5月18日作出(2020)赣刑终44号刑事裁定,驳回被告人张永明的上诉,维持原判。

裁判理由

法院生效裁判认为,本案焦点问题主要为:

一、关于本案的证据采信问题

本案中,三被告人打入26个岩钉的行为对巨蟒峰造成严重损毁的程度,目前全国没有法定司法鉴定机构可以进行鉴定,但是否构成严重损毁又是被告人是否构成犯罪的关键。根据《最高人民法院关于适用〈中华人民共和国刑事诉讼法〉的解释》* 第八十七条规定:“对案件中的专门性问题需要鉴定,但没有法定司法鉴定机构,或者法律、司法解释规定可以进行检验的,可以指派、聘请有专门知识的人进行检验,检验报告可以作为定罪量刑的参考。……经人民法院通知,检验人拒不出庭作证的,检验报告不得作为定罪量刑的参考。”故对打入26个岩钉的行为是否对巨蟒峰造成严重损毁的这一事实,依法聘请有专门知识的人进行检验合情合理合法。本案中的四名地学专家,都长期从事地学领域的研究,都具有地学领域的专业知识,在地学领域发表过大量论文或专著,或主持过地学方面的重大科研课题,具有对巨蟒峰受损情况这一地学领域的专门问题进行评价的能力。四名专家均属于“有专门知识的人”。四名专家出具专家意见系接受侦查机关的有权委托,依据自己的专业知识和现场实地勘查、证据查验,经充分讨论、分析,从专业的角度对打岩钉造成巨蟒峰的损毁情况给出了明确的专业意见,并共同签名。且经法院通知,四名专家中的两名专家以检验人的身份出庭,对“专家意见”的形成过程进行了详细的说明,并接受了控、辩双方及审判人员的质询。“专家意见”结论明确,程序合法,具有可信性。综上,本案中的“专家意见”从主体到程序均符合法定要求,从证据角度而言,“专家意见”完全符合刑事诉讼法第一百九十七条的规定,以及《最高人民法院关于适用〈中华人民共和国刑事诉讼法〉的解释》第八十七条关于有专门知识的人出具检验报告的规定,可以作为定罪量刑的参考。

二、关于本案的损害结果问题

三清山于1988年经国务院批准列为国家重点风景名胜区,2008年被列入世界自然遗产名录,2012年被列入世界地质公园名录。巨蟒峰作为三清山核心标志性景观独一无二、弥足珍贵,其不仅是不可再生的珍稀自然资源型资产,也是可持续利用的自然资产,对于全人类而言具有重大科学价值、美学价值和经济价值。巨蟒峰是经由长期自然风化和重力崩解作用形成的巨型花岗岩体石柱,垂直高度128

---

* 该司法解释已失效。——编者注

米，最细处直径仅7米。本案中，侦查机关依法聘请的四名专家经过现场勘查、证据查验、科学分析，对巨蟒峰地质遗迹点的价值、成因、结构特点及三被告人的行为给巨蟒峰柱体造成的损毁情况给出了“专家意见”。四名专家从地学专业角度，认为被告人的打岩钉攀爬行为对世界自然遗产的核心景观巨蟒峰造成了永久性的损害，破坏了自然遗产的基本属性即自然性、原始性、完整性，特别是在巨蟒峰柱体的脆弱段打入至少4个岩钉，加重了巨蟒峰柱体结构的脆弱性，即对巨蟒峰的稳定性产生了破坏，26个岩钉会直接诱发和加重物理、化学、生物风化，形成新的裂隙，加快花岗岩柱体的侵蚀进程，甚至造成崩解。根据《最高人民法院、最高人民检察院关于办理妨害文物管理等刑事案件适用法律若干问题的解释》第四条第二款第一项规定，结合“专家意见”，应当认定三被告人的行为造成了名胜古迹“严重损毁”，已触犯刑法第三百二十四条第二款的规定，构成故意损毁名胜古迹罪。

风景名胜区的核心景区是受我国刑法保护的名胜古迹。三清山风景名胜区列入世界自然遗产、世界地质公园名录，巨蟒峰地质遗迹点是其珍贵的标志性景观和最核心的部分，既是不可再生的珍稀自然资源性资产，也是可持续利用的自然资产，具有重大科学价值、美学价值和经济价值。被告人张永明、毛伟明、张鹭违反社会管理秩序，采用破坏性攀爬方式攀爬巨蟒峰，在巨蟒峰花岗岩柱体上钻孔打入26个岩钉，对巨蟒峰造成严重损毁，情节严重，其行为已构成故意损毁名胜古迹罪，应依法惩处。本案对三被告人的入刑，不仅是对其所实施行为的否定评价，更是警示世人不得破坏国家保护的名胜古迹，从而引导社会公众树立正确的生态文明观，珍惜和善待人类赖以生存和发展的自然资源和生态环境。一审法院根据三被告人在共同犯罪中的地位、作用及量刑情节所判处的刑罚并无不当。张永明及其辩护人请求改判无罪等上诉意见不能成立，不予采纳。原审判决认定三被告人犯罪事实清楚，证据确实、充分，定罪准确，对三被告人的量刑适当，审判程序合法。

（生效裁判审判人员：胡淑珠、黄训荣、王慧军）

最高人民法院发布第26批指导性案例的指导意义

近日,最高人民法院刑事专业审判委员会讨论通过了4件刑事指导性案例,作为最高人民法院第26批指导性案例发布,供各级人民法院审判类似案件时参照。

指导案例144号《张那木拉正当防卫案》,旨在明确对于使用致命性凶器攻击他人要害部位,严重危及他人人身安全的行为,应当认定为刑法第二十条第三款规定的"行凶",可以适用特殊防卫的有关规定。该案例确认的裁判规则准确把握了正当防卫制度的立法精神,对类似案件中如何认定特殊防卫具有指导意义。该案例曾被评为天津法院2018年度十大影响性案例,具有良好的法律效果和社会效果。

指导案例145号《张竣杰等非法控制计算机信息系统案》,旨在明确通过修改、增加计算机信息系统数据,对该计算机信息系统实施非法控制,但未造成系统功能实质性破坏或者不能正常运行的,不应当认定为破坏计算机信息系统罪,应当认定为非法控制计算机信息系统罪。该案例对于依法打击计算机网络犯罪,维护网络安全秩序,准确地区分破坏计算机信息系统罪与非法控制计算机信息系统罪的界限,具有较为显著的价值和意义。

指导案例146号《陈庆豪、陈淑娟、赵延海开设赌场案》,旨在明确以"二元期权"交易的名义,在法定期货交易场所之外利用互联网招揽"投资者",以未来某段时间外汇品种的价格走势为交易对象,按照"买涨""买跌"确定盈亏,买对涨跌方向的"投资者"得利,买错的本金归网站(庄家)所有,盈亏结果不与价格实际涨跌幅度挂钩的,本质是"押大小、赌输赢",是披着期权交易外衣的赌博行为。当前,这类案件在实践中日益多发,借助互联网披着期权交易外衣进行赌博,犯罪手段较为隐蔽,对经济秩序危害较大。该案例确认的裁判规则对于类似案件处理提供了明确的办案指引,有利于打击网络赌博违法犯罪、引导公众依法进行投资、保护公民合法财产权益。

指导案例147号《张永明、毛伟明、张鹭故意损毁名胜古迹案》,旨在明确风景名胜区的核心景区属于刑法第三百二十四条第二款规定的"国家保护的名胜古迹”,对核心景区内的世界自然遗产实施打岩钉等破坏活动,可以依法以故意损毁名胜古迹罪追究刑事责任。该案系因损毁风景名胜区核心景区而入刑的案件,引起了社会广泛关注。攀岩活动在国内越来越普及,但社会公众对法律边界还不完全清楚。本案的正确处理不仅有利于统一裁判尺度、提供办案指引,也有利于引导公众合法参与攀岩等户外探险活动,树立正确的生态文明观,珍惜和爱护生态环境。

指导案例144号《张那木拉正当防卫案》的理解与参照*

——对于使用致命性凶器攻击他人要害部位严重危及人身安全的行为应认定为特殊防卫

2020年12月31日,最高人民法院发布了第26批指导性案例,包括第144号至第147号共4件指导性案例,均为刑事案例。其中,第144号指导性案例为《张那木拉正当防卫案》。为了正确理解和准确参照适用该指导性案例,现对该指导性案例的选编过程、裁判要点、参照适用等有关情况予以解释、论证和说明。

一、案例选编过程

《张那木拉正当防卫案》由天津市高级人民法院报送。经由天津市高级人民法院案例评审委员会评审推选为备选指导性案例。案例指导工作办公室收到该案例后经过初审、修改,送最高人民法院刑一庭、刑二庭、刑三庭、刑四庭、刑五庭及研究室刑事处征求意见,均同意推荐该案例为指导性案例。2020年11月13日,研究室室务会对该案例进行了讨论,同意将该案例报送审委会进行讨论。2020年12月29日,该案例经最高人民法院刑专会第393次会议讨论,同意作为指导性案例。2020年12月31日,最高人民法院以法〔2020〕352号文件将该案例编入第26批指导性案例予以发布。

二、关于本案例的相关情况

张那木拉与其兄张某1二人均在天津市西青区打工。2016年1月11日,张某1与案外人李某某驾驶机动车发生交通事故。事故发生后,李某某驾车逃逸。在处理

---

* 该文为2019年度国家社科基金重大研究专项“运用司法解释弘扬社会主义核心价值观研究”(批准号19VHJ002)阶段性成果。

事故过程中，张那木拉一方认为交警处置懈怠。此后，张那木拉听说周某强在交警队有人脉关系，遂通过鱼塘老板牛某找到周某强，请周某强向交警“打招呼”，周某强应允。3月10日，张那木拉在交警队处理纠纷时与交警发生争吵，这时恰巧周某强给张那木拉打来电话，张那木拉以为周某强能够压制交警，就让交警直接接听周某强的电话，张那木拉此举引起周某强不满，周某强随即挂掉电话。次日，牛某在电话里提醒张那木拉小心点，周某强对此事没完。

3月12日早上8时许，张那木拉与其兄张某1及赵某在天津市西青区鱼塘旁的小屋内闲聊，周某强纠集丛某、张某2、陈某2新，由丛某驾车，并携带了陈某2新事先准备好的两把砍刀，至天津市西青区张那木拉暂住处（分为里屋外屋）。四人首次进入张那木拉暂住处确认张那木拉在屋后，随即返回车内，取出事前准备好的两把砍刀。其中，周某强、陈某2新二人各持砍刀一把，丛某、张某2分别从鱼塘边操起铁锨、铁锤再次进入张那木拉暂住处。张某1见状上前将走在最后边的张某2截在外屋，二人发生厮打。周某强、陈某2新、丛某进入里屋内，三人共同向屋外拉拽张那木拉，张那木拉向后挣脱。此刻，周某强、陈某2新见张那木拉不肯出屋，持刀砍向张那木拉后脑部，张那木拉随手在茶几上抓起一把尖刀捅刺了陈某2新的胸部，陈某2新被捅后退到外屋，随后倒地。其间，丛某持铁锨击打张那木拉后脑处。周某强、丛某见陈某2新倒地后也跑出屋外。张那木拉将尖刀放回原处。此时，其发现张某2仍在屋外与其兄张某1相互厮打，为防止张某1被殴打，其到屋外，随手拿起门口处的铁锨将正挥舞砍刀的周某强打入鱼塘中，周某强爬上岸后张那木拉再次将其打落水中，最终致周某强左尺骨近段粉碎性骨折，其所持砍刀落入鱼塘中。此时，张某1已经将张某2手中的铁锤夺下，并将张某2打落鱼塘中。张那木拉随即拨打电话报警并在现场等待。陈某2新被送往医院后，因单刃锐器刺破心脏致失血性休克死亡；张那木拉头皮损伤程度构成轻微伤；周某强左尺骨损伤程度构成轻伤一级。

天津市西青区人民法院于2017年12月13日作出（2016）津0111刑初576号刑事附带民事判决，以被告人张那木拉犯故意伤害罪，判处有期徒刑十二年六个月。被告人张那木拉以其系正当防卫、不构成犯罪为由提出上诉。天津市第一中级人民法院于2018年12月14日作出（2018）津01刑终326号刑事附带民事判决，撤销天津市西青区人民法院（2016）津0111刑初576号刑事附带民事判决，宣告张那木拉无罪。

三、裁判要点的理解与说明

该指导案例的裁判要点确认：（1）对于使用致命性凶器攻击他人要害部位，严重危及他人人身安全的行为,应当认定为《刑法》第二十条第三款规定的“行凶”,可以适用特殊防卫的有关规定。(2)对于多人共同实施不法侵害,部分不法侵害人已被制伏,但其他不法侵害人仍在继续实施侵害的,仍然可以进行防卫。

现围绕与该裁判要点相关的问题逐一解释和说明如下:

(一)对张那木拉致人一死一伤的行为应该整体评价

在本案审理过程中,有观点认为张那木拉在屋内捅刺行为和在屋外的打斗行为应该分阶段进行评价,在屋内将陈某2新捅死的行为属于特殊防卫,但是在屋外将周某强打伤系不法侵害停止后的报复伤害行为,属于犯罪行为,应评价为故意伤害罪。我们认为,应该从整体上评价张那木拉的行为,理由如下:

第一,从案发时间来看,张那木拉两个阶段的行为连贯,中间没有中断。本案中的监控录像显示,周某强等四人于2016年3月12日上午8时39分8秒周某强第一个持械进入张那木拉暂住处,39分25秒时四人全部进屋,39分39秒时周某强就已经出屋,张那木拉随即出屋与周某强进行打斗。张那木拉在屋内捅刺行为和屋外的打斗行为没有间隔,系连贯行为。

第二,从案发地点来看,张那木拉两个阶段的场所具有连续性。周某强、陈某2新等四人经预谋后欲对张那木拉进行报复,四人实施的行为可以评价为整体行为。张那木拉在屋内捅刺陈某2新,在屋外鱼塘边与周某强进行争斗,最终将周某强打落鱼塘中。可以说张那木拉的行为实施场所具有连续性,行为对象虽然一个是陈某2新,另一个是周某强,但是二人系共同行为,可以说行为对象具有一致性。

第三,从对方行为来看,不法侵害行为具有连续性和整体性。本案中,在屋内,周某强、陈某2新实施了持刀砍向张那木拉后脑部的行为,周某强跑向屋外后仍然挥舞砍刀。周某强等四人的行为具有类似性、连续性,应当整体评价为一起正在进行的不法侵害行为。对应的张那木拉行为也应该整体评价。

综上,张那木拉致人一死一伤的行为时间上没有中断,在场所上一致,对方实施的侵害行为连续,张那木拉的行为应进行整体评价。

(二)本案属于特殊防卫,张那木拉对造成的死伤结果不负刑事责任

一般认为,成立一般正当防卫需要同时具备起因条件、时间条件、主观条件、对象条件和限度条件。本案二审审理时,控辩双方对张那木拉的行为具有防卫因素并无争议,但对其行为是否超过防卫限度存在较大争议。可以说,张那木拉致一死一伤行为定性为防卫过当还是特殊防卫是本案主要的争议焦点。我们认为,张那木拉的行为系特殊防卫,不属于防卫过当。理由如下:

1.关于起因条件

根据我国《刑法》第二十条的规定,成立正当防卫的起因条件是存在现实的不

法侵害。本案中,张那木拉实施了致人一死一伤行为的前提是遭到了周某强等四人的不法侵害,且该不法侵害具有现实性。需要说明,对周某强、丛某、张某2等人持械砍伤张那木拉的行为,司法机关已经作出评价,三人均已被判刑,且判决已生效。具体判决如下:周某强犯聚众斗殴罪,判处有期徒刑四年六个月;张某2犯聚众斗殴罪,判处有期徒刑三年;丛某犯聚众斗殴罪,判处有期徒刑三年。总之,周某强等四人的行为性质系持械聚众斗殴行为,具有不法性、侵害性和现实性,符合正当防卫所要求的起因条件。

2. 关于时间条件

正当防卫中的时间条件是指不法侵害已经开始尚未结束,法益处在紧迫的危险之中。本案中,周某强等四人的不法侵害具有紧迫性。首先,从案发时双方人员力量对比来看,周某强、陈某2新等四人均提前准备了作案工具,进入现场时两人分别手持长约50厘米的砍刀,一人持铁锹,一人持铁锤,而张那木拉一方是并无任何思想准备的三人,其中一人(赵某)因腿部有残疾未参与;其次,从时间紧迫性来看,周某强一方共四人闯入屋内后径行对张那木拉实施拖拽,并在张那木拉转身向后挣脱时,使用所携带的凶器砸砍张那木拉后脑部,此时张那木拉的人身安全已受到严重威胁且处在高度危险之中。故就张那木拉而言,案发时存在不法侵害,且不法侵害具有紧迫性。

本案中张那木拉捅刺陈某2新之后,周某强等其余三人均退出屋外,在认定不法侵害此时是否结束问题上存在较大争议。我们认为:第一,在判断不法侵害是否结束上,要综合侵害人是否已经脱离现场、是否丧失侵害能力、是否放弃侵害意图等因素综合考量。本案中,张那木拉捅刺陈某2新后,周某强等三人虽然已经退到屋外,但此时张铁壮在屋外与张某2争斗,同时监控录像显示周某强仍然挥舞砍刀,显然不能认定周某强等三人已经放弃侵害意图。第二,正当防卫不是拳击比赛而是抗击不法侵害。不能将防卫人与侵害人之间的争斗关系,类比于拳击比赛。当侵害人暂时放弃侵害行为但仍然具备侵害能力时,不能误以为侵害行为已经结束。本案中,周某强等三人虽然退出屋外,不再拉拽张那木拉,但是仍然手持凶器,且张某2仍与张铁壮仍在打斗,周某强等人随时可能再次入屋,对张那木拉的人身安全构成威胁。总之,周某强等人出屋后,张那木拉的人身危险并没有排除,此时不法侵害尚未结束。

3. 关于主观条件

正当防卫中的主观条件指的就是防卫人具备防卫意识,包括防卫认识和防卫意志。在判断行为人主观上是否具备防卫意识时应该贯彻主客观相一致的原则,结合行为人的供述、所处的场景、工具是否事先准备、行为实施场所等综合加以判断。本案中,张那木拉始终供述自己具有防卫意识,结合以下因素,我们认定其具备防卫意识。

第一,张那木拉在自己的人身安全正遭到不法侵害严重威胁之时,在精神极度恐惧和慌张的状态下,为制止正在进行的不法侵害,顺手从身边抓起一把平时生活所用刀具捅刺不法侵害人,在一定程度上可以说是应激反应,具有正当性。需要强调,张那木拉为蒙古族人,平时在住处放一把切肉用的刀具,符合其生活习惯。且本案中证人赵某的证言、张铁壮的证言均能与张那木拉的供述相互吻合,足以证实张那木拉捅刺陈某2新所用的刀具系张那木拉平时生活所用刀具,而不是事先准备好用来与周某强等打斗的工具。第二,从案发地点来看,是张那木拉居住的私人场所。本案中,周某强等四人前往报复的场所为张那木拉暂住地,即天津市西青区精武镇牛坨子村鱼塘旁的小屋内。张铁壮发生交通事故后,张那木拉为了方便照顾其兄张铁壮,就搬到该处居住,且至案发前已经居住了几个月。周某强等四人持砍刀、铁锹、铁锤闯入张那木拉的私人居住场所,因此,闯入行为本身就具有违法性。英、美刑法正当防卫制度中存在"城堡原则"(castle doctrine),其基本目的是加强对防卫人住宅安全的保护,基本内涵是"如果行为人受到侵入住宅犯罪的侵害,即便可以通过逃离住宅而避免受到侵害,他也可以径直使用致命性暴力防卫而无须躲避"。[①]虽然我国刑法没有明确规定"城堡原则",但是对入室盗窃、入室抢劫等犯罪行为都进行了特殊规定,并配置了较为严厉的法定刑幅度,这也体现了我国刑法对公民住宅的特殊保护精神。本案中,周某强等四人持砍刀、铁锹、铁锤闯入张那木拉的私人居住场所进行行凶,在认定是否属于特殊防卫问题上要充分考虑到案件发生在张那木拉私人居住场所这项因素。

4. 关于对象条件

正当防卫中的对象条件指的是防卫人应当针对不法侵害人本人进行防卫。换言之,防卫人不能"围魏救赵",必须针对不法侵害人之外的第三人实施防卫行为。但是,对于共同不法侵害人,"包括在现场的不法侵害的组织者、指挥者以及直接参与者,由于其和加害人成为一体,成为共同加害人,因此,对他们也可以正当防卫"。[②] 本案中,由于周某强、陈某2新等四人属于共同不法侵害人,可以认定为一个整体,且周某强、陈某2新二人均实施了砍人行为,最终致张那木拉后脑的构成轻伤二级。张那木拉无论对陈某2新还是周某强,或者是现场的其他人实施防卫行为,都不影响对张那木拉行为性质的认定。

---

① 刘士心:《英美刑法正当防卫中的"躲避原则"及其启示》,载《中国刑事法杂志》2017年第5期。

② 黎宏:《刑法学》,法律出版社2012年版,第139页。

5.“严重危及人身安全的暴力犯罪”条件

本案存在正在进行的“严重危及人身安全的暴力犯罪”,虽然造成了侵害人一死一伤的后果,属特殊防卫。有观点认为,《刑法》第二十条第三款规定,对正在进行的行凶、抢劫、强奸、绑架以及其他严重危及人身安全的暴力犯罪,采取防卫行为,造成不法侵害人伤亡的,不属于防卫过当,不负刑事责任。从该规定的设置看,对“严重危及人身安全的暴力犯罪”的判断应该是与行凶、抢劫、强奸、绑架四种犯罪行为暴力危害程度相当的犯罪行为。本案中,张那木拉的损害结果仅为轻微伤,其所受损害尚未达到“严重危及人身安全”的程度,因此,其防卫行为明显超出了必要限度,属于防卫过当。我们认为,首先,防卫行为是否明显超过必要限度,应以普通人的认识水平并结合现场实际情况判断,而不是从事后的角度精准分析侵害程度来确定防卫行为是否超过必要限度;其次,判断防卫行为是否明显超出必要限度的标准应以侵害行为可能造成的危害程度是否与正在进行的行凶、抢劫、强奸、绑架四种犯罪相当,而不是以是否实际危害结果是否与上述四种犯罪相当。换言之,在判断是否构成特殊防卫时不能“唯结果论”,即不能仅就防卫人造成了严重的后果,就轻易否认特殊防卫的认定。本案中周某强等四人分别持两把砍刀、一把铁锹、一把铁锤突然闯入张那木拉住处,直接向张那木拉实施了拖拽及用砍刀砍击其后脑部、用铁锹砸击其后脑部的行为。张那木拉面对四名分别手持足以致其死伤凶器的被告人,且在后脑部已经受到攻击的情况下,不能苛求其在精神高度紧张、情况极为紧迫的情况下作出对方行为对其可能造成何种致害程度的精准判断,即不能以周某强一方的侵害行为仅造成张那木拉轻微伤的后果来反推张那木拉采取的防卫措施不能明显超过受到的损害。而是应该以普通人的认识水平结合现场的实际情况来判断不法侵害是否达到了严重危及其人身安全和生命安全的程度。同时,综合侵害方所持凶器、人数、已经实施的行为以及实施行为的场所等情形,周某强一方实施的侵害行为的危险程度与正在进行的行凶、抢劫、强奸、绑架四种犯罪行为暴力危险程度相当。故张那木拉在人身安全受到严重危险的情况下采取防卫行为,导致一死一伤后果,属于特殊防卫。

正当防卫制度是我国刑法中非常重要的一项制度,它具有鼓励公民与犯罪分子作斗争的重要功能。但是在一段时期内,受制于案外、维稳等因素,司法实践对《刑法》第二十条的适用非常谨慎。①

本案是一起典型的特殊防卫案例,二审法院宣告被告人张那木拉无罪,准确把握了正当防卫制度的立法精神。本案审理从起因条件、时间条件、主观条件、对象条

① 参见《我们应当如何适用正当防卫制度》,载《人民法院报》2017年6月26日,第2版。

件、限制条件区分事前防卫、事后防卫与正当防卫,防卫过当与特殊防卫;对防卫行为存在多个阶段的情况进行整体评价,从案发时间看防卫行为是否连贯,从案发地点看场所是否具有连续性,从不法侵害看侵害行为是否具有整体性;综合考虑不法侵害的性质、手段、强度、危害程度、作案地点、凶器、双方力量对比等因素,确定是否属于《刑法》第二十条第三款规定的"严重危及人身安全的暴力犯罪",进而判断是否特殊防卫。指出对于在防卫人住处实施不法侵害,防卫人为制止正在进行的严重危及人身安全的暴力犯罪致他人伤亡的,应认定为特殊防卫,防卫人不负刑事责任。该案的审理有效激活了正当防卫制度,在认定防卫过当、特殊防卫等方面具有指导意义。

(执笔人:天津市第三中级人民法院　路　诚
编审人:最高人民法院案例指导工作办公室　马蓓蓓)

指导案例 144 号　张那木拉正当防卫案

最高人民法院案例指导工作办公室编选人:马蓓蓓

1. 案例推荐单位:天津市高级人民法院
2. 案例编写人(1—3 人):天津市第一中级人民法院　董照南、路诚,天津市高级人民法院　姜涛
3. 案件裁判法院:天津市第一中级人民法院(二审)
4. 案件承办人:路诚(二审)

相关法条

《中华人民共和国刑法》(2021 年 3 月 1 日实施)

第二十条　为了使国家、公共利益、本人或者他人的人身、财产和其他权利免受正在进行的不法侵害,而采取的制止不法侵害的行为,对不法侵害人造成损害的,属于正当防卫,不负刑事责任。

正当防卫明显超过必要限度造成重大损害的,应当负刑事责任,但是应当减轻或者免除处罚。

对正在进行行凶、杀人、抢劫、强奸、绑架以及其他严重危及人身安全的暴力犯罪,采取防卫行为,造成不法侵害人伤亡的,不属于防卫过当,不负刑事责任。

指导案例145号《张竣杰等非法控制计算机信息系统案》的理解与参照[*]

——对计算机信息系统功能或有价值数据实施增加、修改，未造成该系统功能实质性破坏或不能正常运行的行为，应认定为非法控制计算机信息系统罪

2020年12月31日，最高人民法院发布了第26批指导性案例，包括第144号至第147号共4件指导性案例，均为刑事案例。这批案例涉及正当防卫、网络犯罪、故意损毁名胜古迹罪等领域中的法律适用问题，对于类似案件审理具有重要的指导价值，引起了理论界和实务界的高度关注和积极评价。其中，第145号指导性案例为《张竣杰等非法控制计算机信息系统案》。为了正确理解和准确参照适用该指导性案例，现对该指导性案例的选编过程、裁判要点、参照适用等有关情况予以解释、论证和说明。

一、案例选编过程

该案例由南京市中级人民法院推荐，经江苏省高级人民法院研究室初审、修改、整理，报江苏省高级人民法院审判委员会讨论通过，同意作为备选指导性案例上报。最高人民法院案例指导工作办公室收到该案例后，经过初审，认为基本符合指导性案例的要求，在征求院内相关业务部门意见后，提交研究室室务会讨论。2020年11月13日，研究室室务会经讨论认为，该案例符合《最高人民法院、最高人民检察院关于办理危害计算机信息系统安全刑事案件应用法律若干问题的解释》（以下简称《解释》）内容，明确了相关法律适用规则，同意作为备选指导性案例，建议修改后报审委会讨论。2020年12月29日，该案例经最高人民法院刑专会第393次会议讨论，同意作为指导性案例。12月31日，最高人民法院以法〔2020〕352号文

* 该文为2019年度国家社科基金重大研究专项“运用司法解释弘扬社会主义核心价值观研究”（批准号19VHJ002）阶段性成果。

件将该案例编入第26批指导性案例予以发布。

二、关于本案例的相关情况

简要案情:江苏省南京市鼓楼区人民检察院根据《刑法》第二百八十六条第二款的规定,以破坏计算机信息系统罪指控被告人张竣杰、彭玲珑、祝东、姜宇豪自2017年7月开始,为赚取赌博网站广告费用,在马来西亚吉隆坡市租住的公寓内,相互配合,对存在防护漏洞的目标服务器进行检索、筛查后,向目标服务器植入木马程序进行控制,再使用"菜刀"等软件链接目标服务器中的木马程序,获取目标服务器后台浏览、增加、删除、修改等操作权限,将添加了赌博关键字并设置自动跳转功能的静态网页,上传至目标服务器,提高赌博网站广告被搜索引擎命中概率。截至2017年9月底,四被告人链接被植入后门程序的目标服务器共计113台。

本案的主要争议焦点:被告人的行为构成破坏计算机信息系统罪,还是非法控制计算机信息系统罪。

裁判结果:江苏省南京市鼓楼区人民法院经审理认为,被告人张竣杰、彭玲珑、祝东、姜宇豪共同违反国家规定,对我国境内计算机信息系统实施非法控制,情节特别严重,其行为均已构成非法控制计算机信息系统罪。江苏省南京市鼓楼区人民检察院指控四被告人实施侵犯计算机信息系统犯罪的事实清楚,证据确实、充分,但以破坏计算机信息系统罪予以指控不当。经查,四被告人虽对目标服务器的数据实施了修改、增加的侵犯行为,但未造成该信息系统功能实质性的破坏,或不能正常运行,也未对该信息系统内有价值的数据进行增加、删改,其行为不属于破坏计算机信息系统犯罪中的对计算机信息系统中存储、处理或者传输的数据进行删除、修改、增加的行为,应认定为非法控制计算机信息系统罪。依照《刑法》第二百八十六条第二款等规定,判决四被告人犯非法控制计算机信息系统罪,分别判处四年至二年三个月有期徒刑,并处罚金。一审判决后被告人姜宇豪以一审量刑过重不服判决提出上诉。江苏省南京市中级人民法院经审理裁定驳回上诉,维持原判。

该案例涉及非法控制计算机信息系统罪与破坏计算机信息系统罪的界分问题。非法控制计算机信息系统罪是2009年《刑法修正案(七)》新增的罪名,且作为选择性罪名与非法获取计算机信息系统罪并列于《刑法》第二百八十五条第二款。对于非法控制计算机信息系统罪,法条表述很笼统,司法解释也未有具体的解释,学理上也只是从字面的基本含义作一些浅见的阐述。因《刑法》第二百八十六条第二款对破坏计算机信息系统罪的罪状有对计算机信息系统数据等实施"删除、修改、增加"操作的明确规定,故对于类似本案例中行为人非法侵入计算机信息系统后，植入木马程序、广告网页链接代码等一系列的修改、增加行为，实务中多有根据《刑法》第二百八十六条第二款的规定，认定为破坏计算机信息系统罪定罪。类案裁判的结果截然相反。如（2014）郑刑一终字第91号被告人郭加得等人破坏计算机信息系统案、（2019）川0702刑初64号被告人汪某某、罗某某等人一审破坏计算机信息系统案及（2019）川07刑终343号二审非法控制计算机信息系统案（该案一审以破坏计算机信息系统罪定性，二审改判为非法控制计算机信息系统罪）。侵入、非法控制等计算机信息系统犯罪，大多存在修改、增加的操作行为，如果一概以破坏计算机信息系统定性处刑，其他罪名设置岂不失去意义。这种倾向出现，使"破坏计算机信息系统罪已经具有了沦为新型口袋罪名的趋势"①。

指导性案例145号对于非法控制计算机信息系统罪的内涵和客观方面的理解，以及准确地区分破坏计算机信息系统罪与非法控制计算机信息系统罪的界限，具有较为显著的价值；其所包含的主旨对深入理解相关罪名立法本意、办理此类犯罪案件具有十分重要的指导意义；对于破坏计算机信息系统罪所保护法益为计算机信息系统功能的完整性和正常运行状态的探讨，将成为我国计算机与信息网络犯罪领域的代表性案例。

三、裁判要点的理解与说明

第145号指导性案例的裁判要点确认：（1）通过植入木马程序的方式，非法获取网站服务器的控制权限，进而通过修改、增加计算机信息系统数据，向相关计算机信息系统上传网页链接代码的，应当认定为《刑法》第二百八十五条第二款"采用其他技术手段"非法控制计算机信息系统的行为。（2）通过修改、增加计算机信息系统数据，对该计算机信息系统实施非法控制，但未造成系统功能实质性破坏或者不能正常运行的，不应当认定为破坏计算机信息系统罪，符合《刑法》第二百八十五条第二款规定的，应当认定为非法控制计算机信息系统罪。现围绕与该裁判要点相关的问题逐一解释和说明如下。

1. 对计算机信息系统数据实施修改、增加行为，属于非法控制计算机信息系统的范畴，与破坏计算机信息系统行为存在重合、递进的关系。

早期对计算机信息系统侵犯行为，多表现为公然、粗暴的"破坏"行为，也使刑法将破坏计算机信息系统罪中的"破坏"设置成了一个行为内涵相当广泛的词语，几乎将所有有关侵犯计算机信息系统功能、数据、程序的行为方式都包含在破坏之

---

① 《刑法学者热议最高人民法院第26批指导性案例》，载中国法院网2021年1月20日，https://www.chinacourt.org/article/detail/2021/01/id/5762233.shtml。

内。非法控制等犯罪形式随着计算机信息系统技术的发展,逐渐出现并蔓延,单以一项罪名已经无法全面涵盖和准确对其评价。虽将非法控制计算机信息罪等剥离出来独立成罪,但犯罪的客观形式不可能简单、绝对分离。

《刑法》第二百八十六条第二款关于非法控制计算机信息系统罪的规定中,没有关于非法控制客观方面的表述,要求达到“情节严重”程度。《刑法》第二百八十六条第一款、第二款关于破坏计算机信息系统罪规定中,都有修改、增加的客观方式。据此而论,似乎破坏计算机信息系统罪才规定了修改、增加的罪状。而从实际情况来看,侵犯计算机系统的手段基本是一致的,都要先“侵入”计算机系统,取得浏览、修改、增加、删除等权限,再行“控制”,尔后依其最终目的或为进一步的行为。要“控制”,不可避免地要对计算机系统内的数据进行修改、增加,甚至删除等操作。要“破坏”必然要取得对计算机系统的“控制”。“非法控制”与“破坏”客观保持着重合,即在“非法控制”中有“破坏”的行为,“破坏”中也有“非法控制”的行为。两者的关系:“控制”是“破坏”的前提条件,“破坏”牵连“控制”。另外,非法控制计算机系统罪规定了达到“情节严重”程度,破坏计算机信息系统罪规定了“后果严重”的要求。就刑法意义上而言,“情节严重”和“后果严重”不是并列的两个概念,“情节”中包含了“后果”情形,增加、修改既然可作行为情节理解,也可作后果认定理解。因此,就某种侵犯计算机系统的行为方式,在“非法控制”和“破坏”之间不能简单地认定是“非法控制”还是“破坏”性质。对计算机系统数据实施修改、增加等操作行为,非“破坏”犯罪之独属,也应是非法控制计算机信息系统罪的基本客观方面,非法控制计算机信息系统的客观方面与破坏计算机信息系统之间具有重合、递进的关系。

2. 非法控制计算机信息系统的修改、增加行为,并不要求达到造成计算机信息系统“破坏”的程度。

(1)《刑法》第二百八十六条关于破坏计算机信息系统罪中“修改”“增加”客观方面,应具有对计算机信息系统“造成计算机信息系统不能正常运行”“影响计算机信息系统正常运行”的结果。《刑法》的第二百八十六条第一款、第二款对破坏计算机信息系统罪都规定有修改、增加的行为方式,但第一款比第二款增加了“造成计算机信息系统不能正常运行”的条件,第三款规定的第三种行为方式也要求犯罪行为应存在“影响计算机信息系统正常运行”的后果。由此,有观点提出,对于第二款的适用,可不要求有第一款、第三款“造成计算机信息系统不能正常运行”“影响计算机信息系统正常运行”的结果,只要对数据和应用程序实施了修改、增加等操作行为,即可构成本罪。该文义解释对《刑法》第二百八十六条第二款的理解过于字面化,形式化。文义解释通常被认为优先于其他解释,因而实务中极易被错误地适用,而使凡有增加、修改侵犯计算机信息系统行为的,都被定性为“破坏”,构成破坏计算机信息系统罪,导致该罪被滥用,而且排除了“非法控制”的可能,非法控制计算机信息系统罪被空置。该解释必然违背了两罪立法的目的。

对《刑法》第二百八十六条第二款,应当从本罪保护法益的角度,即立法的目的进行解释和适用。破坏计算机信息系统罪的法益是保护计算机系统数据完整和运行正常状态。“造成计算机信息系统不能正常运行”或“影响计算机系统正常运行”是该罪的本质要求。《刑法》第二百八十六条第二款虽未加限制,但是其客观方面也不能超出“造成计算机信息系统不能正常运行”或“影响计算机系统正常运行”后果的范围,否则即便实施了修改、增加行为,也不能构成本罪。

(2)非法控制计算机信息系统罪中的“修改”“增加”,应以利用且不破坏计算机系统实质性数据、功能及有价值数据为前提。

对计算机信息系统的控制,是指行为人进入计算机信息系统后执行特定的控制性的操作。行为人在非法控制计算机信息系统过程中,出于牟利、利用的目的,只是对他人计算机的使用、控制权限按照自己的意愿,实施较轻微的修改、增加行为,以维持其所获得继续使用他人计算机牟利的目的,修改和增加都较为隐蔽,即所谓“盗窃使用”。其行为不会影响计算机系统的正常运行,或者有价值数据的完整。由此来看,非法控制计算机信息系统的修改、增加,具有适当的范围和限度,并以不达到“破坏”的结果为前提。

(3)本案例系通过植入木马程序的方式,非法获取网站服务器的控制权限,进而通过修改、增加计算机信息系统数据,向相关计算机信息系统上传网页链接代码,应当认定为《刑法》第二百八十五条第二款“采用其他技术手段”非法控制计算机信息系统的行为。

本案例中,被告人非法侵入网站后,实施了一系列修改、增加的控制行为,非常隐蔽。其所植入的赌博广告网页隐藏较深,不会自动跳出来出现在该网站公开的网页中,也不会影响目标计算机的正常运行和使用。只有在外网点击搜索引擎时,赌博广告才会跳出来被检索到。被告人借用了政府网站高权重的功能,在检索中排名靠前,较一般网站更容易被搜索到。行为人所实施修改、增加的行为,目的是利用,这是一种控制计算机接受被上传的网页链接代码的操作,不影响目标服务器本身的正常运行,应认定为对计算机信息系统实施非法控制的行为。

《刑法》第二百八十五条第二款对非法控制计算机信息系统行为规定了两类方式:一种为侵入式的,是比较直接、简单的控制方式;另一种为其他技术手段方式。实施非法控制都要侵入计算机信息系统内,该款所述的其他技术手段,应理解为相对于单纯侵入式的控制而言,所实施的控制手段更多、更复杂一些。本案中行为人的控制就相对复杂一些,是脱离了行为人的直接操作的控制,应认定为《刑法》第二百八十五条第二款规定的“采取其他技术手段”实施计算机信息系统控制的行为。

3. 准确界分非法控制计算机信息系统罪与破坏计算机信息系统罪的本质区别、处罚原则,体现罪责刑相适应原则,维护法律适用的统一性。

(1)非法控制计算机信息系统罪与破坏计算机信息系统罪的根本区分,在于其行为是否造成计算机的信息系统数据不完整或不能正常运行。前述阐明两罪在修改、增加等客观行为上多有重合,但非法控制计算机信息系统罪的修改和增加具有一定的限度和范围,不会“造成计算机信息系统不能正常运行”或“影响计算机系统正常运行”的后果;反之,破坏计算机信息系统罪的修改和增加,应当存在“造成计算机信息系统不能正常运行”或“影响计算机系统正常运行”的结果。行为人通过修改、增加计算机信息系统数据,对该计算机信息系统实施非法控制,若未造成系统功能实质性破坏或者不能正常运行的,不应当认定为破坏计算机信息系统罪,符合《刑法》第二百八十五条第二款规定的,应当认定为非法控制计算机信息系统罪。

(2)行为人在实施对计算机信息系统非法控制过程中,同时侵犯了不同客体,应按罪责刑相统一的原则,对行为人择重罪处罚。

本案例中,行为人实施非法控制的计算机既有国家政府机关的,也有普通单位的,如何对其定罪处罚,审判中也存在争议。一种观点认为,由于《刑法》第二百八十五条第二款规定非法控制计算机信息系统罪的对象为除国家事务、国防建设、尖端科学技术领域以外的计算机信息系统,故本案应以非法侵入计算机信息系统罪与非法控制计算机信息系统罪数罪并罚;另一种观点认为,因行为人在整个犯罪过程中出于一个罪过,实施了一个行为,同时触犯了两个罪名,属于想象竞合犯,本案应以一罪从重处罚,即按非法控制计算机信息系统罪论处。实务中,对国家事务等计算机信息系统实施非法控制一般分为两类行为:一种是对国家事务等计算机信息系统实施非法控制的行为;另一种是分别对国家事务等计算机信息系统和普通计算机信息系统实施非法控制的行为。如何选择罪数,也是实务中争议较大的问题。

《刑法》第二百八十五条第一款、第二款将非法侵入和非法控制计算机信息系统的犯罪对象明确进行了划分,前者为国家事务、国防建设、尖端科学技术领域的计算机信息系统,后者为国家事务、国防建设、尖端科学技术领域以外的计算机信息系统。有观点认为,两罪的对象法条划分很明确,是并列不相容的关系;按照罪行法定原则,侵入国家事务、国防建设、尖端科学技术领域的计算机信息系统的,应当以非法侵入计算计算机信息系统定罪处刑。笔者认为,这种理解过于机械和片面。首先,从两罪的犯罪情节和社会危害性行为来看,非法控制要比非法侵入的行为更进一步，犯罪情节更恶劣，危害后果要更大。其次，从刑罚的严厉程度来看，刑法规定非法侵入计算机信息系统罪只有一个格次，法定最高刑只有三年有期徒刑；而对于非法控制计算机信息系统罪等罪名却规定了两个格次，法定最高刑可达七年有期徒刑。可见，非法控制计算机信息系统罪的处罚要比非法侵入计算机信息系统罪的处罚更重。这符合危害大、处罚重的基本原则。国家事务、国防建设、尖端科学技术领域计算机信息系统肩负着关乎国家安全、民生大计等公共利益的重要职责，对其实施犯罪所产生的危害后果远比普通计算机信息系统要大得多，处罚和打击必定更加严厉。最后，从重罪吸收轻罪的基本原则来看，侵入是非法控制的前提，非法控制首先要实施侵入，两者具有牵连关系，但也可各自独立成罪，应按照牵连犯择一重罪的原则处罚，而非数罪并罚。非法控制计算机信息系统罪比非法侵入计算机信息系统罪处罚更重，故选择一重罪处罚，也有其理论根据。因此，应以非法控制计算机信息系统罪一罪予以处罚。

（执笔人：江苏省南京市鼓楼区人民法院　王　燕
编审人：最高人民法院案例指导工作办公室　石　磊）

指导案例145号　张竣杰等非法控制计算机信息系统案

最高人民法院案例指导工作办公室编选人：石磊

1. 案例推荐单位：江苏省高级人民法院
2. 案例编写人（1—3人）：江苏省南京市鼓楼区人民法院　王燕
3. 案件裁判法院：江苏省南京市鼓楼区人民法院（一审）、江苏省南京市中级人民法院（二审）
4. 案件承办人：王燕（一审）、黄霞（二审）

相关法条

1.《中华人民共和国刑法》（2021年3月1日实施）

第二百八十五条　违反国家规定，侵入国家事务、国防建设、尖端科学技术领域的计算机信息系统的，处三年以下有期徒刑或者拘役。

违反国家规定，侵入前款规定以外的计算机信息系统或者采用其他技术手段，获取该计算机信息系统中存储、处理或者传输的数据，或者对该计算机信息系统实施非法控制，情节严重的，处三年以下有期徒刑或者拘役，并处或者单处罚金；情节特别严重的，处三年以上七年以下有期徒刑，并处罚金。

提供专门用于侵入、非法控制计算机信息系统的程序、工具，或者明知他人实施侵入、非法控制计算机信息系统的违法犯罪行为而为其提供程序、工具,情节严重的,依照前款的规定处罚。

单位犯前三款罪的,对单位判处罚金,并对其直接负责的主管人员和其他直接责任人员,依照各该款的规定处罚。

第二百八十六条　违反国家规定,对计算机信息系统功能进行删除、修改、增加、干扰,造成计算机信息系统不能正常运行,后果严重的,处五年以下有期徒刑或者拘役;后果特别严重的,处五年以上有期徒刑。

违反国家规定,对计算机信息系统中存储、处理或者传输的数据和应用程序进行删除、修改、增加的操作,后果严重的,依照前款的规定处罚。

故意制作、传播计算机病毒等破坏性程序,影响计算机系统正常运行,后果严重的,依照第一款的规定处罚。

单位犯前三款罪的,对单位判处罚金,并对其直接负责的主管人员和其他直接责任人员,依照第一款的规定处罚。

2.《最高人民法院、最高人民检察院关于办理维护计算机信息系统安全刑事案件应用法律若干问题的解释》(法释〔2011〕19号)(2011年9月1日实施)

第一条　非法获取计算机信息系统数据或者非法控制计算机信息系统,具有下列情形之一的,应当认定为刑法第二百八十五条第二款规定的"情节严重":

(一)获取支付结算、证券交易、期货交易等网络金融服务的身份认证信息十组以上的;

(二)获取第(一)项以外的身份认证信息五百组以上的;

(三)非法控制计算机信息系统二十台以上的;

(四)违法所得五千元以上或者造成经济损失一万元以上的;

(五)其他情节严重的情形。

实施前款规定行为,具有下列情形之一的,应当认定为刑法第二百八十五条第二款规定的"情节特别严重":

(一)数量或者数额达到前款第(一)项至第(四)项规定标准五倍以上的;

(二)其他情节特别严重的情形。

明知是他人非法控制的计算机信息系统,而对该计算机信息系统的控制权加以利用的,依照前两款的规定定罪处罚。

第四条　破坏计算机信息系统功能、数据或者应用程序,具有下列情形之一的,应当认定为刑法第二百八十六条第一款和第二款规定的"后果严重":

(一)造成十台以上计算机信息系统的主要软件或者硬件不能正常运行的;

(二)对二十台以上计算机信息系统中存储、处理或者传输的数据进行删除、修改、增加操作的;

(三)违法所得五千元以上或者造成经济损失一万元以上的;

(四)造成为一百台以上计算机信息系统提供域名解析、身份认证、计费等基础服务或者为一万以上用户提供服务的计算机信息系统不能正常运行累计一小时以上的；

（五）造成其他严重后果的。

实施前款规定行为，具有下列情形之一的，应当认定为破坏计算机信息系统“后果特别严重”：

（一）数量或者数额达到前款第（一）项至第（三）项规定标准五倍以上的；

（二）造成为五百台以上计算机信息系统提供域名解析、身份认证、计费等基础服务或者为五万以上用户提供服务的计算机信息系统不能正常运行累计一小时以上的；

（三）破坏国家机关或者金融、电信、交通、教育、医疗、能源等领域提供公共服务的计算机信息系统的功能、数据或者应用程序，致使生产、生活受到严重影响或者造成恶劣社会影响的；

（四）造成其他特别严重后果的。

指导案例146号《陈庆豪、陈淑娟、赵延海开设赌场案》的理解与参照*

——利用“二元期权”网站组织赌博构成开设赌场罪

2020年12月31日,最高人民法院发布了第26批指导性案例,包括第144号至第147号共4件指导性案例,均为刑事案例。这批案例涉及正当防卫、网络犯罪、故意损毁名胜古迹罪等领域中的法律适用问题,对于类似案件审理具有重要的指导价值,引起了理论界和实务界的高度关注和积极评价。其中,第146号指导性案例为《陈庆豪、陈淑娟、赵延海开设赌场案》。为了正确理解和准确参照适用该指导性案例,现对该指导性案例的选编过程、裁判要点、参照适用等有关情况予以解释、论证和说明。

一、案例选编过程

该案系江西省吉安市中级人民法院一审、江西省高级人民法院二审,江西省吉安市中级人民法院和江西省高级人民法院刑一庭均推选此案,经江西省高级人民法院审判委员会讨论,同意作为备选指导性案例报送最高人民法院案例指导工作办公室。案例指导工作办公室收到该案例后,经过初审,认为基本符合指导性案例的要求,在征求院内相关业务部门意见后,提交研究室室务会讨论。2020年11月13日,研究室室务会经讨论认为,该案例类型新颖,符合网络赌博有关指导性文件的规定,明确了相关法律适用规则,故同意作为备选指导性案例,建议修改后报审委会讨论。2020年12月29日,该案例经最高人民法院刑专会第393次会议讨论,同意作为指导性案例。12月31日,最高人民法院以法〔2020〕352号文件将该案例编入第26批指导性案例予以发布。

---

* 该文为2019年度国家社科基金重大研究专项“运用司法解释弘扬社会主义核心价值观研究”(批准号19VHJ002)阶段性成果。

二、关于本案例的相关情况

（一）基本案情

2016年6月，北京龙汇联创教育科技有限公司（以下简称龙汇公司）设立，负责为龙汇网站的经营提供客户培训、客户维护、客户发展服务，幕后实际控制人为周熙坤。

龙汇网站以经营“二元期权”交易为业，通过招揽会员以“买涨”或“买跌”的方式参与赌博。会员在龙汇网站注册充值后，下载安装市场行情接收软件和龙汇网站自制插件，选择某一外汇交易品种，并选择1M（分钟）到60M不等的到期时间，下单交易金额，并点击“买涨”或“买跌”按钮完成交易。买定离手之后，不可更改交易内容，不能止损止盈，若买对涨跌方向即可盈利交易金额的76%～78%，若买错涨跌方向则本金全亏，盈亏情况不与外汇实际涨跌幅度挂钩。龙汇网站建立了等级经纪人制度及对应的佣金制度，等级经纪人包括SB银级至PB铂金三星级六个等级。截至案发，龙汇网站在全国约有10万会员。

2017年1月，陈庆豪受周熙坤聘请为顾问、市场总监，从事日常事务协调管理，维系龙汇网站与高级经纪人之间的关系，出席“培训会”“说明会”并进行宣传，发展会员，拓展市场。2016年1月，陈淑娟在龙汇网站注册账号，通过发展会员一度成为PB铂金一星级经纪人，下有17,000余个会员账号。2016年2月，赵延海在龙汇网站注册账号，通过发展会员一度成为PB铂金级经纪人，下有8000余个会员账号。经江西大众司法鉴定中心司法会计鉴定，2017年1月1日至2017年7月5日，陈淑娟从龙汇网站提款18,0975.04美元，赵延海从龙汇网站提款11,598.11美元。2017年7月5日，陈庆豪、陈淑娟和赵延海被抓获归案。陈庆豪归案后，于2017年8月8日退缴35万元违法所得。

（二）裁判结果

江西省吉安市中级人民法院于2019年3月22日作出（2018）赣08刑初21号刑事判决，以被告人陈庆豪犯开设赌场罪，判处有期徒刑三年，并处罚金人民币五十万元，驱逐出境；被告人陈淑娟犯赌博罪，判处有期徒刑二年，并处罚金人民币三十万元；被告人赵延海犯赌博罪，判处有期徒刑一年十个月，并处罚金人民币二十万元；继续追缴被告人陈淑娟和赵延海的违法所得。宣判后，陈庆豪、陈淑娟提出上诉。江西省高级人民法院于2019年9月26日作出（2019）赣刑终93号刑事判决，以上诉人陈庆豪犯开设赌场罪，改判有期徒刑二年六个月，并处罚金人民币五十万元，驱逐出境；上诉人陈淑娟犯开设赌场罪，判处有期徒刑二年，并处罚金人民币三十万元；被告人赵延海犯开设赌场罪，判处有期徒刑一年十个月，并处罚金人民币二十万元;继续追缴陈淑娟和赵延海的违法所得。

(三)典型意义

随着网络时代的来临,利用网络从事赌博和开设赌场等行为愈演愈烈,手段多样且形式隐蔽。近年来,“二元期权”交易网站频频出现,打着“交易简单、便捷、回报快”等口号,利用互联网招揽投资者。“二元期权”也称“数字期权”(digital options)或“全有全无期权”(all - or - nothing options),是从境外博彩业演变而来,利用我国法律监管空白,打着“外汇期权”“新型衍生金融工具”的幌子,欺骗广大投资者参与其中。因“二元期权”具有“互联网 + ”与金融工具相碰撞,金融衍生品与博彩业杂交的外观表现,对投资者具有很强的欺骗性。其以互联网为传播媒介,行为手段隐蔽(将终端服务器设置在域外,一旦实现获利目的或有不利后果可能,则关闭境外服务器,给侦查机关电子数据取证带来挑战),导致许多投资者血本无归,涉众面极广、社会危害性极大。龙汇“二元期权”及龙汇网站就是其中的典型,其会员最多时达到十万人。

本案例系江西省内认定经营“二元期权”网站为开设赌场罪的第一案。本案审理过程中,承办人检索了中国裁判文书网,仅发现深圳法院类案判决一件。重庆等地公安机关已有以赌博进行侦查的案件,但尚未进入司法阶段。当前,对于此类“二元期权”类交易网站无司法认定标准,公安侦查也常常陷入被动困境。本案明确了“二元期权”交易的认定规则,有利于统一裁判尺度、提供办案指引。本案生效裁判宣告了“二元期权”的违法性,明确其交易行为实际上就是“押大小”的赌博游戏,“二元期权”网络平台是赌博网站,利用“二元期权”网络平台经营“金融产品”就是开设赌场。依法打击“二元期权”违法犯罪交易,对于引导公众依法进行投资、保护公民合法财产权具有重要意义,有利于打击赌博犯罪和防止公民陷入“投资”陷阱。

三、裁判要点的理解与说明

该指导案例的裁判要点确认:以“二元期权”交易的名义,在法定期货交易场所之外利用互联网招揽“投资者”,以未来某段时间外汇品种的价格走势为交易对象,按照“买涨”“买跌”确定盈亏,买对涨跌方向的“投资者”得利,买错的本金归网站(庄家)所有,盈亏结果不与价格实际涨跌幅度挂钩的,本质是“押大小、赌输赢”,是披着期权交易外衣的赌博行为。对相关网站应当认定为赌博网站。

(一)“二元期权”不是我国法律规定的期权

随着我国金融改革的深入,金融活动创新带动景气指数提升,金融衍生品不断丰富。在欧美国家方兴未艾的“二元期权”,搭乘金融创新的快车,在国内场外交易市场如雨后春笋般冒出。“二元期权”以其交易简便、操作快捷、收益及时、回报率高的宣传广受投资者青睐，借助网络平台，打破时空限制，发展态势迅猛，掀起了一波投资热潮。然而，“二元期权”名为期权但实质不同于期权及金融衍生品。

1.“二元期权”不符合期权的法定形式。根据我国《期货交易管理条例》的规定，期货交易包括以期货合约或期权合约为标的的交易两类。期权是一种精细的风险管理工具，从字面意义理解，是一种选择的权利，期权的购买方通过支付费用，获取在未来某时刻买入或者卖出期权合约所约定的标的物权利。期权合约是指期货交易场所统一制定的、规定买方有权在将来某一时间以特定价格买入或者卖出约定标的物的标准化合约。《期货交易管理条例》第一条、第四条、第六条规定，期权交易应当在期货交易所等法定期货交易场所进行，禁止在期货交易场所之外进行。未经国务院或者国务院期货监督管理机构批准，任何单位或者个人不得以任何形式组织期货交易（含期权）。根据证监会相关规定，期权交易应当在沪深交易所或者郑州商品交易所、上海期货交易所、大连商品交易所、中国金融期货交易所进行。超出法定交易市场范围、不受证监会监管的交易均为场外交易，场外交易与场内交易的区别在于是否有标准合约并被监管①。网络上的“二元期权”经纪商基本上为海外场外交易，交易平台既不受中国监管，也不受所在国监管。本案中，龙汇“二元期权”的交易平台即设在新加坡，未依法获得我国或其他国家批准，在法定期货交易场所之外进行交易，游离于期货监管机构监管之外，蕴含透明度低、风险高、不受监管、欺诈投资者的极大风险。

2.“二元期权”不具有期权的实质内容。期权作为金融产品，其本质是带有射幸性质的合法商事合约，但“二元期权”与期权交易存在实质不同：(1)“二元期权”不具有权利转移和行使环节。是否能够行权或间接行权是期权最根本的功能和属性。期权的买方有权在约定时间内，按照约定的价格买进或卖出一定数量相关资产；期权的出卖方收取期权费用，承担着在未来某个时间按照合约买入或者卖出的标的物的义务。② 期权分为看涨期权与看跌期权两个基本类型，看涨期权的买方有权在某一确定时间以确定价格买进相关资产，看跌期权的买方有权在某一确定时间以确定价格出售相关资产。③ 应当注意的是，本案中的买涨、买跌与看涨、看跌期权不同，看涨、看跌期权以一定数量相关资产为标的，以行使权利（按约定价格买进或卖出）或放弃行使权利为内容，期权合约由合约标的、合约类型、报价单位、执行价格等要素组成，收益随着执行价格和市场价格而变动。而龙汇“二元期权”并无

---

① 因我国无合法的场内“二元期权”，故本书所指的“二元期权”均为场外“二元期权”。

② 参见诸悦：《看上去很美：二元期权交易大起底》，载《小康（财智）》2013 年第 12 期。

③ 参见黄达编著：《金融学》（第 3 版），中国人民大学出版社 2009 年版，第 90 页。

真实的交易对象,也没有权利转移、行使或放弃的环节。(2)“二元期权”不具有价格发现和风险管理功能。期权可以使市场交易体系更完善、供求关系更透明、市场资源更高效流动,可以精准、量化对冲市场风险,但“二元期权”仅是对涨跌的简单判断,以涨跌方向决定其投注的盈亏,盈亏不与涨跌幅度挂钩,并不具备金融服务实体的功能,缺乏对接的实际资产基础,仅仅是以外汇等金融产品风险为外衣,经营者通过设计相应的赔率进行套利,其本质为创设风险供投资者进行投机,与合法的期权有本质差别。更严重的是,游离在监管之外的场外“二元期权”公正性、透明度低,存在市场操纵和交易欺诈的极大风险。因此,学者指出:“场外二元期权不应被视为‘法律效果不明确的金融衍生交易’,甚至不应作为规范意义上的金融衍生品。”①

(二)“二元期权”交易本质上系赌博行为

1.赌博行为具有投机性、射幸性和偶然性。《现代汉语词典》认为赌博是用斗牌、掷骰子等形式,以财物作注比输赢的游戏;《牛津法律大辞典》指出,赌博是将钱或其他有价值之物在游戏、竞赛或不确定事件结果上所做的冒险,其结果取决于机会或技巧。② 日本刑法学家牧野英一认为,赌博是基于偶然的事情而决定利益之得丧者也。③ 随着社会的发展,赌博的形式不断翻新,种类逐渐增多,新的赌博形式已经不限于采用牌、骰子等形式,只要以营利为目的,以财物下注,以偶发事件决定输赢或使用赌博工具参赌的行为,都属于广义上的赌博,赌博行为具有投机性、射幸性和偶然性特征。所谓偶然性,学界有两种观点:一种观点认为完全只有偶然因素,无人为因素干预,无须参与者使用任何技术和发挥智慧,彩票和老虎机即属此类;另一种观点认为只要最终结果不会被参与者的技能完全操控,不可能只赢不输,也认为具有偶然性,如利用扑克牌和麻将进行的亦可能是赌博。④ 我们同意第二种观点。

2.“二元期权”系国家不予许可的赌博行为。网络赌博是赌博这一古老行业在互联网时代的全新形态,网络技术的普及和电子金融业务的发展,使赌博从现实社会蔓延到网络空间成为可能。与传统开设赌场犯罪相比,网络赌场打破了物理空间和时间的限制,在人群规模、内容规模和资金规模上都具有明显的优势,具有方便、快捷的特征,轻点鼠标就能完成投注、资金交割。所谓“二元期权”借助网络平台的传播,演变成对标的资产价格走势进行“上涨”或“下跌”的简单判断,撕去光鲜

① 万国华、李铭:《我国二元期权交易的法律规制路径研究》,载《金融监管研究》2016年第12期。

② 《牛津法律大词典》,光明日报出版社1988年版,第443页。

③ 参见[日]牧野英一:《日本刑法通义》,陈承泽译,中国政法大学出版社2003年版,第176页。

④ 参见王琦毅:《治安管理视野下赌博违法行为及其处理之若干问题研究》,广西师范大学2017年硕士学位论文。

的金融外衣,与赌场内“开大”或“开小”异曲同工。

龙汇“二元期权”的玩法是下载 MT4 市场行情接收软件和龙汇网站自制插件,会员选择外汇品种和时间段,点击“买涨”或“买跌”按钮完成交易。换言之,其是对“未来某段时间的外汇等品种的价格走势涨跌的‘二选一’的选择题”,买对涨跌方向即可盈利交易金额的76% ~78%,买错涨跌方向则本金即归网站(庄家)所有,盈亏结果与外汇交易品种涨跌幅度无关。龙汇“二元期权”是以未来某段时间外汇、股票等品种的价格走势为交易对象,以标的价格走势的涨跌决定交易者的财产损益,交易价格与收益事前确定,收益损失结果与价格实际涨跌幅度不挂钩,交易者没有权利行使和转移环节,交易结果具有偶然性、投机性和射幸性。龙汇“二元期权”的实质是创造风险供投资者进行投机,不具备规避价格风险、服务实体经济的功能,与“押大小、赌输赢”的赌博行为本质相同,实为网络平台与投资者之间的对赌。而这种赌博未经过国家批准或许可,亦未受到相关机构监督,2016 年 4 月 18 日,我国证监会还警示了“二元期权”的风险,指出:“这些网络平台交易的二元期权是从境外博彩业演变而来……与我会监管的期权及金融衍生品交易有着本质区别,其交易行为类似于赌博。”可见,无论是场内还是场外“二元期权”,均未得到国家批准成为合法的金融衍生品。

综上,龙汇“二元期权”交易是披着期权外表的赌博行为,龙汇网站属于赌博网站。陈某豪在龙汇公司担任中国区域市场总监,从事日常事务协调管理,维护公司与经纪人关系,参加各地说明会、培训会并宣传龙汇“二元期权”,发展新会员和开拓新市场,系明知是赌博网站,而为其提供投放广告、发展会员等服务的行为,构成开设赌场罪。陈淑娟、赵延海面向社会公众招揽赌客参加赌博,属于为赌博网站担任代理并接受投注行为,且行为具有组织性、持续性、开放性,构成开设赌场罪,三人的犯罪金额均达到“情节严重”。原判认定陈淑娟、赵延海的罪名不当,二审依法改变其罪名,但根据上诉不加刑原则,维持一审对其量刑。

(三)“二元期权”案件定性与相关罪名辨析

1. 认为无罪的观点不能成立。《期货交易管理条例》禁止了场外交易期货期权,“二元期权”已被宣告为非法;罪刑法定原则是指法无明文规定不为罪,但并不需要“二元期权”明确写入刑法才能予以打击,“二元期权”交易只是纷繁复杂的现实中的行为表现,只要“二元期权”符合赌博特征,建立“二元期权”网站等行为符合开设赌场罪的构成要件,对其进行惩处就不违反罪刑法定原则。

2. 认为构成非法经营罪的观点不能成立。“非法经营”是指没有取得从事证券、期货或者保险业务主体资格的单位或者个人非法经营证券、期货或者保险业务,或者有主体资格者非法兼营证券、期货或者保险业务等其他金融业务的行为,其客体必须是期货。但正如前所述,“二元期权”本质上属于披着期权或短期外汇交易外表的赌博行为,与真正的期货有根本区别,不符合非法经营罪的行为对象,本案不能认定为非法经营罪。

3. 认为构成诈骗罪的观点不能成立。本案认定构成诈骗罪的证据不充分,原审被告人和同案人认为龙汇网站存在部分操纵价格走势的行为属于猜测,网站的服务器也设在国外,没有客观证据证实可以操纵价格走势;且被告人供述证实价格操纵的范围和幅度都有限,目的只是提高讲师带单操作的成功率,从而吸引更多会员参与赌博,不能证实价格操纵的目的是非法占有他人财产。因此,本案不构成诈骗罪。

(四)启示:国内外“二元期权”的发展现状和趋势

在国外,二元期权也受到了严格的监管和规范。2008 年,美国证券交易所(American Stock Exchange,AMEX)和芝加哥期权交易所(Chicago Board Options Exchange,CBOE)均将二元期权列为正式交易品种。借由网络平台的便捷性,二元期权在全球范围内掀起了投资热潮,遍及欧洲、北美、中东和亚太地区,[①]但由于其监管缺失严重,暴露出不公平、不透明、风险高、存在欺诈等问题,各国近年来通过制定政策法规、发布风险警示和采取执法行动,收紧了对“二元期权”的政策监管。如塞浦路斯证券交易委员会陆续处罚了 3 家无牌经营的“二元期权”经纪商和 1 家未获批准开展“二元期权”业务的经纪商;美国证券交易委员会通过网站发布《二元期权和欺诈》的警示,提醒投资者不要参与;英国金融行为监管局也在其官网宣布“二元期权”是金融监管的潜在威胁;法国金融市场管理局公布了超 300 个网站的黑名单;澳大利亚证券和投资委员会宣布 Opteck,Banc de Binary 未经当地授权等;加拿大证券管理局表示目前没有任何一家“二元期权”平台在加拿大注册并获授权,因此所有“二元期权”平台可视为非法。2018 年 9 月,国际证监会组织(International Organization of Securities Commissions,IOSCO)通过声明警示“二元期权”目前主要通过互联网平台或社交媒体交易,监管难度较大;IOSCO 成员已通过 IOSCO 多边备忘录开展基于个案的跨境合作,各辖区采取的措施包括进行风险警示、禁止“二元期权”销售和加强相关 App 管理等。

2016 年 4 月 18 日,我国证监会在其官方网站对“二元期权”网站平台进行过警示,指出:“这些网络平台交易的二元期权是从境外博彩业演变而来,其交易对象为未来某段时间外汇、股票等品种的价格趋势,交易双方为网络平台与投资者,交易价格与收益事前确定,其实质是创造风险供投资者进行投机,不具备规避价格风险、服务实体经济的功能,与我会监管的期权及金融衍生品交易有着本质区别,其

① 参见万国华、李铭:《我国二元期权交易的法律规制路径研究》,载《金融监管研究》2016 年第 12 期。

交易行为类似于赌博。”我国法律应当在明确界定“二元期权”法律属性的同时，加大对场外“二元期权”的整治和取缔力度，在以赌博和开设赌场犯罪规制严重的“二元期权”交易行为的同时，尽可能通过行政管理遏制此类违法犯罪的蔓延，以实现对公民财产和经济发展的提前保护。

综上，本案生效裁判宣告了“二元期权”的违法性，强调其系从境外博彩业演变而来，其交易行为实际上就是“押大小”的赌博游戏。“二元期权”网络平台就是赌博网站，利用“二元期权”网络平台经营“金融产品”就是开设赌场。依法打击“二元期权”违法犯罪交易，对于引导公众依法进行投资、保护公民合法财产权具有重要意义，有利于打击赌博犯罪和防止公民受骗。

（执笔人：江西省高级人民法院　汤媛媛
江西省吉安市中级人民法院　刘凯升
编审人：最高人民法院案例指导工作办公室　石　磊）

指导案例 146 号　陈庆豪、陈淑娟、赵延海开设赌场案

最高人民法院案例指导工作办公室编选人：石磊

1. 案例推荐单位：江西省高级人民法院
2. 案例编写人（1—3 人）：江西省高级人民法院　汤媛媛，江西省吉安市中级人民法院　刘凯升，江西省高级人民法院　陈建平
3. 案件裁判法院：江西省高级人民法院（二审）
4. 案件承办人：汤媛媛（二审）

相关法条

1.《中华人民共和国刑法》（2021 年 3 月 1 日实施）

第三百零三条　以营利为目的，聚众赌博或者以赌博为业的，处三年以下有期徒刑、拘役或者管制，并处罚金。

开设赌场的，处五年以下有期徒刑、拘役或者管制，并处罚金；情节严重的，处五年以上十年以下有期徒刑，并处罚金。

2.《最高人民法院、最高人民检察院、公安部关于办理网络赌博犯罪案件适用法律若干问题的意见》（2010 年 8 月 31 日实施）

一、关于网上开设赌场犯罪的定罪量刑标准

利用互联网、移动通讯终端等传输赌博视频、数据，组织赌博活动，具有下列情形之一的，属于刑法第三百零三条第二款规定的“开设赌场”行为：

(一)建立赌博网站并接受投注的;

(二)建立赌博网站并提供给他人组织赌博的;

(三)为赌博网站担任代理并接受投注的;

(四)参与赌博网站利润分成的。

实施前款规定的行为,具有下列情形之一的,应当认定为刑法第三百零三条第二款规定的“情节严重”:

(一)抽头渔利数额累计达到3万元以上的;

(二)赌资数额累计达到30万元以上的;

(三)参赌人数累计达到120人以上的;

(四)建立赌博网站后通过提供给他人组织赌博,违法所得数额在3万元以上的;

(五)参与赌博网站利润分成,违法所得数额在3万元以上的;

(六)为赌博网站招募下级代理,由下级代理接受投注的;

(七)招揽未成年人参与网络赌博的;

(八)其他情节严重的情形。

二、关于网上开设赌场共同犯罪的认定和处罚

明知是赌博网站,而为其提供下列服务或者帮助的,属于开设赌场罪的共同犯罪,依照刑法第三百零三条第二款的规定处罚:

(一)为赌博网站提供互联网接入、服务器托管、网络存储空间、通讯传输通道、投放广告、发展会员、软件开发、技术支持等服务,收取服务费数额在2万元以上的;

(二)为赌博网站提供资金支付结算服务,收取服务费数额在1万元以上或者帮助收取赌资20万元以上的;

(三)为10个以上赌博网站投放与网址、赔率等信息有关的广告或者为赌博网站投放广告累计100条以上的。

实施前款规定的行为,数量或者数额达到前款规定标准5倍以上的,应当认定为刑法第三百零三条第二款规定的“情节严重”。

实施本条第一款规定的行为,具有下列情形之一的,应当认定行为人“明知”,但是有证据证明确实不知道的除外:

(一)收到行政主管机关书面等方式的告知后,仍然实施上述行为的;

(二)为赌博网站提供互联网接入、服务器托管、网络存储空间、通讯传输通道、投放广告、软件开发、技术支持、资金支付结算等服务,收取服务费明显异常的;

(三)在执法人员调查时,通过销毁、修改数据、账本等方式故意规避调查或者向犯罪嫌疑人通风报信的;

(四)其他有证据证明行为人明知的。

如果有开设赌场的犯罪嫌疑人尚未到案,但是不影响对已到案共同犯罪嫌疑人、被告人的犯罪事实认定的,可以依法对已到案者定罪处罚。

指导案例147号《张永明、毛伟明、张鹭故意损毁名胜古迹案》的理解与参照*

——名胜古迹严重损毁之认定

2020年12月31日，最高人民法院发布了第26批指导性案例，包括第144号至第147号共4件指导性案例，均为刑事案例。其中，第147号指导性案例为《张永明、毛伟明、张鹭故意损毁名胜古迹案》。为了正确理解和准确参照适用该指导性案例，现对该指导性案例的选编过程、裁判要点、参照适用等有关情况予以解释、论证和说明。

一、案例选编过程

《张永明、毛伟明、张鹭故意损毁名胜古迹案》由江西省高级人民法院报送。经由江西省高级人民法院案例评审委员会评审推选为备选指导性案例。最高人民法院案例指导工作办公室收到该案例后经过初审、修改，送最高人民法院刑一庭、刑二庭、刑三庭、刑四庭、刑五庭及研究室刑事处征求意见，均同意推荐该案例为指导性案例。2020年11月13日，研究室室务会对该案例进行了讨论，同意将该案例报送审委会进行讨论。2020年12月29日，该案例经最高人民法院刑专会第393次会议讨论，同意作为指导性案例。2020年12月31日，最高人民法院以法〔2020〕352号文件将该案例编入第26批指导性案例予以发布。

二、关于本案例的相关情况

2017年4月左右，被告人张永明、毛伟明、张鹭三人通过微信联系，约定前往三清山风景名胜区攀爬“巨蟒出山”岩柱体(又称巨蟒峰)。2017年4月15日凌晨，张永明、毛伟明、张鹭三人携带电钻、岩钉(膨胀螺栓，不锈钢材质)、铁锤、绳索等工具

* 该文为2019年度国家社科基金重大研究专项“运用司法解释弘扬社会主义核心价值观研究”(批准号19VHJ002)阶段性成果。

到达巨蟒峰底部。被告人张永明首先攀爬,毛伟明、张鹭在下面拉住绳索保护张永明的安全。在攀爬过程中,张永明在有危险的地方打岩钉,使用电钻在巨蟒峰岩体上钻孔,再用铁锤将岩钉打入孔内,用扳手拧紧,然后在岩钉上布绳索。张永明通过这种方式攀爬至巨蟒峰顶部。毛伟明一直跟在张永明后面为其拉绳索做保护,并沿着张永明布好的绳索攀爬到巨蟒峰顶部。在张永明、毛伟明攀爬开始时,张鹭为张永明拉绳索做保护,后沿着张永明布好的绳索攀爬至巨蟒峰顶部,在顶部使用无人机进行拍摄。经现场勘查,张永明在巨蟒峰上打入岩钉26个。本案中,对于被告人在巨蟒峰打岩钉攀爬的行为是否造成巨蟒峰严重损毁没有相关的司法鉴定机构可以鉴定。经专家论证,三被告人的行为对巨蟒峰地质遗迹点造成了严重损毁。

江西省上饶市中级人民法院于2019年12月26日作出(2018)赣11刑初34号刑事判决,以被告人张永明犯故意损毁名胜古迹罪,判处有期徒刑一年,并处罚金人民币十万元;被告人毛伟明犯故意损毁名胜古迹罪,判处有期徒刑六个月,缓刑一年,并处罚金人民币五万元;被告人张鹭犯故意损毁名胜古迹罪,免予刑事处罚;对扣押在案的犯罪工具手机四部、无人机一台、对讲机二台、攀岩绳、铁锤、电钻、岩钉等予以没收。宣判后,张永明提出上诉。江西省高级人民法院于2020年5月18日作出(2020)赣刑终44号刑事判决,驳回上诉人张永明的上诉,维持原判。

本案系全国首例损毁自然遗迹构成故意损毁名胜古迹案件,具有以下特点:

第一,本案具有新颖性。被告人采用破坏性方式攀岩,在名胜古迹核心景区、世界地质遗迹点打入26个岩钉,这是全国首例损毁自然遗迹入刑的案件,具有典型性,受到了全国广泛的关注。中央电视台《今日说法》《第一时间》《东方时空》等栏目做了专题报道,新华社、人民日报、法制日报多三十多家媒体对此案进行了深入报道,抖音等自媒体观看达2000多万。第二,本案具有疑难复杂性。刑法上构成故意损毁名胜古迹罪的构成要件是情节严重。根据相关司法解释的规定,“致使名胜古迹严重损毁”是“情节严重”的表现之一,但关于“严重损毁”没有客观标准,也没有法定的司法鉴定机构可以鉴定。本案侦查机关委托专家就此出具的专家意见是否可采信成为本案能否定罪的关键。二审法院认为,在没有法定司法鉴定机构可以就名胜古迹损毁程度进行鉴定的情况下,可以聘请有专门知识的人进行检验。经人民法院通知,专家出庭作证并接受质询,专家意见可以采信为定案依据。第三,本案具有社会意义。本案类似情况在实践中日益多发,本案的处理有利于统一裁判尺度、提供办案指引;且有利于引导公众树立正确的生态文明观,不得破坏国家保护的名胜古迹,珍惜和善待人类赖以生存和发展的自然资源和生态环境。

三、裁判要点的理解与说明

该指导案例的裁判要点如下:(1)风景名胜区的核心景区属于《刑法》第三百二

十四条第二款规定的“国家保护的名胜古迹”。对核心景区内的世界自然遗产实施打岩钉等破坏活动,严重破坏自然遗产的自然性、原始性、完整性和稳定性的,综合考虑有关地质遗迹的特点、损坏程度等,可以认定为故意损毁国家保护的名胜古迹“情节严重”。(2)对刑事案件中的专门性问题需要鉴定,但没有鉴定机构的,可以指派、聘请有专门知识的人就案件的专门性问题出具报告,相关报告在刑事诉讼中可以作为证据使用。

现围绕与该裁判要点相关的问题逐一解释和说明如下:

(一)“严重损毁”名胜古迹之司法认定

我国《刑法》第三百二十四条规定的故意损毁名胜古迹罪是情节犯,以“情节严重”为犯罪构成要件。2016 年 1 月 1 日实施的《最高人民法院、最高人民检察院关于办理妨害文物管理等刑事案件适用法律若干问题的解释》第四条第一款、第二款规定:“风景名胜区的核心景区以及未被确定为全国重点文物保护单位、省级文物保护单位的古文化遗址、古墓葬、古建筑、石窟寺、石刻、壁画、近代现代重要史迹和代表性建筑等不可移动文物的本体,应当认定为刑法第三百二十四条第二款规定的‘国家保护的名胜古迹’。故意损毁国家保护的名胜古迹,具有下列情形之一的,应当认定为刑法第三百二十四条第二款规定的‘情节严重’:(一)致使名胜古迹严重损毁或者灭失的;(二)多次损毁或者损毁多处名名胜古迹的;(三)其他情节严重的情形。”

本案中,张永明等三人采用破坏性方式攀爬三清山风景名胜区、世界地质遗迹巨蟒峰并在峰柱体打入 26 个岩钉的行为,显然不属于造成名胜古迹灭失,也不属于多次损毁或者损毁多次名胜古迹的情形,因此应该考察其行为是否构成“严重损毁”。司法解释未进一步明确“严重损毁”的客观表现,全国也没有法定的司法鉴定机构可以就此进行鉴定。本案中四名地学专家就巨蟒峰损毁的程度出具了专家意见,专家意见结论认为被告人的打岩钉攀爬行为构成“严重损毁”。

1. 故意损毁名胜古迹“情节严重”之理论

故意损毁名胜古迹罪以“情节严重”作为成立要件或入罪标准,刑法理论上将此类犯罪称为情节犯。情节犯在我国立法和刑事司法实践中具有其独特的价值,其将具有严重社会危害性的行为规定为犯罪,将轻微危害社会的行为予以非犯罪化,承载着“犯罪化”与“除罪化”的双重功能。情节犯会随着社会的进步和发展不断地赋予新的内涵,某一行为随着时移势易可能从不具有社会危害性发生了变化。情节犯在保持原有条文不变的情况下,司法机关可以通过对情节犯之情节解释的修正来适应不断变化的社会现实,从而便于犯罪圈大小的调节。

同时,情节犯的独特优势也正是其产生争议之处,如何认定“情节严重”以及不同社会现实背景下“情节严重”内涵的变化标准都让人们产生其与“罪刑法定原则”的冲突,蕴含着司法擅断与法制不统一的潜在风险。“由于法律概念是人类语言的产物而非自然客体的产物,然而我们语言的丰富程度和精妙程度还不足以反映自然现象在种类上的无限性、自然要素的组合与变化以及一个事物向另一个事物的逐渐演变过程,而这些演变则具有着如我们所理解的那种客观现实的特性。”①刑法的明确性是一种相对的明确性,旨在刑法的精确性与模糊性之间寻求一种最佳平衡点。② 为了实现打击犯罪与限制刑罚权的平衡,情节犯的解释原则必须遵从罪刑法定、刑罚均衡和刑法谦抑三大原则。因此,对于本罪的情节严重之探讨有着非常实际的理论价值和实践指导意义。

2.“严重损毁”名胜古迹之司法判断标准

《最高人民法院、最高人民检察院关于办理妨害文物管理等刑事案件适用法律若干问题的解释》第四条第一款明确“风景名胜区的核心景区”应当认定为《刑法》第三百二十四条第二款规定的“国家保护的名胜古迹”,其第二款对《刑法》第三百二十四条第二款规定的“情节严重”列举了三项情形:(1)致使名胜古迹严重损毁或者灭失的;(2)多次损毁或者损毁多处名胜古迹的;(3)其他情节严重的情形。本案中,“情节严重”标准转化为“严重毁损”标准的认定。我们认为,对于本案的“严重损毁”主要可以从以下三个方面来认定:

第一,损毁对象是风景名胜区的核心景区。根据司法解释的规定,风景名胜区的核心景区是受刑法保护的名胜古迹。这意味着构成故意损毁名胜古迹罪的对象并不包含所有的风景名胜区范围内自然遗迹,而是限定在核心景区的范围内。风景名胜区的核心景区往往具有唯一性、可辨识性、重大价值性,其往往具有“三大价值”:重大科学价值、美学价值和经济价值,因而对核心景区的破坏才纳入刑法保护的范围。作为世界自然遗产,三清山最具有世界价值并有标识性意义的独一无二景观就是两个,即巨蟒峰和东方女神峰。三清山巨蟒峰作为三清山的标志性景观,具有世界突出普遍价值和世界级的地质遗迹,是不可再生的珍稀自然资源性资产,也是可持续利用的自然资产,具有重大科学价值、美学价值和经济价值。本案被告的违法行为破坏了3亿多年方才形成的巨蟒峰特有的世界级环境美学价值,对其自然性、完整性的破坏同时造成重大科学价值的严重损害,26个膨胀螺栓会直接诱发和加重物理、化学、生物风化,形成新的裂隙,加快花岗岩柱体的侵蚀进程,甚至造成崩解,对巨蟒峰的重大经济价值亦造成严重损害。

---

① [美]E.博登海默:《法理学:法律哲学与法律方法》,邓正来译,中国政法大学出版社2004年版,第503页。

② 参见姜涛:《当代刑事立法应当遵循明确性原则》,载《国家检察官学院学报》2018年第2期。

第二，损毁方式是破坏性的。对名胜古迹损毁的方式是多种多样的。一般来说，导致名胜古迹丧失或减少其历史、艺术、科学、游览等价值的一切行为，例如，炸毁、污损、刻画、砸烂、拆卸、挖掘、焚烧等都构成对名胜古迹的损毁。本案中，张永明等三人在巨蟒峰打入了26枚岩钉。因岩钉是膨胀螺丝，属于钢铁物质，遇水会产生化学反应即锈蚀。打入岩钉后，会在山体中产生缝隙，在热晒、雨淋、冰冻的气候条件诱发下，会加速风化，缩短它的寿命。如果拔出岩钉，就会留下一个洞，这个洞在热晒、雨淋，与外界空气水分接触或遇到冰冻等物理和化学的综合作用，造成的破坏影响更大。因此，在山体上打岩钉的方式是一种客观的破坏性的损害方式。岩钉的打入造成损害，岩钉的拔出会造成第二次的损害，无论岩钉是否拔出，根据科学的基本原理和外力地质作用的基本常识，都会加速巨蟒峰的风化，甚至造成它的崩塌。且被告人对在巨蟒峰打入岩钉有着主观故意，对打岩钉的方式存在的破坏性也是明知的，被告人辩解未造成严重后果仅是其主观上对巨蟒峰的世界自然遗产价值的认识不足。

第三，损毁结果是永久性的。张永明等三人的行为对世界自然遗产的核心景观巨蟒峰造成了的损害是永久性的，所打入的岩钉破坏了自然遗产的基本属性即自然性、原始性、完整性；在巨蟒峰柱体的脆弱段打入至少4个膨胀螺栓（岩钉），则加重了巨蟒峰柱体结构的脆弱性，即对巨蟒峰的稳定性产生了破坏；26个膨胀螺栓会直接诱发和加重物理、化学、生物风化，形成新的裂隙，加快花岗岩柱体的侵蚀进程，甚至造成崩解。由此可见，这种损毁的结果是不可逆的、不可修复的，对巨蟒峰造成了永久性的损害。

（二）专家意见可以作为证据使用

1. 专家意见在刑事司法中的法律地位

随着社会发展、科技进步，司法机关遇到的新类型案件也越来越多，特别是在环境污染、生态破坏等领域，面临许多专业领域的专门性问题，而这些问题没有相关的司法鉴定机构可以鉴定，或者鉴定需要的时间过长等，可以说目前法定的司法鉴定事项出现了一定的滞后性。司法实践中，对于一些无法鉴定的事项，司法机关会邀请相关专家就专业问题发表意见，借助专家在其专业领域具有的专门知识、技能或经验，为法庭审理提供必要信息，帮助法院查明有关专门性问题，从而对案件事实作出正确的认定。

但对于专家意见的法律地位如何确认，在2021年3月1日《最高人民法院关于适用〈中华人民共和国刑事诉讼法〉的解释》施行前，存在不同的看法。实践中主要有以下四种意见：

（1）专家意见不能作为证据采信。目前的刑事诉讼法规定的证据种类主要有物证、书证、证人证言、被告人陈述、犯罪嫌疑人、被告人的供述和辩解、鉴定意见和勘验、检查、辨认、侦查实验等笔录、试听资料、电子数据等。专家意见不属于法定的证据种类。

(2)专家意见属于证人证言。在英美法系国家中,专家证人制度最早源于14世纪的英国,当时有专门知识的人以法官助手的身份在接受法院指定后参与诉讼活动。到了18世纪,逐渐出现了当事人也拥有聘请专家证人的资格,使证据的收集、质证更加完整全面。[①] 美国对专家证人的定性是:受当事人聘请或者法院指派,具有较高水平专业知识或技能的人,从帮助法官和陪审团了解案件事实的角度出发,对案件的专业问题进行解释或者肯定的证人[②]。借鉴英美的做法,专家证人是一种特殊的证人,专家证人提供的意见属于一种证人证言,具有证据效力。除不受意见证据规则的约束外,专家证言的证据地位和审查标准与普通证言并无二致,在经过法定审查程序后,可以直接作为定案依据使用。[③]

(3)专家意见直接可以作为定案的参考。依据2013年5月施行的《最高人民法院、最高人民检察院关于办理危害食品安全刑事案件适用法律若干问题的解释》[*]第二十一条的规定,可以将专家意见直接作为定案的参考。当时出台背景正是因为我国食品安全形势十分严峻,重大、恶性食品安全犯罪案件时有发生,为依法惩治危害食品安全犯罪,保障人民群众身体健康、生命安全,出台了《最高人民法院、最高人民检察院关于办理危害食品安全刑事案件适用法律若干问题的解释》[**],其中第二十一条的规定就是针对食品类涉案物品是否有毒、有害或不符合安全标准的检验鉴定无法满足司法实践的需要而出台的。对食品类涉案物品的检验鉴定无法满足司法实践的需要主要原因有四[④]:一是食品种类及添加物种类繁多,每一种又有自己的特性,具体案件办理过程中对如何提取或者何时提取、保管检材都有不同的要求,导致食品类涉案物品的检材提取困难。二是食品类涉案物品检验机构的确定存在困难,每个检验机构所能做的检验项目和所具有的资质有限,一旦遇到比较复杂的案件,可能连需要检验的涉案物品可以委托给哪些检验机构都不了解,致使难以确定委托检验机构。三是食品类涉案物品的检验鉴定标准和方法缺

---

① 参见周湘雄:《英美专家证人制度研究》,中国检察出版社2006年版,第146页。

② 参见周湘雄:《英美专家证人制度研究》,中国检察出版社2006年版,第228页。

③ 参见龙宗智、孙末非:《非鉴定专家制度在我国刑事诉讼中的完善》,载《吉林大学社会科学学报》2014年第1期。

* 该司法解释已失效。——编者注

** 该司法解释已失效。——编者注

④ 参见陈涛:《食品安全犯罪侦查之涉案物品检验鉴定的困境与破解》,载《山东警察学院学报》2016年第2期。

失，每当出现一种新的危害食品安全的物质时，对其如何科学检验成为亟须克服的困难。四是食品类涉案物品的检验鉴定费用高、周期长。正是考虑到危害食品安全刑事案件中存在难以鉴定的实际困难，第二十一条规定首次明确了可以将专家意见直接作为定案的参考。具体规定为："'足以造成严重食物中毒事故或者其他严重食源性疾病''有毒、有害非食品原料'难以确定的，司法机关可以根据检验报告并结合专家意见等相关材料进行认定。必要时，人民法院可以依法通知有关专家出庭作出说明。"

(4)专家意见属于检验报告。在司法实践中，司法机关征求专家意见时，专家往往会出具书面的检验报告或者意见，并上庭接受质询。对于检验条件完备、论证过程充分、结论足以让人信服、符合法定要求的检验报告，可以作为证据予以采信。《最高人民法院关于适用〈中华人民共和国刑事诉讼法〉的解释》* 第八十七条规定："对案件中的专门性问题需要鉴定，但没有法定司法鉴定机构，或者法律、司法解释规定可以进行检验的，可以指派、聘请有专门知识的人进行检验，检验报告可以作为定罪量刑的参考……经人民法院通知，检验人拒不出庭作证的，检验报告不得作为定罪量刑的参考。"

2. 专家意见可作为定罪量刑的依据

2021 年 3 月 1 日起施行的《最高人民法院关于适用〈中华人民共和国刑事诉讼法〉的解释》(2021)第一百条规定："因无鉴定机构，或者根据法律、司法解释的规定，指派、聘请有专门知识的人就案件的专门性问题出具的报告，可以作为证据使用。对前款规定的报告的审查与认定，参照适用本节的有关规定。经人民法院通知，出具报告的人拒不出庭作证的，有关报告不得作为定案的根据。"结合当时的北京以及现有法律的相关规定，对本案专家意见的可采性分析如下。

首先，本案专家意见的出具程序具有合法性。四名专家出具专家意见系接受侦查机关的有权委托，依据自己的专业知识和现场实地勘查、证据查验，经充分讨论、分析，从地质学专业的角度对打岩钉造成巨蟒峰的损毁情况给出了明确的专业意见，并共同签名。经法院通知，四名专家中的两名专家即张百平、尹国胜以检验人的身份出庭，对"专家意见"的形成过程进行了详细的说明，并接受了控、辩双方及审判人员的质询。"专家意见"从委托的主体到出具的程序、形式完全符合法律的规定，具有合法性、可信性。

其次，本案专家意见的证明内容具有相关性。三被告人打入 26 个岩钉的行为对巨蟒峰造成严重损毁的程度，目前全国没有法定司法鉴定机构可以进行鉴定，但

---

* 该司法解释已失效。——编者注

是否构成严重损毁又是被告人是否构成犯罪的关键。根据《最高人民法院关于适用〈中华人民共和国刑事诉讼法〉的解释》* 第八十七条的规定:"对案件中的专门性问题需要鉴定,但没有法定司法鉴定机构,或者法律、司法解释规定可以进行检验的,可以指派、聘请有专门知识的人进行检验,检验报告可以作为定罪量刑的参考……经人民法院通知,检验人拒不出庭作证的,检验报告不得作为定罪量刑的参考。"故对打入26个岩钉的行为是否对巨蟒峰造成严重损毁的这一事实,依法聘请有专门知识的人进行检验合情、合理、合法。"专家意见"针对证明的内容具有相关性。

再次,本案专家意见的主体资格具有相关性。专家意见中的四名专家,罗照华系中国地质大学(北京)教授,张百平系中国科学院地理科学与资源研究所研究员,赵志中系中国地质科学院地质力学所研究员,尹国胜系江西省地质调查研究院教授级高级工程师,四位专家系地学专家,都长期从事地学领域的研究,都具有地学领域的专业知识,在地学领域发表过大量论文或专著,或主持过地学方面的重大科研课题,具有对巨蟒峰受损情况这一地学领域的专门问题进行评价的能力。四位专家均属于"有专门知识的人",符合专家具有的主体资格条件。该主体资格条件符合相关性原则。

最后,本案专家意见的结论具有可靠性。三清山属于世界自然遗产,巨蟒峰作为三清山核心标志性景观独一无二,弥足珍贵,其不仅是不可再生的珍稀自然资源型资产,也是可持续利用的自然资产,就全人类而言具有重大科学价值、美学价值和经济价值,需要对它进行最严格的保护。其次自然遗产体现的是一个自然过程,这个自然演化的过程是一个不可逆的过程,已经破坏了的东西,就是取出来修补,但是不能复原,这是一个永久性的伤害。岩钉取下来和不取下来,都会造成二次伤害。本案中,四位专家从地学专业角度,认为被告人的打岩钉攀爬行为对世界自然遗产的核心景观巨蟒峰造成了永久性的损害,破坏了自然遗产的基本属性即自然性、原始性、完整性,特别是在巨蟒峰柱体的脆弱段打入至少4个膨胀螺栓(岩钉),加重了巨蟒峰柱体结构的脆弱性,即对巨蟒峰的稳定性产生了破坏,26个膨胀螺栓会直接诱发和加重物理、化学、生物风化,形成新的裂隙,加快花岗岩柱体的侵蚀进程,甚至造成崩解。该结论因其专业性科学性而更具有可靠性。

(执笔人:江西省高级人民法院　胡淑珠、黄训荣、王慧军、王　倩
编审人:最高人民法院案例指导工作办公室　马蓓蓓)

---

* 该司法解释已失效。——编者注

指导案例 147 号　张永明、毛伟明、张鹭故意损毁名胜古迹案

最高人民法院案例指导工作办公室编选人：马蓓蓓

1. 案例推荐单位：江西省高级人民法院

2. 案例编写人：江西省高级人民法院　胡淑珠、黄训荣、王慧军、王倩

3. 案件裁判法院：江西省上饶市中级人民法院（一审）、江西省高级人民法院（二审）

4. 案件承办人：郑享华（一审）、王慧军（二审）

相关法条

1.《中华人民共和国刑法》（2021 年 3 月 1 日实施）

第三百二十四条　故意损毁国家保护的珍贵文物或者被确定为全国重点文物保护单位、省级文物保护单位的文物的，处三年以下有期徒刑或者拘役，并处或者单处罚金；情节严重的，处三年以上十年以下有期徒刑，并处罚金。

故意损毁国家保护的名胜古迹，情节严重的，处五年以下有期徒刑或者拘役，并处或者单处罚金。

过失损毁国家保护的珍贵文物或者被确定为全国重点文物保护单位、省级文物保护单位的文物，造成严重后果的，处三年以下有期徒刑或者拘役。

2.《最高人民法院、最高人民检察院关于办理妨害文物管理等刑事案件适用法律若干问题的意见》（2016 年 1 月 1 日实施）

第四条　风景名胜区的核心景区以及未被确定为全国重点文物保护单位、省级文物保护单位的古文化遗址、古墓葬、古建筑、石窟寺、石刻、壁画、近代现代重要史迹和代表性建筑等不可移动文物的本体，应当认定为刑法第三百二十四条第二款规定的“国家保护的名胜古迹”。

故意损毁国家保护的名胜古迹，具有下列情形之一的，应当认定为刑法第三百二十四条第二款规定的“情节严重”：

（一）致使名胜古迹严重损毁或者灭失的；

（二）多次损毁或者损毁多处名胜古迹的；

（三）其他情节严重的情形。

实施前款规定的行为，拒不执行国家行政主管部门作出的停止侵害文物的行政决定或者命令的，酌情从重处罚。

故意损毁风景名胜区内被确定为全国重点文物保护单位、省级文物保护单位的文物的，依照刑法第三百二十四条第一款和本解释第三条的规定定罪量刑。

3.《最高人民法院关于适用〈中华人民共和国刑事诉讼法〉的解释》（2013 年 1 月 1 日施行）（已失效）

第八十七条　对案件中的专门性问题需要鉴定，但没有法定司法鉴定机构，或者法律、

司法解释规定可以进行检验的,可以指派、聘请有专门知识的人进行检验,检验报告可以作为定罪量刑的参考。

对检验报告的审查与认定,参照适用本节的有关规定。

经人民法院通知,检验人拒不出庭作证的,检验报告不得作为定罪量刑的参考。

最高人民法院
关于发布第31批指导性案例的通知

（法〔2021〕286号）

各省、自治区、直辖市高级人民法院，解放军军事法院，新疆维吾尔自治区高级人民法院生产建设兵团分院：

经最高人民法院审判委员会讨论决定，现将秦家学滥伐林木刑事附带民事公益诉讼案等七个案例（指导案例172—178号），作为第31批指导性案例发布，供在审判类似案件时参照。

最高人民法院

2021年12月1日

指导案例172号

秦家学滥伐林木刑事附带民事公益诉讼案

（最高人民法院审判委员会讨论通过 2021年12月1日发布）

关键词 刑事/滥伐林木罪/生态修复/补植复绿/专家意见/保证金

裁判要点

1. 人民法院确定被告人森林生态环境修复义务时，可以参考专家意见及林业规划设计单位、自然保护区主管部门等出具的专业意见，明确履行修复义务的树种、树龄、地点、数量、存活率及完成时间等具体要求。

2. 被告人自愿交纳保证金作为履行生态环境修复义务担保的,人民法院可以将该情形作为从轻量刑情节。

相关法条

《中华人民共和国民法典》第179条(本案适用的是自2010年7月1日起实施的《中华人民共和国侵权责任法》*第15条)

《中华人民共和国森林法》第56条、第57条、第76条(本案适用的是2009年8月27日修正的《中华人民共和国森林法》第32条、第39条)

基本案情

湖南省保靖县人民检察院指控被告人秦家学犯滥伐林木罪向保靖县人民法院提起公诉,在诉讼过程中,保靖县人民检察院以社会公共利益受到损害为由,又向保靖县人民法院提起附带民事公益诉讼。

保靖县人民检察院认为,应当以滥伐林木罪追究被告人秦家学刑事责任。同时,被告人行为严重破坏了生态环境,致使社会公共利益遭受到损害,根据侵权责任法的相关规定,应当补植复绿,向公众赔礼道歉。被告人秦家学对公诉机关的指控无异议。但辩称,其是林木的实际经营者和所有权人,且积极交纳补植复绿的保证金,请求从轻判处。

保靖县人民法院经审理查明,湖南省保靖县以1958年成立的保靖县国营白云山林场为核心,于1998年成立白云山县级自然保护区。后该保护区于2005年评定为白云山省级自然保护区,并完成了公益林区划界定;又于2013年评定为湖南白云山国家级自然保护区。其间,被告人秦家学于1998年承包了位于该县毛沟镇卧当村白云山自然保护区核心区内"土地坳"(地名)的山林,次年起开始有计划地植造杉木林,该林地位于公益林范围内,属于公益林地。2016年9月至2017年1月,秦家学在没有办理《林木采伐许可证》情况下,违反森林法,擅自采伐其承包该林地上的杉木林并销售,所采伐区域位于该保护区核心区域内面积为117.5亩,核心区外面积为15.46亩。经鉴定,秦家学共砍伐林木1010株,林木蓄积为153.3675立方米。后保靖县林业勘测规划设计队出具补植补造作业设计说明证明,该受损公益林补植复绿的人工苗等费用为人民币66025元。

人民法院审理期间,保靖县林业勘测规划设计队及保靖县林业局、白云山国家级自然保护区又对该受损公益林补植复绿提出了具体建议和专业要求。秦家学预

---

* 现已失效。——编者注

交补植复绿保证金66025元，保证履行补植复绿义务。

裁判结果

湖南省保靖县人民法院于2018年8月3日作出(2018)湘3125刑初5号刑事附带民事判决，认定被告人秦家学犯滥伐林木罪，判处有期徒刑三年，缓刑四年，并处罚金人民币1万元，并于判决生效后两年内在湖南白云山国家级自然保护区内“土地坳”栽植一年生杉树苗5050株，存活率达到90%以上。宣判后，没有上诉、抗诉，一审判决已发生法律效力。被告人依照判决，在原砍伐林地等处栽植一年生杉树苗5050株，且存活率达到100%。

裁判理由

法院生效裁判认为：被告人秦家学违反森林法规定，未经林业主管部门许可，无证滥伐白云山国家级自然保护区核心区内的公益林，数量巨大，构成滥伐林木罪。辩护人提出的被告人系初犯、认罪，积极交纳补植补绿的保证金66025元到法院的执行账户，有悔罪表现，应当从轻判处的辩护意见，予以采信。白云山国家级自然保护区位于中国十七个生物多样性关键地区之一的武陵山区及酉水流域，是云贵高原、四川盆地至雪峰山区、湘中丘陵之间动植物资源自然流动通道的重要节点，是长江流域洞庭湖支流沅江的重要水源涵养区，其森林资源具有保持水土、维护生物多样性等多方面重要作用。被告人所承包、栽植并管理的树木，已经成为白云山国家级自然保护区森林资源的不可分割的有机组成部分。被告人无证滥伐该树木且数量巨大，其行为严重破坏了白云山国家级自然保护区生态环境，危及生物多样性保护，使社会公共利益遭受到严重损害，性质上属于一种侵权行为。附带民事公益诉讼不是传统意义上的民事诉讼，公益诉讼起诉人也不是一般意义上的受害人。公益诉讼起诉人要求被告人承担恢复原状法律责任的诉讼请求，于法有据，予以支持。根据保靖县林业勘测规划设计队出具的“土地坳”补植补造作业设计说明以及白云山自然保护区管理局、保靖县林业局等部门专家提供的专业资料和建议，参照森林法第三十九条第二款规定，对公益诉讼起诉人提出的被告人应补种树木的诉讼请求，应认为有科学、合理的根据和法律依据，予以支持。辩护人提出被告人作为林地承包者的经营权利也应当依法保护的意见，有其合理之处，在具体确定被告人法律责任时予以考虑。遂作出上述判决。

（生效裁判审判人员：龙鸥玲、徐岩松、向福生、
彭　菲、彭举忠、彭大江、贾长金）

指导案例173号

北京市朝阳区自然之友环境研究所诉中国水电顾问集团新平开发有限公司、中国电建集团昆明勘测设计研究院有限公司生态环境保护民事公益诉讼案

(最高人民法院审判委员会讨论通过 2021年12月1日发布)

关键词 民事/生态环境保护民事公益诉讼/损害社会公共利益/重大风险/濒危野生动植物

裁判要点

人民法院审理环境民事公益诉讼案件,应当贯彻保护优先、预防为主原则。原告提供证据证明项目建设将对濒危野生动植物栖息地及生态系统造成毁灭性、不可逆转的损害后果,人民法院应当从被保护对象的独有价值、损害结果发生的可能性、损害后果的严重性及不可逆性等方面,综合判断被告的行为是否具有《最高人民法院关于审理环境民事公益诉讼案件适用法律若干问题的解释》第一条规定的"损害社会公共利益重大风险"。

相关法条

《中华人民共和国环境保护法》(2014年4月24日修订)第5条

基本案情

戛洒江一级水电站工程由中国水电顾问集团新平开发有限公司(以下简称新平公司)开发建设,中国电建集团昆明勘测设计研究院有限公司(以下简称昆明设计院)是该工程总承包方及受托编制《云南省红河(元江)干流戛洒江一级水电站环境影响报告书》(以下简称《环境影响报告书》)的技术单位。戛洒江一级水电站坝址位于云南省新平县境内,下游距新平县水塘镇约6.5千米,电站采用堤坝式开发,坝型为混凝土面板堆石坝,最大坝高175.5米,水库正常蓄水位675米,淹没区域涉及红河上游的戛洒江、石羊江及支流绿汁江、小江河。水库淹没影响和建设征地涉及新平县和双柏县8个乡(镇)。戛洒江一级水电站项目建设自2011年至2014年

分别取得了国家发展改革委、原国土资源部、生态环境部等多个相关主管部门关于用地、环评、建设等批复和同意。2017 年 7 月 21 日，生态环境部办公厅向新平公司发出《关于责成开展云南省红河（元江）干流戛洒江一级水电站环境影响后评价的函》（以下简称《责成后评价函》），责成新平公司就该项目建设开展环境影响后评价，采取改进措施，并报生态环境部备案。后评价工作完成前，不得蓄水发电。2017 年 8 月至今，新平公司主动停止对戛洒江一级水电站建设项目的施工。按工程进度，戛洒江一级水电站建设项目现已完成"三通一平"工程并修建了导流洞。

绿孔雀为典型热带、亚热带林栖鸟类，主要在河谷地带的常绿阔叶林、落叶阔叶林及针阔混合林中活动，杂食类，为稀有种类，属国家一级保护动物，在中国濒危动物红皮书中列为"濒危"物种。就绿孔雀相关问题，昆明市中级人民法院发函云南省林业和草原局，2019 年 4 月 4 日云南省林业和草原局进行了函复。此后，昆明市中级人民法院又向该局调取了其编制的《元江中上游绿孔雀种群现状调查报告》，该报告载明戛洒江一级水电站建成后，蓄水水库将淹没海拔 680 米以下河谷地区，将对绿孔雀目前利用的沙浴地、河滩求偶场等适宜栖息地产生较大影响。同时，由于戛洒江一级水电站的建设，淹没区公路将改造重修，也会破坏绿孔雀等野生动物适宜栖息地。对暂停建设的戛洒江一级水电站，应评估停建影响，保护和恢复绿孔雀栖息地措施等。2018 年 6 月 29 日，云南省人民政府下发《云南省人民政府关于发布云南省生态保护红线的通知》，对外发布《云南省生态保护红线》。根据《云南省生态保护红线》附件 1《云南省生态保护红线分布图》所示，戛洒江一级水电站淹没区大部分被划入红河（元江）干热河谷及山原水土保持生态保护红线范围，在该区域内，绿孔雀为其中一种重点保护物种。

陈氏苏铁为国家一级保护植物。2015 年后被列入《云南省生物物种红色名录（2017 版）》，为极危物种。原告北京市朝阳区自然之友环境研究所（以下简称自然之友研究所）提交了其在绿汁江、石羊江河谷等戛洒江一级水电站淹没区拍摄到的陈氏苏铁照片。证人刘某（中国科学院助理研究员）出庭作证，陈氏苏铁仅在我国红河流域分布。按照世界自然保护联盟的评价标准，陈氏苏铁应为濒危。

自然之友研究所向昆明市中级人民法院起诉，请求人民法院判令新平公司及昆明设计院共同消除戛洒江一级水电站建设对绿孔雀、陈氏苏铁等珍稀濒危野生动植物以及热带季雨林和热带雨林侵害危险，立即停止水电站建设，不得截留蓄水，不得对该水电站淹没区内植被进行砍伐。

裁判结果

云南省昆明市中级人民法院于 2020 年 3 月 16 日作出（2017）云 01 民初 2299 号民事判决：一、新平公司立即停止基于现有环境影响评价下的戛洒江一级水电站建设项目,不得截流蓄水,不得对该水电站淹没区内植被进行砍伐。对戛洒江一级水电站的后续处理,待新平公司按生态环境部要求完成环境影响后评价,采取改进措施并报生态环境部备案后,由相关行政主管部门视具体情况依法作出决定;二、由新平公司于本判决生效后三十日内向自然之友研究所支付因诉讼发生的合理费用8万元;三、驳回自然之友研究所的其他诉讼请求。宣判后,自然之友研究所以戛洒江一级水电站应当永久性停建为由,新平公司以水电站已经停建且划入生态红线,应当驳回自然之友研究所诉讼请求为由,分别提起上诉。云南省高级人民法院于2020年12月22日作出(2020)云民终824号民事判决:驳回上诉,维持原判。

裁判理由

法院生效裁判认为:本案符合《最高人民法院关于审理环境民事公益诉讼案件适用法律若干问题的解释》第一条"对已经损害社会公共利益或者具有损害社会公共利益重大风险的污染环境、破坏生态的行为提起诉讼"规定中"具有损害社会公共利益重大风险"的法定情形,属于预防性环境公益诉讼。预防性环境公益诉讼突破了"无损害即无救济"的诉讼救济理念,是环境保护法"保护优先,预防为主"原则在环境司法中的具体落实与体现。预防性环境公益诉讼的核心要素是具有重大风险,重大风险是指对"环境"可能造成重大损害危险的一系列行为。本案中,自然之友研究所已举证证明戛洒江一级水电站如果继续建设,则案涉工程淹没区势必导致国家一级保护动物绿孔雀的栖息地及国家一级保护植物陈氏苏铁的生境被淹没,生物生境面临重大风险的可能性毋庸置疑。此外,从损害后果的严重性来看,戛洒江一级水电站下游淹没区动植物种类丰富,生物多样性价值及遗传资源价值可观,该区域不仅是绿孔雀及陈氏苏铁等珍稀物种赖以生存的栖息地,也是各类生物与大面积原始雨林、热带雨林片段共同构成的一个完整生态系统,若水电站继续建设所产生的损害将是可以直观估计预测且不可逆转的。而针对该现实上的重大风险,新平公司并未就其不存在的主张加以有效证实,而仅以《环境影响报告书》加以反驳,缺乏足够证明力。因此,结合生态环境部责成新平公司对项目开展后评价工作的情况及戛洒江一级水电站未对绿孔雀采取任何保护措施等事实,可以认定戛洒江一级水电站继续建设将对绿孔雀栖息地、陈氏苏铁生境以及整个生态系统生物多样性和生物安全构成重大风险。

根据环境影响评价法第二十七条"在项目建设、运行过程中产生不符合经审批的环境影响评价文件的情形的,建设单位应当组织环境影响后评价,采取改进措施,并报原环境影响评价文件审批部门和建设项目审批部门备案;原环境影响评价文件审批部门也可以责成建设单位进行环境影响后评价,采取改进措施"的规定,

2017年7月21日,生态环境部办公厅针对本案建设项目,向新平公司发出《责成后评价函》,责成新平公司就该项目建设开展环境影响后评价,采取改进措施,并报生态环境部备案,后评价完成前不得蓄水发电符合上述法律规定。目前,案涉电站已经处于停建状态,新平公司业已向其上级主管单位申请停建案涉项目并获批复同意,绿孔雀生态栖息地存在的重大风险已经得到了有效的控制。在新平公司对案涉项目申请停建但未向相关行政部门备案并通过审批的情况下,鉴于生态环境部已经责成新平公司开展环境影响后评价,且对于尚不明确的事实状态的重大风险程度,案涉水电站是否继续建设等一系列问题,也需经环境主管部门审批备案决定后,才能确定案涉项目今后能否继续建设或是永久性停建,因此,案涉项目应在新平公司作出环境影响后评价后由行政主管机关视具体情况依法作出决定。

(生效裁判审判人员:向　凯、苏静巍、田奇慧)

指导案例174号

中国生物多样性保护与绿色发展基金会诉雅砻江流域水电开发有限公司生态环境保护民事公益诉讼案

(最高人民法院审判委员会讨论通过　2021年12月1日发布)

关键词　民事/生态环境保护民事公益诉讼/潜在风险/预防性措施/濒危野生植物

裁判要点

人民法院审理环境民事公益诉讼案件,应当贯彻绿色发展理念和风险预防原则,根据现有证据和科学技术认为项目建成后可能对案涉地濒危野生植物生存环境造成破坏,存在影响其生存的潜在风险,从而损害生态环境公共利益的,可以判决被告采取预防性措施,将对濒危野生植物生存的影响纳入建设项目的环境影响评价,促进环境保护和经济发展的协调。

相关法条

《中华人民共和国环境保护法》(2014 年 4 月 24 日修订)第 5 条

基本案情

雅砻江上的牙根梯级水电站由雅砻江流域水电开发有限公司(以下简称雅砻江公司)负责建设和管理,现处于项目预可研阶段,水电站及其辅助工程(公路等)尚未开工建设。

2013 年 9 月 2 日发布的中国生物多样性红色名录中五小叶槭被评定为“极危”。2016 年 2 月 9 日,五小叶槭列入《四川省重点保护植物名录》。2018 年 8 月 10 日,世界自然保护联盟在其红色名录中将五小叶槭评估为“极度濒危”。当时我国《国家重点保护野生植物名录》中无五小叶槭。2016 年 9 月 26 日,四川省质量技术监督局发布《五小叶槭播种育苗技术规程》。案涉五小叶槭种群位于四川省雅江县麻郎措乡沃洛希村,当地林业部门已在就近的通乡公路堡坎上设立保护牌。

2006 年 6 月,中国水电顾问集团成都勘测设计研究院(以下简称成勘院)完成《四川省雅砻江中游(两河口至卡拉河段)水电规划报告》,报告中将牙根梯级水电站列入规划,该规划报告于 2006 年 8 月通过了水电水利规划设计总院会同四川省发展改革委组织的审查。2008 年 12 月,四川省人民政府以川府函〔2008〕368 号文批复同意该规划。2010 年 3 月,成勘院根据牙根梯级水库淹没区最新情况将原规划的牙根梯级调整为牙根一级(正常蓄水位 2602m)、牙根二级(正常蓄水位 2560m)两级开发,形成《四川省雅砻江两河口至牙根河段水电开发方案研究报告》,该报告于 2010 年 8 月经水电水利规划设计总院会同四川省发展改革委审查通过。

2013 年 1 月 6 日、4 月 13 日国家发展改革委办公厅批复:同意牙根二级水电站、牙根一级水电站开展前期工作。由雅砻江公司负责建设和管理,按照项目核准的有关规定,组织开展水电站的各项前期工作。待有关前期工作落实、具备核准条件后,再分别将牙根梯级水电站项目申请报告上报我委。对项目建设的意见,以我委对项目申请报告的核准意见为准。未经核准不得开工建设。

中国生物多样性保护与绿色发展基金会(以下简称绿发会)认为,雅江县麻郎措乡沃洛希村附近的五小叶槭种群是当今世界上残存最大的五小叶槭种群,是唯一还有自然繁衍能力的种群。牙根梯级水电站即将修建,根据五小叶槭雅江种群的分布区海拔高度和水电站水位高度对比数值,牙根梯级水电站以及配套的公路建设将直接威胁到五小叶槭的生存,对社会公共利益构成直接威胁,绿发会遂提起本案预防性公益诉讼。

裁判结果

四川省甘孜藏族自治州中级人民法院于2020年12月17日作出(2015)甘民初字第45号民事判决:一、被告雅砻江公司应当将五小叶槭的生存作为牙根梯级水电站项目可研阶段环境评价工作的重要内容,环境影响报告书经环境保护行政主管部门审批通过后,才能继续开展下一步的工作;二、原告绿发会为本案诉讼产生的必要费用4万元、合理的律师费1万元,合计5万元,上述款项在本院其他环境民事公益诉讼案件中判决被告承担的生态环境修复费用、生态环境受到损害至恢复原状期间服务功能损失费用等费用(环境公益诉讼资金)中支付(待本院有其他环境公益诉讼资金后执行);三、驳回原告绿发会的其他诉讼请求。一审宣判后当事人未上诉,判决已发生法律效力。

裁判理由

法院生效裁判认为:我国是联合国《生物多样性公约》缔约国,应该遵守其约定。《生物多样性公约》中规定,我们在注意到生物多样性遭受严重减少或损失的威胁时,不应以缺乏充分的科学定论为理由,而推迟采取旨在避免或尽量减轻此种威胁的措施;各国有责任保护它自己的生物多样性并以可持久的方式使用它自己的生物资源;每一缔约国应尽可能并酌情采取适当程序,要求就其可能对生物多样性产生严重不利影响的拟议项目进行环境影响评估,以期避免或尽量减轻这种影响。因此,我国有保护生物多样性的义务。同时,《生物多样性公约》规定,认识到经济和社会发展以及根除贫困是发展中国家第一和压倒一切的优先事务。按照《中华人民共和国节约能源法》第四条"节约资源是我国的基本国策。国家实施节约与开发并举、把节约放在首位的能源发展战略"的规定和《中华人民共和国可再生能源法》第二条第一款"本法所称可再生能源,是指风能、太阳能、水能、生物质能、地热能、海洋能等非化石能源"的规定,可再生能源是我国重要的能源资源,在满足能源要求,改善能源结构,减少环境污染,促进经济发展等方面具有重要作用。而水能资源是最具规模开发效益、技术最成熟的可再生能源。因此开发建设水电站,将水能资源优势转化为经济优势,在国家有关部门的监管下,利用丰富的水能资源,合理开发水电符合我国国情。但是,我国水能资源蕴藏丰富的地区,往往也是自然环境良好、生态功能重要、生物物种丰富和地质条件脆弱的地区。根据《中华人民共和国环境保护法》《最高人民法院关于审理环境民事公益诉讼案件适用法律若干问题的解释》的相关规定,环境保护是我国的基本国策,并且环境保护应当坚持保护优先、预防为主的原则。预防原则要求在环境资源利用行为实施之前和实施之中,采取政治、法律、经济和行政等手段,防止环境利用行为导致环境污染或者生态破坏现象发生。它包括两层含义:一是运用已有的知识和经验,对开发和利用环境行为带来的可能的环境危害采取措施以避免危害的发生;二是在科学技术水平不确定的条件下,基于现实的科学知识评价风险,即对开发和利用环境的行为可能带来的尚未明确或者无法具体确定的环境危害进行事前预测、分析和评价,以促使开发决策避免可能造成的环境危害及其风险出现。因此,环境保护与经济发展的关系并不是完全对立的,而是相辅相成的,正确处理好保护与发展的关系,将生态优先的原则贯穿到水电规划开发的全过程,二者可以相互促进,达到经济和环境的协调发展。利用环境资源的行为如果造成环境污染、生态资源破坏,往往具有不可逆性,被污染的环境、被破坏的生态资源很多时候难以恢复,单纯事后的经济补偿不足以弥补对生态环境造成的损失,故对环境污染、生态破坏行为应注重防范于未然,才能真正实现环境保护的目的。

具体到本案中,鉴于五小叶槭在生物多样性红色名录中的等级及案涉牙根梯级水电站建成后可能存在对案涉地五小叶槭原生存环境造成破坏、影响其生存的潜在风险,可能损害社会公共利益。根据我国水电项目核准流程的规定,水电项目分为项目规划、项目预可研、项目可研、项目核准四个阶段,考虑到案涉牙根梯级水电站现处在项目预可研阶段,因此责令被告在项目可研阶段,加强对案涉五小叶槭的环境影响评价并履行法定审批手续后才能进行下一步的工作,尽可能避免出现危及野生五小叶槭生存的风险是必要和合理的。故绿发会作为符合条件的社会组织在牙根梯级水电站建设可能存在损害环境公共利益重大风险的情况下,提出"依法判令被告立即采取适当措施,确保不因雅砻江水电梯级开发计划的实施而破坏珍贵濒危野生植物五小叶槭的生存"的诉讼请求,于法有据,人民法院予以支持。

鉴于案涉水电站尚未开工建设,故绿发会提出"依法判令被告在采取的措施不足以消除对五小叶槭的生存威胁之前,暂停牙根梯级水电站及其辅助设施(含配套道路)的一切建设工程"的诉讼请求,无事实基础,人民法院不予支持。

(生效裁判审判人员:张　犁、王　彤、吴　杰、姜　莉、魏康清、薛　斌、龚先彬)

指导案例175号

江苏省泰州市人民检察院诉王小朋等59人生态破坏民事公益诉讼案

（最高人民法院审判委员会讨论通过 2021年12月1日发布）

关键词 民事/生态破坏民事公益诉讼/非法捕捞/共同侵权/生态资源损害赔偿

裁判要点

1. 当收购者明知其所收购的鱼苗系非法捕捞所得，仍与非法捕捞者建立固定买卖关系，形成完整利益链条，共同损害生态资源的，收购者应当与捕捞者对共同实施侵权行为造成的生态资源损失承担连带赔偿责任。

2. 侵权人使用禁用网具非法捕捞，在造成其捕捞的特定鱼类资源损失的同时，也破坏了相应区域其他水生生物资源，严重损害生物多样性的，应当承担包括特定鱼类资源损失和其他水生生物资源损失在内的生态资源损失赔偿责任。当生态资源损失难以确定时，人民法院应当结合生态破坏的范围和程度、资源的稀缺性、恢复所需费用等因素，充分考量非法行为的方式破坏性、时间敏感性、地点特殊性等特点，并参考专家意见，综合作出判断。

相关法条

《中华人民共和国民法典》第1168条（本案适用的是自2010年7月1日起实施的《中华人民共和国侵权责任法》* 第8条）

《中华人民共和国环境保护法》（2014年4月24日修订）第64条

基本案情

长江鳗鱼苗是具有重要经济价值且禁止捕捞的水生动物苗种。2018年上半年，董瑞山等38人单独或共同在长江干流水域使用禁用渔具非法捕捞长江鳗鱼苗并出售牟取非法利益。王小朋等13人明知长江鳗鱼苗系非法捕捞所得，单独收购

---

* 现已失效。——编者注

或者通过签订合伙协议、共同出资等方式建立收购鳗鱼苗的合伙组织,共同出资收购并统一对外出售,向高锦初等7人以及董瑞山等38人非法贩卖或捕捞人员收购鳗鱼苗116999条。秦利兵在明知王小朋等人向其出售的鳗鱼苗系在长江中非法捕捞所得的情况下,仍多次向王小朋等人收购鳗鱼苗40263条。

王小朋等人非法捕捞水产品罪、掩饰、隐瞒犯罪所得罪已经另案刑事生效判决予以认定。2019年7月15日,公益诉讼起诉人江苏省泰州市人民检察院以王小朋等59人实施非法捕捞、贩卖、收购长江鳗鱼苗行为,破坏长江生态资源,损害社会公共利益为由提起民事公益诉讼。

裁判结果

江苏省南京市中级人民法院于2019年10月24日作出(2019)苏01民初2005号民事判决:一、王小朋等13名非法收购者对其非法买卖鳗鱼苗所造成的生态资源损失连带赔偿人民币8589168元;二、其他收购者、捕捞者根据其参与非法买卖或捕捞的鳗鱼苗数量,承担相应赔偿责任或与直接收购者承担连带赔偿责任。王小朋等11名被告提出上诉,江苏省高级人民法院于2019年12月31日作出(2019)苏民终1734号民事判决:驳回上诉,维持原判。

裁判理由

法院生效裁判认为:一、非法捕捞造成生态资源严重破坏,当销售是非法捕捞的唯一目的,且收购者与非法捕捞者形成了固定的买卖关系时,收购行为诱发了非法捕捞,共同损害了生态资源,收购者应当与捕捞者对共同实施的生态破坏行为造成的生态资源损失承担连带赔偿责任。

鳗鱼苗于2014年被世界自然保护联盟列为濒危物种,也属于江苏省重点保护鱼类。鳗鱼苗特征明显,无法直接食用,针对这一特定物种,没有大规模的收购,捕捞行为毫无价值。收购是非法捕捞鳗鱼苗实现获利的唯一渠道,缺乏收购行为,非法捕捞难以实现经济价值,也就不可能持续反复地实施,巨大的市场需求系引发非法捕捞和层层收购行为的主要原因。案涉收购鳗鱼苗行为具有日常性、经常性,在收购行为中形成高度组织化,每一个捕捞者和收购者对于自身在利益链条中所处的位置、作用以及通过非法捕捞、出售收购、加价出售、养殖出售不同方式获取利益的目的均有明确的认知。捕捞者使用网目极小的张网方式捕捞鳗鱼苗,收购者对于鳗鱼苗的体态特征充分了解,意味着其明知捕捞体态如此细小的鳗鱼苗必然使用有别于对自然生态中其他鱼类的捕捞方式,非法捕捞者于长江水生生物资源繁衍生殖的重要时段,尤其是禁渔期内,在长江干流水域采用“绝户网”大规模、多次非法捕捞长江鳗鱼苗,必将造成长江生态资源损失和生物多样性破坏,收购者与捕捞者存在放任长江鳗鱼资源及其他生态资源损害结果出现的故意。非法捕捞与收购已经形成了固定买卖关系和完整利益链条。这一链条中,相邻环节均从非法捕捞行为中获得利益,具有高度协同性,行为与长江生态资源损害结果之间具有法律上的因果关系,共同导致生态资源损害。预防非法捕捞行为,应从源头上彻底切断利益链条,让非法收购、贩卖鳗鱼苗的共同侵权者付出经济代价,与非法捕捞者在各自所涉的生态资源损失范围内对长江生态资源损害后果承担连带赔偿责任。

二、生态资源损失在无法准确统计时,应结合生态破坏的范围和程度、资源的稀缺性等因素,充分考量非法行为的方式破坏性、时间敏感性和地点特殊性,并参考专家意见,酌情作出判断。

综合考虑非法捕捞鳗鱼苗方式系采用网目极小的张网进行捕捞,加之捕捞时间的敏感性、捕捞频率的高强度性、捕捞地点的特殊性,不仅对鳗鱼种群的稳定造成严重威胁,还必然会造成对其他渔业生物的损害,进而破坏了长江生物资源的多样性,给长江生态资源带来极大的损害。依照《最高人民法院关于审理环境民事公益诉讼案件适用法律若干问题的解释》第二十三条的规定,综合考量非法捕捞鳗鱼苗对生态资源造成的实际损害,酌定以鳗鱼资源损失价值的2.5倍确定生态资源损失。主要依据有两点:

一是案涉非法捕捞鳗鱼苗方式的破坏性。捕捞者系采用网目极小的张网捕捞鳗鱼苗,所使用张网的网目尺寸违反了《农业部关于长江干流实施捕捞准用渔具和过渡渔具最小网目尺寸制度的通告》* 中不小于3毫米的规定,属于禁用网具。捕捞时必将对包括其他小型鱼类在内的水生物种造成误捕,严重破坏相应区域水生生物资源。案涉鳗鱼苗数量达116999条,捕捞次数多、捕捞网具多、捕捞区域大,必将对长江生态资源产生较大危害。

二是案涉非法捕捞鳗鱼苗的时间敏感性和地点特殊性。案涉的捕捞、收购行为主要发生于长江禁渔期,该时期系包括鳗鱼资源在内的长江水生生物资源繁衍生殖的重要时段。捕捞地点位于长江干流水域,系日本鳗鲡洄游通道,在洄游通道中对幼苗进行捕捞,使其脱离自然水体后被贩卖,不仅妨碍鳗鲡种群繁衍,且同时误捕其他渔获物,会导致其他水生生物减少,导致其他鱼类饵料不足,进而造成长江水域食物链相邻环节的破坏,进一步造成生物多样性损害。

考虑到生态资源的保护与被告生存发展权利之间的平衡,在确定生态损害赔偿责任款项时可以考虑被告退缴违法所得的情况,以及在被告确无履行能力的情况下,可以考虑采用劳务代偿的方式,如参加保护长江生态环境等公益性质的活动

---

* 现已失效。——编者注

或者配合参与长江沿岸河道管理、加固、垃圾清理等方面的工作,折抵一定赔偿数额。

(生效裁判审判人员:刘建功、赵 黎、臧 静)

指导案例176号

湖南省益阳市人民检察院诉夏顺安等15人生态破坏民事公益诉讼案

(最高人民法院审判委员会讨论通过 2021年12月1日发布)

关键词 民事/生态破坏民事公益诉讼/生态环境修复/损害担责/全面赔偿/非法采砂

裁判要点

人民法院审理环境民事公益诉讼案件,应当贯彻损害担责、全面赔偿原则,对于破坏生态违法犯罪行为不仅要依法追究刑事责任,还要依法追究生态环境损害民事责任。认定非法采砂行为所导致的生态环境损害范围和损失时,应当根据水环境质量、河床结构、水源涵养、水生生物资源等方面的受损情况进行全面评估、合理认定。

相关法条

《中华人民共和国环境保护法》(2014年4月24日修订)第64条

基本案情

2016年6月至11月,夏顺安等人为牟取非法利益,分别驾驶九江采158号、湘沅江采1168号、江苏籍999号等采砂船至洞庭湖下塞湖区域非规划区非法采砂,非法获利2243.333万元。夏顺安等人的非法采砂行为构成非法采矿罪,被相关刑事生效判决予以认定。2019年7月,湖南省益阳市人民检察院提起民事公益诉讼,请求判令夏顺安等人对其非法采砂行为所造成的生态环境损害承担连带赔偿责任,并赔礼道歉。经湖南省环境保护科学研究院生态环境损害司法鉴定中心鉴定，夏顺安等 15 人非法采砂行为对非法采砂区域的生态环境造成的影响分为水环境质量受损、河床结构受损、水源涵养受损和水生生物资源受损，所造成生态环境影响的空间范围共计约 9.9 万平方米，其中造成的水生生物资源损失为 2.653 万元，修复水生生物资源受损和河床结构与水源涵养受损所需的费用分别为 7.969 万元和 865.61 万元，合计 873.579 万元。

裁判结果

湖南省益阳市中级人民法院于 2020 年 6 月 8 日作出（2019）湘 09 民初 94 号民事判决：一、夏顺安等 15 人私自开采国家矿产资源，其非法采砂行为严重破坏了采砂区域的生态环境，判决被告夏顺安对非法采砂造成的采砂水域河床原始结构、水源涵养量修复费用 865.61 万元、水生生物资源修复费用 7.969 万元，共计 873.579 万元生态环境修复费用承担赔偿责任；二、其他 14 名被告依据其具体侵权行为分别在 824 万元至 3.8 万元不等范围内承担连带责任；三、夏顺安等 15 人就非法采矿行为在国家级媒体公开赔礼道歉。被告王德贵提出上诉，湖南省高级人民法院于 2020 年 12 月 29 日作出（2020）湘民终 1862 号民事判决：驳回上诉，维持原判。

裁判理由

法院生效裁判认为：根据我国相关矿产资源法律法规的规定，开采矿产资源必须依法申请许可证，取得采矿权。夏顺安等 15 人在下塞湖区域挖取的砂石系国家矿产资源。根据沅江市砂石资源开采管理领导小组办公室证明、益阳市水务局《情况说明》、湘阴县河道砂石综合执法局证明、岳阳市河道砂石服务中心证明，并结合另案生效判决认定的事实及各被告当庭陈述，可证明被告未依法获得许可，私自开采国家矿产资源，应认定为非法采砂。

非法采砂行为不仅造成国家资源损失，还对生态环境造成损害，致使国家利益和社会公共利益遭受损失。矿产资源兼具经济属性和生态属性，不能仅重视矿产资源的经济价值保护，而忽视矿产资源生态价值救济。非法采砂违法犯罪行为不仅需要依法承担刑事责任，还要依法承担生态环境损害赔偿民事责任。应当按照谁污染谁治理、谁破坏谁担责的原则，依法追究非法采砂行为人的刑事、民事法律责任。

本案中，夏顺安等 15 人的非法采砂生态破坏行为，导致了洞庭湖生态系统的损害，具体包括丰富的鱼类、虾蟹类和螺蚌等软体动物生物资源的损失，并严重威胁洞庭湖河床的稳定性及防洪安全，破坏水生生物资源繁衍生存环境。为确保生态环境损害数额认定的科学性、全面性和合理性，人民法院委托具备资格的机构进行司法鉴定，通过对生态环境损害鉴定意见的司法审查，合理确定生态破坏行为所导致生态环境损害的赔偿数额。本案中,人民法院指导鉴定专家按照全面赔偿原则,对非法采砂行为所导致的采砂区域河床、水源涵养、生物栖息地、鱼虾生物资源、水环境质量等遭受的破坏进行全方位的鉴定,根据抽取砂土总量、膨胀系数、水中松散沙土的密度、含水比例,以及洞庭湖平均鱼类资源产量等指标量化了各类损失程度。被告虽主张公共利益受损与其无关联,但本案各被告当庭陈述均认可实施了采砂行为,根据另案生效判决认定的事实及审理查明的事实,各被告实施的采砂行为非法,且鉴定意见书明确了采砂行为造成生态环境受损,故认定被告的采砂行为破坏了生态环境资源。各被告未提交反驳证据推翻案涉鉴定意见,经审查,对鉴定意见载明的各项损失及修复费用予以确认。

根据《中华人民共和国环境保护法》第六十四条规定,因污染环境和破坏生态造成损害的,应当依照《中华人民共和国侵权责任法》* 的有关规定承担侵权责任。《中华人民共和国侵权责任法》第八条规定,二人以上共同实施侵权行为,造成他人损害的,应当承担连带责任。《最高人民法院关于审理环境民事公益诉讼案件适用法律若干问题的解释》第二十条第二款规定,人民法院可以在判决被告修复生态环境的同时,确定被告不履行修复义务时应承担的生态环境修复费用;也可以直接判决被告承担生态环境修复费用。根据审理查明的事实并依据上述法律规定,夏顺安等15人在各自参与非法采砂数量范围内构成共同侵权,应在各自参与非法采砂数量范围内承担连带赔偿生态环境修复费用的民事责任。

(生效裁判审判人员:伍　胜、闫　伟、曾志燕)

* 现已失效。——编者注

指导案例 177 号

海南临高盈海船务有限公司诉三沙市渔政支队行政处罚案

(最高人民法院审判委员会讨论通过 2021 年 12 月 1 日发布)

关键词 行政/行政处罚/《濒危野生动植物种国际贸易公约》/非法运输/珍贵、濒危水生野生动物及其制品/珊瑚、砗磲

裁判要点

我国为《濒危野生动植物种国际贸易公约》缔约国,对于列入该公约附录一、附录二中的珊瑚、砗磲的所有种,无论活体、死体,还是相关制品,均应依法给予保护。行为人非法运输该公约附录一、附录二中的珊瑚、砗磲,行政机关依照野生动物保护法等有关规定作出行政处罚的,人民法院应予支持。

相关法条

《中华人民共和国野生动物保护法》(2018 年 10 月 26 日修订)第 33 条(本案适用的是 2009 年 8 月 27 日修订的《中华人民共和国野生动物保护法》第 23 条)

《中华人民共和国水生野生动物保护实施条例》(2013 年 12 月 7 日修订)第 2 条、第 20 条、第 28 条

基本案情

砗磲是一种主要生活在热带海域的珍贵贝类,在我国及世界范围内均为重点保护的水生野生动物。砗磲全部 9 个种均为《濒危野生动植物种国际贸易公约》附录二物种,其中的大砗磲(又名库氏砗磲)为国家一级保护动物。2014 年 8 月 21 日,海南省公安边防总队海警第三支队在三沙海域开展巡逻管控过程中,发现原告海南临高盈海船务有限公司(以下简称盈海公司)所属的“椰丰 616”号船违法装载大量砗磲贝壳,遂将其查获,并将该案交由三沙市综合执法局先行查处。后因该案属于被告三沙市渔政支队的职权范围,三沙市综合执法局将该案转交被告具体办理。经查实,原告未持有《水生野生动物特许运输许可证》,涉案船舶共装载砗磲贝壳 250 吨,经专业机构鉴定和评估,该 250 吨砗磲贝壳中 98% 为大砗磲,属国家一级

保护动物,2%为砗蠔(属于砗磲科),属《濒危野生动植物种国际贸易公约》附录二物种,涉案砗磲贝壳总价值为373500元。据此,被告作出琼三沙渔政罚字〔2018〕01号行政处罚决定书,以原告的“椰丰616”号船未持有《水生野生动物特许运输许可证》擅自运输砗磲贝壳的行为违反《中华人民共和国野生动物保护法》等法律规定,对原告处以没收砗磲贝壳250吨及按照实物价值3倍罚款人民币1120500元的行政处罚。原告不服,向海口海事法院提起行政诉讼,请求撤销该行政处罚决定。

裁判结果

海口海事法院于2018年11月30日作出(2018)琼72行初14号行政判决,认为三沙市渔政支队作出的行政处罚决定事实清楚,证据确凿,适用法律、法规正确,符合法定程序,判决驳回原告盈海公司的诉讼请求。判决后,盈海公司提出上诉,海南省高级人民法院于2019年4月10日作出(2019)琼行终125号行政判决:驳回上诉,维持原判。

裁判理由

法院生效裁判认为:一、我国作为《濒危野生动植物种国际贸易公约》缔约国,应当严格、全面履行公约义务,对已列入该公约附录一、附录二中的珊瑚、砗磲的所有种,无论活体、死体,还是相关制品,均应依法给予保护。砗磲属受保护的珍贵、濒危水生野生动物,砗磲贝壳为受我国法律保护的水生野生动物产品。根据《最高人民法院关于审理发生在我国管辖海域相关案件若干问题的规定(二)》第七条第三款及《中华人民共和国水生野生动物保护实施条例》第二条的规定,列入《国家重点保护野生动物名录》中国家一、二级保护的,以及列入《濒危野生动植物种国际贸易公约》附录一、附录二中所有水生野生动物物种,无论属于活体、死体,还是相关制品(水生野生动物的任何部分及其衍生品),均受到法律保护。案涉大砗磲属《国家重点保护野生动物名录》中的国家一级保护动物,砗蠔属《濒危野生动植物种国际贸易公约》附录二物种,二者均受法律保护。盈海公司运输行为的客体虽然是砗磲贝壳,但作为双壳纲动物,砗磲的贝壳属于其作为动物的一部分,因此,应当将砗磲贝壳认定为《中华人民共和国水生野生动物保护实施条例》第二条规定应受保护的水生野生动物产品;盈海公司关于其运输的砗磲为死体,不违反法律、行政法规的抗辩不能成立。

二、非法开发利用野生动物资源“产业链”中所涉及的非法采捕、收购、运输、加工、销售珍贵、濒危野生动物及其制品等行为均构成违法并需承担相应的法律责任。非法运输珍贵、濒危野生动物及其产品的行为是非法开发利用野生动物资源“产业链”的重要一环,应承担相应的法律后果和责任。根据案发时生效的《中华人民共和国野生动物保护法》(2009 年 8 月 27 日修订)第二十三条、《中华人民共和国水生野生动物保护实施条例》第二十条及《中华人民共和国水生野生动物利用特许办法》第二十九条的规定,运输、携带国家重点保护野生动物或者其产品出县境的,必须经省、自治区、直辖市政府野生动物行政主管部门或者其授权的单位批准并取得相应许可证明。本案中,盈海公司未经批准并取得相关许可证明,就将案涉砗磲贝壳从三沙市向海南岛运输,已构成违法,故三沙市渔政支队对其处以罚款具有法律、行政法规依据。

(生效裁判审判人员:王　峻、张　爽、冯　坤)

指导案例 178 号

北海市乃志海洋科技有限公司诉北海市海洋与渔业局行政处罚案

(最高人民法院审判委员会讨论通过　2021 年 12 月 1 日发布)

关键词　行政/行政处罚/非法围海、填海/海岸线保护/海洋生态环境/共同违法认定/从轻或者减轻行政处罚

裁判要点

1. 行为人未依法取得海域使用权,在海岸线向海一侧以平整场地及围堰护岸等方式,实施筑堤围割海域,将海域填成土地并形成有效岸线,改变海域自然属性的用海活动可以认定为构成非法围海、填海。

2. 同一海域内,行为人在无共同违法意思联络的情形下,先后各自以其独立的行为进行围海、填海,并造成不同损害后果的,不属于共同违法的情形。行政机关认定各行为人的上述行为已构成独立的行政违法行为,并对各行为人进行相互独立的行政处罚,人民法院应予支持。对于同一海域内先后存在两个以上相互独立的非法围海、填海行为,行为人应各自承担相应的行政法律责任,在后的违法行为不因在先的违法行为适用从轻或者减轻行政处罚的有关规定。

相关法条

《中华人民共和国行政处罚法》(2021年1月22日修订)第32条(本案适用的是2017年9月1日修订的《中华人民共和国行政处罚法》第27条)

《中华人民共和国海域使用管理法》第42条

基本案情

北海市乃志海洋科技有限公司(以下简称乃志公司)诉称:其未实施围海、填海行为,实施该行为的主体是北海市渔沣海水养殖有限公司(以下简称渔沣公司)。即使认定其存在非法围海、填海行为,因其与渔沣公司在同一海域内实施了占用海域行为,应由所有实施违法行为的主体共同承担责任,对其从轻或减轻处罚。北海市海洋与渔业局(以下简称海洋渔业局)以乃志公司非法占用并实施围海、填海0.38公顷海域,作出缴纳海域使用金十五倍罚款的行政处罚,缺乏事实和法律依据,属于从重处罚,请求撤销该行政处罚决定。

海洋渔业局辩称:现场调查笔录及照片等证据证实乃志公司实施了围海造地的行为,其分别对乃志公司和渔沣公司的违法行为进行了查处,确定乃志公司缴纳罚款数额符合法律规定。

法院经审理查明:2013年6月1日,渔沣公司与北海市铁山港区兴港镇石头埠村小组签订《农村土地租赁合同》,约定石头埠村小组将位于石头埠村海边的空地租给渔沣公司管理使用,该地块位于石头埠村海边左邻避风港右靠北林码头,与海堤公路平齐,沿街边100米,沿海上进深145米,共21.78亩,作为海产品冷冻场地。合同涉及租用的海边空地实际位置在海岸线之外。同年7至9月间,渔沣公司雇请他人抽取海沙填到涉案海域,形成沙堆。2016年5月12日,乃志公司与渔沣公司签订《土地承包合同转让协议》,乃志公司取得渔沣公司在原合同中的权利。同年7月至9月间,乃志公司在未依法取得海域使用权的情况下,对其租赁的海边空地(实为海滩涂)利用机械和车辆从外运来泥土、建筑废料进行场地平整,建设临时码头,形成陆域,准备建设冷冻厂。

2017年10月,海洋渔业局对该围海、填海施工行为进行立案查处,测定乃志公司填占海域面积为0.38公顷。经听取乃志公司陈述申辩意见,召开听证会,并经两次会审,海洋渔业局作出北海渔处罚〔2017〕09号行政处罚决定书,对乃志公司作出行政处罚:责令退还非法占用海域,恢复海域原状,并处非法占用海域期间内该海域面积应缴纳海域使用金十五倍计人民币256.77万元的罚款。乃志公司不服,提起行政诉讼,请求撤销该行政处罚决定。

裁判结果

北海海事法院于2018年9月17日作出(2018)桂72行初2号行政判决,驳回原告乃志公司的诉讼请求。宣判后，乃志公司提出上诉。广西壮族自治区高级人民法院于2019年6月26日作出（2018）桂行终1163号行政判决：驳回上诉，维持原判。

裁判理由

法院生效裁判认为：乃志公司占用的海边空地在海岸线（天然岸线）之外向海一侧，实为海滩涂。其公司使用自有铲车、勾机等机械，从外运来泥土和建筑废料对渔沣公司吹填形成的沙堆进行平整、充实，形成临时码头，并在临时码头西南面新填了部分海域，建造了临时码头北面靠海一侧的沙袋围堰和护岸设施。上述平整填充场地以及围堰护岸等行为，导致海域自然属性改变，形成有效岸线，属于围海、填海行为。乃志公司未取得案涉0.38公顷海域的合法使用权，在该区域内进行围海、填海，构成非法围海、填海。

渔沣公司与乃志公司均在案涉海域进行了一定的围海、填海活动，但二者的违法行为具有可分性和独立性，并非共同违法行为。首先，渔沣公司与乃志公司既无共同违法的意思联络，亦非共同实施违法行为。从时间上分析，渔沣公司系于2013年7月至9月间雇请他人抽取海沙填到涉案海域，形成沙堆。而乃志公司系于2016年5月12日通过签订转让协议的方式取得渔沣公司在原合同中的权利，并于2016年7月至9月期间对涉案海域进行场地平整，建设临时码头，形成陆域。二者进行围海、填海活动的时间间隔较远，相互独立，并无彼此配合的情形。其次，渔沣公司与乃志公司的违法性质不同。渔沣公司仅是抽取海沙填入涉案海域，形成沙堆，其行为违法程度较轻。而乃志公司已对涉案海域进行了围堰和场地平整，并建设临时码头，形成了陆域，其行为违法情节更严重，性质更为恶劣。再次，渔沣公司与乃志公司的行为所造成的损害后果不同。渔沣公司的行为尚未完全改变涉案海域的海洋环境，而乃志公司对涉案海域进行围堰及场地平整，设立临时码头，形成了陆域，其行为已完全改变了涉案海域的海洋生态环境，构成了非法围海、填海，损害后果更为严重。海洋渔业局认定乃志公司与渔沣公司的违法行为相互独立并分别立案查处，有事实及法律依据，并无不当。乃志公司主张海洋渔业局存在选择性执法，以及渔沣公司应当与其共同承担责任的抗辩意见不能成立。

乃志公司被查处后并未主动采取措施减轻或消除其围海、填海造地的危害后果，不存在从轻或减轻处罚的情形，故乃志公司主张从轻或减轻行政处罚，缺乏法律依据。乃志公司平整和围填涉案海域，占填海域面积为0.38公顷，其行为改变了该海域的自然属性，形成陆域，对近海生态造成不利的影响。海洋渔业局依据海域使用管理法第四十二条规定的“处非法占用海域期间内该海域面积应缴纳的海域使用金十倍以上二十倍以下的罚款”，决定按十五倍处罚，未违反行政处罚法关于行政处罚适用的相关规定,符合中国海监总队《关于进一步规范海洋行政处罚裁量权行使的若干意见》对于行政处罚幅度中的一般处罚,并非从重处罚,作出罚款人民币256.77万元的处罚决定,认定事实清楚,适用法律并无不当。

(生效裁判审判人员:张　辉、蒋新江、熊　梅)

最高人民法院发布第31批指导性案例（生物多样性保护专题）新闻发布会稿

最高人民法院党组成员、副院长 杨临萍

（2021年12月3日）

各位记者朋友：

大家好！在第八个“国家宪法日”即将到来之际，最高人民法院刚刚举行了庄严的宪法宣誓活动，对于人民法院履行宪法职责、增强宪法观念、维护宪法权威具有重要意义。

今天，是生物多样性保护专题指导性案例新闻发布会。习近平总书记强调，一个案例胜过一沓文件。司法案例是经济社会发展的“晴雨表”、社情民意的“风向标”。一个个鲜活的案例，背后是人民法院依法审理各类案件，对推进定分止争、明辨是非曲直、推动诚信建设、维护公序良俗、弘扬法治精神的不懈追求。为了充分发挥案例对社会价值的示范引领作用，持续推进公民法治素养提升和社会治理法治化，促进在全社会形成尊法学法守法用法的良好氛围，最高人民法院将与中央广播电视总台共同主办“新时代推动法治进程十大案件——2021年度”宣传活动，邀请广大社会公众共同参与，从2021年全国法院审结并发生法律效力的案件中选取十件社会关注度高、推动我国法治进程的重大案件。我们将自12月4日国家宪法日起在最高人民法院官方微博微信、中国法院网、央视新闻两微一端等各大网络平台开通网络投票，网友们可以为自己心中具有重大典型意义并推动法治进程的案件投上自己郑重的一票，共同参与并见证新时代法治中国建设。现在我宣布，“新时代推动法治进程十大案件——2021年度”宣传活动正式启动。欢迎大家积极参与！

本次发布的第31批指导性案例的主题是生物多样性保护。宪法以国家根本大法的形式，确定了“保护和改善生态环境”“保护珍贵的动物和植物”的基本原则。发布生物多样性保护专题指导性案例，是人民法院弘扬宪法精神、加强宪法实施、全面推进依法治国的实际行动和具体举措，对于进一步加强生物多样性司法保护具有重要意义。下面,我向大家简要介绍此次案例发布背景、生物多样性保护司法实践、案例主要内容和特点。

一、生物多样性保护专题指导性案例的发布背景

生物多样性是人类生存和发展的基础。习近平总书记在《生物多样性公约》第十五次缔约方大会领导人峰会上深刻指出,“保护生物多样性有助于维护地球家园,促进人类可持续发展”,提出构建人与自然和谐共生、经济与环境协同共进、世界各国共同发展的地球家园。作为世界上生物多样性最丰富的国家之一,我国高度重视生物多样性保护,在习近平生态文明思想的科学指引下,将生物多样性保护上升为国家战略,坚持保护优先、绿色发展,生物多样性保护取得显著成效。今年以来,党中央把“实施生物多样性保护重大工程、构筑生物多样性保护网络”纳入“十四五”规划,并专门出台生物多样性保护意见。党的十九届六中全会要求,坚持人与自然和谐共生,协同推进人民富裕、国家强盛、中国美丽,这都为加强生物多样性保护指明了方向,提供了根本遵循。

作为《生物多样性公约》第十五次缔约方大会迈向昆明相关活动之一,最高人民法院和联合国环境规划署于今年5月在昆明共同举办了世界环境司法大会,向世界展示了中国环境司法的生动实践。习近平总书记向大会致贺信,充分肯定环境司法改革创新、生态环境司法保护的有益经验。会议通过的《世界环境司法大会昆明宣言》,明确了环境司法的“三大法治原则”“四项司法措施”“三个工作着力点”,达成了国际环境司法的“最大公约数”,为包括生物多样性保护在内的全球环境治理提供了切实可行的司法方案。

为深入贯彻习近平总书记关于生物多样性保护的重要讲话精神和党中央重大决策部署,认真落实习近平总书记致世界环境司法大会贺信重要指示精神,切实加强生物多样性司法保护,更好发挥人民法院服务保障生态文明建设职能作用,最高人民法院遴选、确定了7个生物多样性保护专题指导性案例,进一步指导全国法院统一裁判尺度,加大司法保护力度,依法公正高效审理生物多样性保护案件,不断满足人民日益增长的优美生态环境需要。

二、生物多样性保护的司法实践

近年来,人民法院深入贯彻习近平生态文明思想、习近平法治思想,坚持公正司法、守正创新,不断积累生物多样性司法保护的有益经验,形成了生物多样性保护的生动司法实践。

一是贯彻最严密法治,依法审理生物多样性保护案件。依法严厉打击危害珍

贵、濒危野生动植物及其制品犯罪,惩治长江非法捕捞,促进生物资源恢复,维护生物种群稳定。2019 年以来,各级法院审结生物多样性保护案件 66852 件,涉及野生动植物保护、渔业及林业资源保护、动植物防疫检疫、植物新品种纠纷等,实现对生态系统、物种和遗传多样性的全方位司法保护。

二是坚持生态优先,充分运用预防性、恢复性司法措施。各地法院通过审理一批生物多样性保护预防性公益诉讼案件,有效保护珍稀、濒危野生动植物及其生存环境。依法适用环境保护禁止令,及时制止正在实施或可能对生态环境产生不利后果的行为,避免生态损害的发生或扩大。创新生态修复司法措施,建立生态环境司法修复基地,探索“补种复绿”“增殖放流”“海砂回填”等生态修复方案,推动生物多样性逐步恢复,生态质量持续改善。

三是强化司法供给,健全生物多样性保护裁判规则。贯彻损害担责、全面赔偿原则,依法适用惩罚性赔偿,统筹协调生态破坏行为的违法惩治、损害赔偿和生态环境修复法律责任。加大刑事惩戒,将生态价值损失作为非法猎捕、贩运等犯罪的量刑情节,以更加严厉、更具威慑的司法规则保护生物多样性。制定出台环境民事公益诉讼、检察公益诉讼和生态环境损害赔偿诉讼等系列司法解释,充分运用公益诉讼制度保护生物多样性。起草并推动通过《世界环境司法大会昆明宣言》,将保护和可持续利用自然资源确定为生物多样性司法保护的基本原则,为凝聚国际环境司法共识贡献中国智慧。下一步,最高人民法院还将制定生物多样性司法保护相关指导意见,发布司法保护白皮书,加快出台环境保护禁止令、惩罚性赔偿、林权民事纠纷等司法解释,健全生物多样性保护的预防性、惩罚性、恢复性裁判规则,统一法律适用,增强环境司法制度保障,巩固生物多样性保护的司法实践成果。

三、生物多样性保护指导性案例的主要内容和特点

一是协同推进经济社会高质量发展和生态环境高水平保护。人民法院审理生物多样性保护案件,坚持绿色发展理念,贯彻落实《民法典》绿色原则,统筹考虑生态系统完整性、自然地理单元连续性和经济社会发展可持续性,妥善协调保护生态环境与发展经济之间的关系。依法审理对具有损害社会公共利益重大风险行为提起的预防性诉讼,努力把生态环境损害消灭在源头或者控制在合理范围内。

指导案例 173 号为北京市朝阳区自然之友环境研究所诉中国水电顾问集团新平开发有限公司等生态环境保护民事公益诉讼案。该案通过贯彻环境保护法预防为主原则,根据生态环境侵权案件特点,突破了“无损害即无救济”的传统侵权损害救济理念,依法保护了绿孔雀、陈氏苏铁等国家一级重点保护濒危物种及其生存环境。

指导案例174号为中国生物多样性保护与绿色发展基金会诉雅砻江流域水电开发有限公司生态环境保护民事公益诉讼案。该案依据风险预防原则,明确项目建设可能破坏濒危野生植物生存环境,损害生态环境公共利益的,可以判决被告采取预防性措施,将对濒危野生植物生存的影响纳入环境影响评价,根据环评结果决定项目建设能否依法推进,促进环境保护和经济发展的协调。

二是严格落实损害担责、全面赔偿原则。生物多样性保护案件的审理,应当有机衔接对同一违法行为的刑事制裁、民事赔偿、行政处罚,依法判令违法行为人全面赔偿受损野生动植物资源的经济价值和生态价值,有效解决生态环境违法成本低的突出问题,增强惩戒和震慑效果。

指导案例175号江苏省泰州市人民检察院诉王小朋等59人生态破坏民事公益诉讼案,系全国首例判令从捕捞、收购到贩卖长江鳗鱼苗"全链条"承担生态破坏赔偿责任的案件。该案确立了收购者与捕捞者之间共同侵权的责任认定规则,同时明确侵权人应当全面赔偿其造成的水生生物资源损失。

指导案例176号湖南省益阳市人民检察院诉夏顺安等15人生态破坏民事公益诉讼案明确,对于破坏生态违法犯罪行为不仅要依法追究刑事责任,还要依法追究生态环境损害民事责任。认定非法采砂行为所导致的生态环境损害范围和损失时,应当根据水环境质量、河床结构、水源涵养、水生生物资源等方面的受损情况进行全面评估、合理认定。

三是系统保护珍贵、濒危野生动植物及其生境。生物多样性包括遗传多样性、物种多样性和生态系统多样性三个层次,需要遵循生态系统的内在规律进行全方位保护。本次发布的7个案例,既涉及对绿孔雀、长江鳗鱼苗、砗磲、五小叶槭等濒危陆生、水生动植物的保护,又涉及对森林、海洋、湖泊等野生动植物生存环境的保护。

指导案例177号案系海南临高盈海船务有限公司诉三沙市渔政支队行政处罚案。该案所涉砗磲是珊瑚礁生态系统的重要组成部分,人民法院通过正确适用相关法律和司法解释,对《濒危野生动植物种国际贸易公约》附录中的珊瑚、砗磲依法予以同等保护,有力维护了海洋生态环境安全。

指导案例178号案系北海市乃志海洋科技有限公司诉北海市海洋与渔业局行政处罚案。该案明确了非法围填海的主体、共同违法行为认定及海洋行政处罚裁量权的行使规则,对于维护国家海岸线安全、维系海域生态平衡具有积极意义。

四是着力促进生态环境功能及时有效恢复。各级人民法院秉持恢复性司法理念,统筹协调刑事责任和民事责任,立足不同环境要素特点,创新修复方式,及时有效修复生态环境。

指导案例172号秦家学滥伐林木刑事附带民事公益诉讼案明确，人民法院确定被告人森林生态环境修复义务时，可以参考专家意见及林业规划设计单位、自然保护区主管部门等出具的专业意见，明确履行修复义务的具体要求。被告人自愿交纳保证金作为履行生态环境修复义务担保的，人民法院可以将该情形作为从轻量刑情节。

记者朋友们，“万物各得其和以生，各得其养以成。”地球是人类共同生活和守护的家园，生物多样性是地球生命共同体的血脉和根基。保护生物多样性已经成为国家战略和全社会的自觉行动。人民法院将秉持人与自然生命共同体理念，始终做万物和谐美丽家园的坚定建设者、维护者，以司法呵护灵动生命，用规则守护优美环境，为完善生物多样性保护法治体系，不断增进人民群众生态环境幸福感、获得感、安全感，共同建设人与自然和谐共生的美好家园，贡献司法力量！谢谢大家！

附：

生物多样性保护专题指导性案例新闻发布会
答记者问

法治日报记者：

最高人民法院案例指导制度从创立到现在已经有十余年了。案例指导制度在总结审判经验、统一裁判标准、促进司法公正、提升司法公信力等方面发挥了积极作用，请问最高人民法院下一步要采取哪些新的举措以更好地推动这项工作？谢谢。

最高人民法院研究室副主任郭锋：

本次发布的第31批指导性案例是最高人民法院发布的首批生物多样性保护专题指导性案例。自2011年11月发布第一批指导性案例以来，截止到目前，我院共发布指导性案例31批178个，平均每年发布案例约18个。包括民商事案例124个，刑事案例26个，行政和国家赔偿案例28个，取得了良好的法律效果和社会效果。最高人民法院发布的指导性案例，已经成为保障裁判标准统一的强有力抓手，监督指导审判工作的重要方式，展示公正司法的重要窗口，宣传社会主义法治的重要平台。

从当前案例指导工作各方面发展态势分析，案例指导工作还存一些需要调整和改进的方面：一是要大幅提升指导性案例数量；二是要扩大指导性案例在民商事、刑事、行政等审判领域的覆盖面；三是要拓宽指导性案例来源渠道。为适应“十四五”时期人民法院司法工作高质量发展的新形势新任务新要求，必须转变观念、创新机制、加强管理，采取切实有效措施，突破制约案例指导工作的瓶颈。经过这几年的探索，已形成案例指导工作统筹管理、多方参与的新格局。下一步，我们还将整合最高人民法院各部门的案例资源，形成案例工作合力，通过加强案例发现培育机制，拓展指导性案例来源，提高案例专业会议、审委会审议备选指导性案例的效率，实现选编案例工作的新突破。具体措施有以下几点：

一是转变观念，建立“研究室统筹管理、各审判业务部门共同参与”的指导性案例编选新格局。研究室统筹制定指导性案例的各项标准及立项、报送、审查、发布、清理、评估等相关工作流程，并负责统一报审。各审判业务部门完成指导性案例编选后，统一送研究室进行审查并报审委会审议。地方高院在研究室指导下做好案例选编、报审等工作。通过形成研究室统筹、各审判业务部门及地方高院共同参与的机制，在保证指导性案例质量的前提下，积极提升数量。

二是整合内部资源，形成案例工作合力。目前我院有多个部门都在开展案例工作，打造了一系列案例工作平台，我们要努力打通各个平台与指导性案例的输送通道，拓展指导性案例的推荐渠道，形成案例工作合力。

三是探索将大法官、最高人民法院裁判案件转化为指导性案例机制。中央司法体制改革领导小组2021年6月2日印发的《关于完善四级法院审级职能定位的改革方案》第二条第(五)项提出“完善将最高人民法院裁判转化为指导性案例工作机制”，这为指导性案例编选改革、拓展指导性案例来源提供了新的路径。研究室已经开始探索将大法官、最高人民法院裁判案件转化为指导性案例的工作机制。

四是加快指导性案例管理信息化系统建设，逐步提升案例推荐、审查、检索、应用、评估等信息化水平。积极发挥中国司法案例网、中国裁判文书网、法信等信息化平台的作用，整合资源，形成合力，共同推进案例指导工作信息化建设。

最高人民法院将不断加强中国特色案例指导制度建设，积极开展案例指导工作，认真落实案例指导工作措施，推动案例指导工作取得新的成绩，更好地发挥指导性案例统一裁判标准、提升司法公信力等功能。谢谢大家。

李广宇：

下面继续提问。

总台央视记者：

本次发布的指导性案例中有两件预防性公益诉讼案件，请再具体介绍一下人民法院在生物多样性保护方面采取了哪些预防性司法保护措施？谢谢。

最高人民法院环资庭庭长刘竹梅：

杨院长刚才讲到，生物多样性是地球生命共同体的血脉和根基。的确，生物多样性与我们的生活息息相关，当生物不再多样，人类将面临生存的威胁。因此，保护生物多样性，是人类自身生存并发展的根基所在，是人类美好生活的寄托所在，更是人民法院以司法之力造福人类，助力人与自然和谐共生的职责所在。因为生物多样性破坏、生物物种的濒危或灭绝、外来物种入侵往往具有不可逆转性，预防性保护是环境资源审判的特点之一，也是生物多样性司法保护必须采取的重要措施。人民法院采取的预防性司法保护措施主要有以下几方面。

一是建立预防性公益诉讼制度。2015 年，最高人民法院发布环境民事公益诉讼司法解释，开始了预防性环境公益诉讼制度的探索和实践。按照该司法解释规定，法律规定的机关和社会组织可就具有环境损害重大风险的行为提起公益诉讼。在最高人民法院的指导下，各地法院审理了一系列具有典型意义的预防性公益诉讼案件，部分可能造成生物多样性损害重大风险的建设项目被及时叫停，有效保护了珍稀、濒危动植物物种及其生存环境，如此次发布的 173 号、174 号指导案例就体现了这方面的指导意义。

二是探索建立环境保护禁止令制度。近年来，一些地方法院以民事诉讼法中的行为保全制度为基础，创新环境保护禁止令制度，探索对正在发生、不立即制止将产生不可逆严重后果的环境违法行为，依法于诉讼前或诉讼过程中作出责令侵权人立即停止违法行为的裁定，避免环境损害结果的发生或扩大，取得良好效果。目前，最高人民法院正在总结审判实践经验，制定相关司法解释，进一步规范这一制度，以期更好地发挥预防功能。

三是注重与行政执法有效衔接，防范生物多样性破坏风险。人民法院坚持环境行政主管部门在生物多样性保护中的主体地位，尊重行政机关的首次判断权，通过依法审理环境行政案件，特别是涉行政规划案件、环境信息公开案件、环境影响评价案件，支持、监督行政机关加强生物多样性保护行政执法，共同防范化解生物多样性破坏的风险。谢谢大家。

李广宇：

下面继续提问。

人民日报记者：

长江保护法自今年 3 月 1 日起施行，请问本次发布的指导性案例如何体现对长江流域生物多样性的司法保护？谢谢。

刘竹梅：

长江是中华民族的母亲河，是中华民族发展的重要支撑。为贯彻实施长江保护法，最高人民法院今年 2 月出台《关于贯彻〈中华人民共和国长江保护法〉的实施意见》，7 月在武汉召开贯彻实施长江保护法工作推进会，要求长江流域各级法院加强长江保护和修复，以司法力量守护长江生态环境，推动人与自然和谐共生。会议形成的《贯彻实施长江保护法工作推进会会议纪要》已于 11 月 25 日发布，其中对于长江流域生物多样性保护提出明确的工作要求。

长江拥有独特的生态系统，包含了山水林田湖草沙冰等多种类型的生态元素，是大熊猫、金丝猴、红豆杉等珍稀濒危野生动植物的集中分布地。本次指导性案例从不同角度展现了长江流域生物多样性司法保护的基本观点和立场。

一是严惩非法捕捞，保护长江水生生物资源。依法惩治长江流域重点水域非法捕捞，加大对生物种群及其生存环境的保护，是人民法院贯彻落实长江保护法的重要举措之一。175 号指导案例有效解决非法捕捞利益链条相关主体的法律责任认定问题，从源头彻底斩断非法利益链，严厉打击、有力震慑非法捕捞行为，促进长江水生生物种群恢复，服务长江十年禁渔。

二是打击非法砍伐，保护流域森林资源。鼓励适用补植复绿、认购碳汇等恢复性、替代性方式修复生态环境，提升森林、河湖、海洋等生态系统的稳定性和复原力，是长江保护法对长江生态系统实行自然恢复为主、自然恢复与人工修复相结合的系统治理原则在司法中的体现。172号指导案例依法追究国家级自然保护区内公益林砍伐破坏的侵权责任,责令侵权人履行"补植复绿"生态环境修复义务,恢复提升流域水土保持、水源涵养功能。

三是惩治非法采砂,提升水生态系统稳定性。长江保护法禁止在长江流域禁止采砂区和禁止采砂期从事采砂活动。人民法院加大对非法采砂行为的打击力度,综合考虑砂石等资源破坏程度、河道水生态破坏情况、河岸堤坝和航道安全等因素,依法认定长江流域非法采砂法律责任。176号指导案例统筹协调、全面追究非法采砂行为的刑事责任和生态环境损害民事责任,确保长江及其重点湖泊的水环境质量和水生态环境安全稳定。谢谢大家。

李广宇:

最后一个问题。

新华社记者:

中国是《生物多样性公约》缔约国,请问本次发布的指导性案例如何体现相关国际环境条约在国内的适用?谢谢。

杨临萍:

中国高度重视对生物多样性的法治保障,先后加入《濒危野生动植物种国际贸易公约》《湿地公约》《生物多样性公约》等多个国际环境条约;在国内构建了刑法、民法典、环境保护法、生物安全法等综合性立法,及野生动物保护法、野生植物保护条例、濒危野生动植物进出口管理条例等单行法规共同组成的生物多样性保护法律体系。

最高人民法院发布《关于审理破坏野生动物资源刑事案件具体应用法律若干问题的解释》《关于审理发生在我国管辖海域相关案件若干问题的规定(二)》等司法解释,明确了有关国际环境条约的适用问题。发布《关于充分发挥审判职能作用为推进生态文明建设与绿色发展提供司法服务和保障的意见》等司法政策文件,要求各级法院在环境资源审判中依法适用国际环境条约,强调了重视国际法规则的司法立场。联合国环境规划署网站发布的两批20个中国环境资源典型案例,亦涉及了《生物多样性公约》《濒危野生动植物种国际贸易公约》《关于消耗臭氧层物质的蒙特利尔议定书》等多个中国缔结或者参加的国际环境条约。

此次发布的174号指导案例,在裁判理由中引用《生物多样性公约》阐释了采取预防性措施保护生物多样性的必要性,以及协调生态环境保护和经济发展的重要性。177号指导案例通过适用相关司法解释规定,认定《濒危野生动植物种国际贸易公约》附录二中的涉案物种砗磲为我国《水生野生动物保护实施条例》规定的"珍贵、濒危水生野生动物",依法支持行政机关对违法运输行为的处罚决定,履行国际公约缔约国义务,保护海洋生物多样性。

各位记者朋友,保护生物多样性、实现人与自然和谐共生,是全社会共同的美好愿景。最高人民法院将深入贯彻党的十九届六中全会精神,在习近平生态文明思想、习近平法治思想的科学指引下,进一步优化生物多样性司法保护审判工作机制,完善法律适用规则,提升司法能力水平,为增进生态环境民生福祉、建设万物和谐的美丽家园提供更加有力的司法服务和保障!谢谢大家。

指导案例172号《秦家学滥伐林木刑事附带民事公益诉讼案》的理解与参照

——确定被告人森林生态环境修复义务时，可以参考专家意见及主管部门出具的专业意见，自愿交纳生态环境修复义务保证金的，可以将该情形作为从轻量刑情节

2021年12月1日，最高人民法院发布了第31批生物多样性保护专题指导性案例，包括第172号至第178号共7件指导性案例。这批指导性案例由最高人民法院研究室和环资庭共同组织编选、审查，并于12月3日举行了新闻发布会予以发布。其中，第172号指导性案例为《秦家学滥伐林木刑事附带民事公益诉讼案》。为了正确理解和准确参照适用该指导性案例，现对该指导性案例的编选过程、裁判要点、参照适用等有关情况予以解释、论证和说明。

一、案例编选过程

本案经湖南省保靖县人民法院审理，判决已经发生法律效力。该滥伐林木刑事附带民事公益诉讼案在全国法院系统2019年度优秀案例分析评选中获得优秀奖，入选最高人民法院2021年2月25日发布的长江流域生态环境司法保护典型案例。最高人民法院环资庭经专业法官会议讨论，同意推选此案例作为生物多样性保护专题备选指导性案例报送最高人民法院案例指导工作办公室。2021年10月9日，经研究室第三次案例专业会议讨论，与会专家学者、生态环境部、自然资源部、国家林草局等代表一致同意推荐该案例。2021年11月2日，该案例经最高人民法院刑事审判专业委员会第408次会议讨论，同意作为指导性案例。同年12月1日，最高人民法院以法〔2021〕286号文件将该案例编入第31批指导性案例予以发布。

二、关于本案例的基本情况

2016年9月至2017年1月，被告人秦家学违反《森林法》，无证滥伐其所承包

的位于白云山国家级自然保护区“土地坳”林地上的杉木林并销售。经鉴定,秦家学共砍伐林木1010株,林木蓄积为153.3675立方米。后云南省保靖县林业勘测规划设计队出具补植补造作业设计说明证明,该受损公益林补植复绿的人工苗等费用为人民币66 025元。湖南省保靖县人民检察院指控被告人秦家学犯滥伐林木罪向保靖县人民法院提起公诉,同时该院以社会公共利益受到损害为由,又向保靖县人民法院提起附带民事公益诉讼。公诉机关认为,应当以滥伐林木罪追究被告人秦家学刑事责任。同时,被告人行为严重破坏了生态环境,致使社会公共利益遭受损害,应补植复绿,补种滥伐林木株数5倍的林木,向公众赔礼道歉。

湖南省保靖县人民法院于2018年8月3日以(2018)湘3125刑初5号刑事附带民事判决,认定被告人秦家学犯滥伐林木罪,判处有期徒刑3年,缓刑4年,并处罚金人民币1万元,并于判决生效后2年内在湖南白云山国家级自然保护区内“土地坳”栽植1年生杉树苗5050株,存活率达到90%以上。宣判后,没有上诉、抗诉,一审判决已发生法律效力。被告人依照判决,在原砍伐林地等处栽植1年生杉树苗5050株,且存活率达到100%。

本案中被告人无证滥伐公益林数量巨大,严重破坏白云山国家级自然保护区的生态环境,危及生物多样性,使社会公共利益遭受严重损害,其性质上是侵权行为。人民法院根据保靖县林业勘测规划设计队出具的“土地坳”补植补造作业设计说明以及白云山自然保护区管理局、保靖县林业局等部门专家提供的专业资料和建议,参照《森林法》*第三十九条第二款规定,对公益诉讼起诉人提出的被告人应补植补种树木的诉讼请求予以支持。对于辩护人提出的被告人系林地承包者的经营权利应当予以保护的意见,在确定被告人法律责任时也予以考虑。

国内外对环境损害侵权的责任承担方式有不同的规定。日本民法的不法行为法(侵权行为法)乃以损害赔偿(金钱赔偿)为其原则,①在环境公害原因行为的公益性或公共性较高,依据利益衡量原则认为受害人不得排除现在和将来侵害的情况下,如果将来的侵害明显损害受害人的身体或健康而超过忍受限度,理论上受害人仍得请求以支付定期金的方式赔偿其将来的损害②。在美国有成文法规定环境公民诉讼,大多州明确规定救济仅局限于衡平法意义上的救济措施,主要包括确认性的或衡平法上的救济以及临时的或者永久的禁止令救济等,如确认权利合法,敦促行政机构守法,颁发司法命令禁止某种破坏、污染环境的行为或要求从事某种行

---

* 该法于2019年修订。——编者注

① 参见王明远:《日本环境公害民事赔偿法研究》,载《北大法律评论》2001年第1期。

② 参见王明远:《日本环境公害民事赔偿法研究》,载《北大法律评论》2001年第1期。

为以保护环境等①。我国环境司法秉持修复性司法理念，重视生态环境功能的修复，《最高人民法院关于审理环境民事公益诉讼案件适用法律若干问题的解释》《最高人民法院关于审理环境侵权责任纠纷案件适用法律若干问题的解释》《最高人民法院关于审理生态环境损害赔偿案件的若干规定（试行）》均规定了“修复生态环境”的责任方式。司法实践中，各地探索补植复绿、增殖放流等修复环境责任方式，取得了很好的效果。在吸收各方意见和司法实践经验基础上，《民法典》第一千二百三十四条针对生态环境损害明确规定了修复生态环境的责任方式。在环境侵权责任承担方式上，相对于单纯的经济赔偿，补植复绿作为修复生态环境的典型方式直接作用于环境本身，能够有效实现对侵权人惩治和对环境有效修复的双重目的，这也是本案对审判实践中丰富环境侵权责任承担方式所具备的指导意义，有助于环境案件的审理更好地实现法律效果、社会效果和生态效果的统一。

三、裁判要点的理解与说明

指导案例 172 例的裁判要点确认：(1)人民法院确定被告人森林生态环境修复义务时，可以参考专家意见及林业规划设计单位、自然保护区主管部门等出具的专业意见，明确履行修复义务的树种、树龄、地点、数量、存活率及完成时间等具体要求。(2)被告人自愿交纳保证金作为履行生态环境修复义务担保的，人民法院可以将该情形作为从轻量刑情节。现围绕与该裁判要点相关的问题解释和说明如下：

（一）关于裁判要点第 1 点的说明

1. 区分恢复原状和修复生态环境的责任承担方式

我国《环境保护法》第二条规定的环境指影响人类生存和发展的各种天然和经过人工改造的自然因素的总体，包括大气、水、海洋、土地、矿藏、森林、草原、湿地、野生生物、自然遗迹、人文遗迹、自然保护区、风景名胜区、城市和乡村等。破坏生态直接影响生物的生存和发展，包括生物多样性被破坏、生态环境和自然资源被破坏、最终导致水土流失等生态环境污染。对破坏生态环境的行为给他人造成损害的，属于《侵权责任法》* 调整范围，应当按照《侵权责任法》的规定承担侵权责任。本案中，被告人在国家自然保护区滥伐属于自己承包经营范围内的公益林，破坏生态环境，在法律上侵犯了什么权益，是否应当承担侵权责任。法院认为，国家及社会对森林资源特别是国家公益林享有的生态利益，性质上属于《侵权责任法》第二条所指向的民事权益。本案被告人所承包、栽植并管理的树木，位于公益林界定范围内，

---

① 参见陈冬：《环境公益诉讼研究——以美国环境公民诉讼为中心》，中国海洋大学 2004 年博士学位论文，第 70 页。

* 现已失效。——编者注

已经成为白云山国家级自然保护区森林资源不可分割的有机组成部分。被告人违反森林法,未经许可,无证滥伐且数量巨大,存在过错,其侵权行为使国家及社会对森林资源特别对国家公益林依法享有的生态利益遭受严重损害,应当承担侵权责任。

依据《侵权责任法》[①]的规定,我国对侵权行为的民事责任承担有包括恢复原状在内的十种方式,修改后的《最高人民法院关于审理环境侵权责任纠纷案件适用法律若干问题的解释》和《最高人民法院关于审理环境民事公益诉讼案件适用法律若干问题的解释》均将"恢复原状"承担责任方式的表述变更为"修复生态环境"。学界对"恢复原状"和"修复生态环境"两个概念仍存争议,有的学者认为,二者在救济对象、标准、方式等方面无法相提并论。有的学者认为,恢复原状责任与生态环境修复责任有一定的同质性,但是它们在救济的权利和利益、救济的范围和方式等方面存在很大的差异性,不可互相替代[②]。同时,有部分学者认为,"生态环境修复"包括自然修复和人工修复,环境民事公益诉讼中,损害者承担的是一种人工修复责任。[③]实际上,法律条文沿革前后的不同表述并不意味着恢复原状和修复生态环境两个概念之间可以画上等号,相反,根据司法实践、环境科学发展和法律制度的完善等因素,立法机关对于环境侵权的责任承担方式采用了更为科学和准确的表达。在民事侵权行为中恢复原状一般是通过修理等手段将受到损害的物等恢复到侵权行为发生之前的状态。而修复生态环境虽然可以通过补植复绿、异地补种、增殖放流等多种方式将局部性环境恢复至被侵害之前的基准状态,但生态的系统性和损害结果不可逆转的特性实质上限制了生态环境的修复目标,很难达到恢复原状这一目标,也即恢复原状这一责任方式在环境侵权民事责任承担上难以实现,故在环境侵权这一特殊侵权行为中,承担侵权责任的方式用修复生态环境相较于恢复原状更为恰当,而恢复至破坏前的状态更贴近于通过修复生态环境达成的一种目标,当然随着科技水平的不断进步,有可能通过修复让破坏的环境达到比之前更好的状态。

由于环境具有物质性、稀缺性和共享性等特征,在生态环境和资源保护领域的公益诉讼以恢复生态环境功能为核心目的,最高人民法院也明确提出要坚持惩治和修复并重原则[④]。生态环境的修复比经济处罚和禁止令更有意义,本案中公诉机关指控被告人秦家学犯滥伐林木罪向人民法院提起公诉,在诉讼中又以社会公共

---

① 现已失效。——编者注

② 参见李挚萍:《生态环境修复责任法律性质辨析》,载《中国地质大学学报(社会科学版)》2018年第2期。

③ 参见石春雷:《论环境民事公益诉讼中的生态环境修复——兼评最高人民法院司法解释相关规定的合理性》,载《郑州大学学报(哲学社会科学版)》2017年第2期。

④ 参见陈毅清:《办案要重视生态修复》,载《人民法院报》2018年1月9日,第2版。

利益受到损害为由提起附带民事公益诉讼，人民法院在判处被告人刑罚的同时，又对其科以补植复绿、修复生态的义务，明确在生态环境被破坏的情况下可以采用修复生态环境这一民事责任方式的裁判规则，实现惩罚与预防犯罪以及填补生态环境损害、修复生态环境的双重目标。

2. 森林生态环境修复义务的认定

我国《森林法》对滥伐林木的生态环境修复方式有特殊规定。《森林法》规定了补种树木及代为履行方式。第三十九条规定，盗伐森林或者其他林木的，除依法赔偿损失外，还要由林业主管部门责令补种盗伐株数十倍的树木。第四十四条规定，违法进行开垦、采石、采砂、采土、采种、采脂和其他活动，致使森林、林木受到毁坏的，除依法赔偿损失外，还要由林业主管部门责令停止违法行为，补种毁坏株数一倍以上三倍以下的树木。拒不补种树木或者补种不符合国家有关规定的，由林业主管部门代为补种，所需费用由违法者支付。此处规定的补种复绿责任为行政责任，《福建省森林条例》《青海省绿化条例》《内蒙古自治区实施〈中华人民共和国森林法〉办法》等地方性法规也体现了补种复绿的行政责任属性。司法实践中，人民法院能否直接判令被告人承担补种复绿责任存在争议。《民法典》颁布以前，人民法院在司法实践中对如何确定侵权人履行补种复绿责任，修复生态环境进行了积极探索。2019 年云南省曲靖市中级人民法院审理的被告郭某环境损害责任民事公益诉讼案，认定被告郭某的行为构成生态环境侵权，判令其依法对毁坏的林地进行补植复绿或者赔偿植被恢复费用。同年福建省南平市中级人民法院审理的被告肖某北环境损害民事公益诉讼案，认定被告肖某北故意毁坏国家级生态公益林，损害环境公共利益，应当承担侵权损害赔偿责任，判令其补植复绿，赔偿损失。人民法院对补植复绿责任的司法实践是恢复性司法理念在环境审判实践中的具体践行，补植复绿作为一种有效的生态环境修复方式，既制裁了破坏生态环境的违法犯罪行为，又充分发挥了司法修复森林资源、保护生态环境的作用，为生态文明建设与绿色发展提供了坚实的司法保障。

《最高人民法院关于审理环境民事公益诉讼案件适用法律若干问题的解释》第二十三条明确规定："生态环境修复费用难以确定或者确定具体数额所需鉴定费用明显过高的，人民法院可以结合污染环境、破坏生态的范围和程度，生态环境的稀缺性，生态环境恢复的难易程度，防治污染设备的运行成本，被告因侵害行为所获得的利益以及过错程度等因素，并可以参考负有环境资源保护监督管理职责的部门的意见、专家意见等，予以合理确定。"2021 年 7 月 1 日施行的《人民检察院公益诉讼办案规则》第三十四条明确将专家意见纳入公益诉讼案件的证据种类。《最高人民法院关于审理森林资源民事纠纷案件适用法律若干问题的解释》第十八条将专业意见作为确定森林生态环境修复方案,明确侵权人履行修复义务的参考依据。在环境侵权责任认定中,专家意见和专业意见具有重要作用。生态环境损害鉴定和修复方案需要专门的鉴定机构,但目前具备生态环境损害鉴定并制定生态环境损害修复方案资质的鉴定机构少,生态环境部确定的全国范围内具备生态环境损害鉴定评估机构仅有第一批17家,第二批12家,第三批13家。同时环境损害鉴定还存在费用高、耗时长、难度大的问题,而生态环境损害大多具有突发性、即时性。在此情况下,环境资源保护监督管理部门即时进行的勘验、评估并制作的生态环境资源损害评估报告,以及紧密结合当地实际情况提出的修复方案,具备较强的操作性和实践价值。人民法院审理过程中对环境资源损害的深层次影响、破坏程度、修复方案的选择决定等专业性问题所作的判断,有必要借助负有环境资源保护监督管理职责的部门出具的意见和专家意见,将经过举证质证的专家意见、专业意见作为审判所参考的依据,在结合专家不同的角度、维度的分析论证意见的基础上,科学、合理地确定被告人承担生态修复责任。但人民法院也应当避免发生以相关部门意见、专家意见替代裁判的情形。本案中,人民法院综合分析了林业勘察规划设计机构、自然保护区管理局、当地林业局等部门专家出具的《补植补造作业说明设计书》等多份专业设计资料和专业性建议,科学确定被告人承担补植复绿责任的具体要求,特别是在判决主文中载明树种、树龄、地点、数量、存活率及完成时间等具体要求,同时参照《森林法》第三十九条第二款的标准,由被告人自愿交纳补植复绿保证金作为担保,确保判决得以全部顺利执行,对今后审理类似案件具有借鉴和指导价值。本案被告人依据专家意见和专业意见就地补植复绿,且树苗存活率达到100%,即为良好裁判效果的直接例证。

(二)关于裁判要点第2点的说明

《最高人民法院关于贯彻宽严相济刑事政策的若干意见》第二十三条规定:“被告人案发后对被害人积极进行赔偿,并认罪、悔罪的,依法可以作为酌定量刑情节予以考虑……”本案的被告人积极交纳保证金,并补植复绿,属于对被害人的积极赔偿,有悔罪、认罪表现。人民法院将被告人承担补植复绿生态修复责任的态度和行为,与判令被告人承担刑事责任的具体形式挂钩,将被告人承担补植复绿生态修复责任的有关行为(包括交纳保证金)作为其悔罪表现的认定依据,依法从轻处罚,统筹协调民刑责任,实现罪责刑相适应,促使被告人主动承担民事侵权责任,确保环境公益诉讼案件审理取得保护和修复生态环境的积极效果。

四、参照适用时应当注意的问题

依据《民法典》第一千二百三十四条的规定,违反国家规定造成生态环境损害,生态环境能够修复的,国家规定的机关或者法律规定的组织有权请求侵权人在合理期限内承担修复责任。人民法院在审理人民检察院提起的附带民事公益诉讼案件时,应根据生态环境损害的事实、情节、生态环境修复的可能性,以及案件的审理情况等依法决定是否判处生态环境修复费用。侵权人在规定期限内未修复的,人民检察院可自行或者委托他人进行修复,所需费用由侵权人负担。即《民法典》已经将修复生态环境这一环境侵权民事责任承担方式确定下来。人民法院审理环境资源案件,应当充分贯彻恢复性司法理念,高度重视生态修复工作,积极探索修复生态环境的具体裁判方法,重视生态修复的效果和后期维护,确保受损生态环境功能的及时有效恢复,实现司法审判护航绿水青山的目的。特别需要指出的是,补植复绿作为针对森林等植被被破坏时所采取的生态修复方式,其具体内容应当在参考专家意见、专业意见等基础上,科学、合理确定,确保具有可操作性,且在相对时间和空间范围内产生积极效果。

（执笔人:湖南省湘西土家族苗族自治州中级人民法院　向　昉
湖南省高级人民法院　闫　伟
最高人民法院环资庭　刘小飞
编审人:最高人民法院研究室　张华锋）

指导案例172号　秦家学滥伐林木刑事附带民事公益诉讼案

最高人民法院案例指导工作办公室编审人:张华锋

1. 案例推荐单位:最高人民法院环资庭、湖南省高级人民法院
2. 案例编写人:湖南省湘西土家族苗族自治州中级人民法院　向昉,湖南省高级人民法院　闫伟,最高人民法院环资庭　刘小飞
3. 案件裁判法院:湖南省保靖县人民法院(一审)
4. 案件承办人:徐岩松(一审)

相关法条

1.《中华人民共和国刑事诉讼法》(2013年1月1实施)(已被修正)

第九十九条　被害人由于被告人的犯罪行为而遭受物质损失的,在刑事诉讼过程中,有权提起附带民事诉讼。被害人死亡或者丧失行为能力的,被害人的法定代理人、近亲属有权提起附带民事诉讼。

如果是国家财产、集体财产遭受损失的,人民检察院在提起公诉的时候,可以提起附带民事诉讼。

2.《中华人民共和国刑事诉讼法》(2018年10月26日实施)

第一百零一条　被害人由于被告人的犯罪行为而遭受物质损失的,在刑事诉讼过程中,有权提起附带民事诉讼。被害人死亡或者丧失行为能力的,被害人的法定代理人、近亲属有权提起附带民事诉讼。

如果是国家财产、集体财产遭受损失的,人民检察院在提起公诉的时候,可以提起附带民事诉讼。

3.《中华人民共和国刑法》(2021年3月1日实施)

第三百四十五条　盗伐森林或者其他林木,数量较大的,处三年以下有期徒刑、拘役或者管制,并处或者单处罚金;数量巨大的,处三年以上七年以下有期徒刑,并处罚金;数量特别巨大的,处七年以上有期徒刑,并处罚金。

违反森林法的规定,滥伐森林或者其他林木,数量较大的,处三年以下有期徒刑、拘役或者管制,并处或者单处罚金;数量巨大的,处三年以上七年以下有期徒刑,并处罚金。

非法收购、运输明知是盗伐、滥伐的林木,情节严重的,处三年以下有期徒刑、拘役或者管制,并处或者单处罚金;情节特别严重的,处三年以上七年以下有期徒刑,并处罚金。

盗伐、滥伐国家级自然保护区内的森林或者其他林木的,从重处罚。

4.《最高人民法院、最高人民检察院关于检察公益诉讼案件适用法律若干问题的解释》(2018年3月2日实施)(已被修正)

第二十条　人民检察院对破坏生态环境和资源保护、食品药品安全领域侵害众多消费者合法权益等损害社会公共利益的犯罪行为提起刑事公诉时,可以向人民法院一并提起附带民事公益诉讼,由人民法院同一审判组织审理。

人民检察院提起的刑事附带民事公益诉讼案件由审理刑事案件的人民法院管辖。

5.《最高人民法院、最高人民检察院关于检察公益诉讼案件适用法律若干问题的解释》(2021年1月1日实施)

第二十条　人民检察院对破坏生态环境和资源保护,食品药品安全领域侵害众多消费者合法权益,侵害英雄烈士等的姓名、肖像、名誉、荣誉等损害社会公共利益的犯罪行为提起刑事公诉时,可以向人民法院一并提起附带民事公益诉讼,由人民法院同一审判组织审理。

人民检察院提起的刑事附带民事公益诉讼案件由审理刑事案件的人民法院管辖。

6.《中华人民共和国侵权责任法》(已失效)

第六条　行为人因过错侵害他人民事权益,应当承担侵权责任。

根据法律规定推定行为人有过错,行为人不能证明自己没有过错的,应当承担侵权责任。

第十五条第五项　承担侵权责任的方式主要有:

(五)恢复原状;

7.《中华人民共和国民法典》(2021年1月1日实施)

第一百七十九条　承担民事责任的方式主要有:

（一）停止侵害；

（二）排除妨碍；

（三）消除危险；

（四）返还财产；

（五）恢复原状；

（六）修理、重作、更换；

（七）继续履行；

（八）赔偿损失；

（九）支付违约金；

（十）消除影响、恢复名誉；

（十一）赔礼道歉。

法律规定惩罚性赔偿的，依照其规定。

本条规定的承担民事责任的方式，可以单独适用，也可以合并适用。

8.《中华人民共和国森林法》（2009年8月27日实施）（已被修订）

第三十二条第一款　采伐林木必须申请采伐许可证，按许可证的规定进行采伐；农村居民采伐自留地和房前屋后个人所有的零星林木除外。

第三十九条　盗伐森林或者其他林木的，依法赔偿损失；由林业主管部门责令补种盗伐株数十倍的树木，没收盗伐的林木或者变卖所得，并处盗伐林木价值三倍以上十倍以下的罚款。

滥伐森林或者其他林木，由林业主管部门责令补种滥伐株数五倍的树木，并处滥伐林木价值二倍以上五倍以下的罚款。

拒不补种树木或者补种不符合国家有关规定的，由林业主管部门代为补种，所需费用由违法者支付。

盗伐、滥伐森林或者其他林木，构成犯罪的，依法追究刑事责任。

9.《中华人民共和国森林法》（2020年7月1日实施）

第五十六条　采伐林地上的林木应当申请采伐许可证，并按照采伐许可证的规定进行采伐；采伐自然保护区以外的竹林，不需要申请采伐许可证，但应当符合林木采伐技术规程。

农村居民采伐自留地和房前屋后个人所有的零星林木，不需要申请采伐许可证。

非林地上的农田防护林、防风固沙林、护路林、护岸护堤林和城镇林木等的更新采伐，由有关主管部门按照有关规定管理。

采挖移植林木按照采伐林木管理。具体办法由国务院林业主管部门制定。

禁止伪造、变造、买卖、租借采伐许可证。

第五十七条　采伐许可证由县级以上人民政府林业主管部门核发。

县级以上人民政府林业主管部门应当采取措施，方便申请人办理采伐许可证。

农村居民采伐自留山和个人承包集体林地上的林木，由县级人民政府林业主管部门或者其委托的乡镇人民政府核发采伐许可证。

第七十六条　盗伐林木的,由县级以上人民政府林业主管部门责令限期在原地或者异地补种盗伐株数一倍以上五倍以下的树木,并处盗伐林木价值五倍以上十倍以下的罚款。

滥伐林木的,由县级以上人民政府林业主管部门责令限期在原地或者异地补种滥伐株数一倍以上三倍以下的树木,可以处滥伐林木价值三倍以上五倍以下的罚款。

指导案例173号《北京市朝阳区自然之友环境研究所诉中国水电顾问集团新平开发有限公司、中国电建集团昆明勘测设计研究院有限公司生态环境保护民事公益诉讼案》的理解与参照

——野生动植物预防性公益诉讼中“损害社会公共利益重大风险”认定标准

2021年12月1日,最高人民法院发布了第31批生物多样性保护专题指导性案例,包括第172号至第178号共7件指导性案例。这批指导性案例由最高人民法院研究室和环资庭共同组织选编、审查,并于12月3日举行了新闻发布会予以发布。其中,第173号指导性案例为《北京市朝阳区自然之友环境研究所诉中国水电顾问集团新平开发有限公司、中国电建集团昆明勘测设计研究院有限公司生态环境保护民事公益诉讼案》。为了正确理解和准确参照适用该指导性案例,现对该指导性案例的选编过程、裁判要点、参照适用等有关情况予以解释、论证和说明。

一、案例选编过程

本案由云南省昆明市中级人民法院于2020年3月16日作出(2017)云01民初2299号民事判决。云南省高级人民法院于2020年12月22日作出(2020)云民终824号民事判决。本案经最高人民法院环资庭专业法官会议讨论,同意推选此案例作为生物多样性保护专题备选指导性案例报送最高人民法院案例指导工作办公室。2021年10月9日,研究室召开了第三次案例专业会议讨论,邀请专家学者、生态环境部、自然资源部、国家林草局等代表参加会议,会议代表多数意见同意推荐该案例。2021年11月1日,该案例经最高人民法院民专会第379次会议讨论,同意作为指导性案例。同年12月1日,最高人民法院以法〔2021〕286号文件将该案例编入第31批指导性案例予以发布。

二、关于本案例的基本情况

(一)基本案情

中国水电顾问集团新平开发有限公司(以下简称新平公司)开发建设云南红河戛洒江一级水电站。案涉水电站淹没区大部分被划入红河(元江)干热河谷及山原水土保持生态保护红线范围,在该区域内,绿孔雀为重点保护物种。2017年7月,生态环境部责令新平公司就该项目建设开展环境影响后评价,后评价工作完成前,不得蓄水发电。之后,新平公司即停止对案涉水电站建设项目的施工。北京市朝阳区自然之友环境研究所(以下简称自然之友)以案涉水电站一旦蓄水将导致绿孔雀栖息地被淹没、绿孔雀存在灭绝可能,并危害生长在该区域陈氏苏铁、破坏当地珍贵干热河谷季雨林生态系统为由,提起环境民事公益诉讼。请求新平公司与昆明设计院共同消除戛洒江一级水电站建设对绿孔雀、陈氏苏铁等珍稀濒危野生动物以及热带季雨林和热带雨林侵害危险,立即停止该水电站建设,不得截流蓄水,不得对该水电站淹没区内植被进行砍伐等。新平公司、昆明设计院则认为其已被生态环境部责令开展环境影响后评价工作,重大环境风险已得到有效控制。云南省昆明市中级人民法院一审判决新平公司立即停止案涉水电站项目建设,待其按生态环境部要求完成环境影响后评价及备案工作后,再由相关行政主管部门视具体情况依法作出决定。云南省高级人民法院二审驳回上诉,维持原判。

(二)有关"重大风险"的理解与分歧

《最高人民法院关于审理环境民事公益诉讼案件适用法律若干问题的解释》第一条、第十八条对"重大风险"均有所涉及,但未对其认定标准进行明确。针对重大风险如何理解,有观点认为,根据环境风险演化为现实损害发生的概率,概念上可区分为危险、风险以及剩余风险。① 有的观点则认为,"重大风险"是指"社会公共利益尚未实际受损,可一旦受损将造成严重或不可逆转的环境损害后果,且受损发生具有高度盖然性的一种状态"②。还有的观点认为,应借鉴日本学者对法官心证四级程度标准,③对于"重大风险"的证明只需达到其第二级盖然的心证程度,即在没

---

① 参见张旭东:《预防性环境民事公益诉讼程序规则思考》,载《法律科学(西北政法大学学报)》2017年第4期。

② 张洋、毋爱斌:《论预防性环境民事公益诉讼中"重大风险"的司法认定》,载《中国环境管理》2020年第2期。

③ 日本学者中岛弘道把法官的心证程度分为四级,第一级为微弱的心证,第二级为盖然的心证,第三级为盖然的确实心证,第四级为必然的确实心证。基于盖然的确实心证,可以推断事实存在。民事诉讼中实行的高度盖然性证明标准相当于第三级心证。参见王锡三译:《民事举证责任著作选译》,西南政法学院1987年印行,第160~164页。

有相反证据的情况下，就能够判定事实的确如此时，即可认定“重大风险”的存在，①也就是对于“重大风险”的证明只需满足较高程度的盖然性证明标准即可。曾被列为美国十大环境公益诉讼案件的“蜗牛镖案”明确，如果科学或证据上不能确定是否造成生物多样性的损害，则依据对可能造成的风险进行规制的原则，将拯救濒危物种、保持物种多样性置于维护经济利益之前。

2004 年欧盟颁布的《关于预防和补救环境损害的环境责任的第 2004/35/EC 号指令》中将污染者负担原则作为前提条件，创建了一套救济以及预防生态环境损害的环境民事责任体系，其目的在于以社会利益最大化为前提，寻求救济以及预防生态环境损害的最优方式。与此同时，在欧盟内部创建一部统一判定生态环境损害责任标准的条例，以确保在竞争过程中实现公正性和规范性。② 以此欧盟经验为借鉴，有学者认为，我国环境司法可以从科学确定环境基准和严守生态红线两方面认定“重大风险”。③

（三）案例的指导价值

本案恪守了《环境保护法》“保护优先，预防为主”环境司法保护原则，突破了“无损害即无救济”的传统侵权损害救济理念，明确了《最高人民法院关于审理环境民事公益诉讼案件适用法律若干问题的解释》第一条“具有损害社会公共利益重大风险的污染环境、破坏生态的行为”中的“重大风险”的判断要素，即应当从被保护对象具有独有价值、不可替代性，损害结果的严重性及不可逆性，损害结果发生的可能性等方面进行界定，阻止了濒危物种、国家一级重点保护濒危物种——“绿孔雀”、“陈氏苏铁”及物种栖息地可能遭受毁灭的重大风险，为更多珍稀、濒危野生动植物提供了可供探索的司法保护之路。

三、裁判要点的理解与说明

该指导性案例的裁判要点确认：人民法院审理环境民事公益诉讼案件，应当贯彻保护优先、预防为主原则。原告提供证据证明项目建设将对濒危野生动植物栖息地及生态系统造成毁灭性、不可逆转的损害后果，人民法院应当从被保护对象的独有价值、损害结果发生的可能性、损害后果的严重性及不可逆性等方面，综合判断被告的行为是否具有《最高人民法院关于审理环境民事公益诉讼案件适用法律

① 参见于文轩、牟桐：《论环境民事诉讼中“重大风险”的司法认定》，载《法律适用》2019 年第 14 期。

② Directive 2004/35/EC on Environmental Liability with Regard to Prevention and Remedying of Environmental Damage, April 21, 2004, Official Journal of the European Union, 30 (4), 2004, p. 56 – 71.

③ 于文轩、牟桐：《论环境民事诉讼中“重大风险”的司法认定》，载《法律适用》2019 年第 14 期。

若干问题的解释》第一条规定的“损害社会公共利益重大风险”。现围绕与该裁判要点相关的问题解释和说明如下:

(一)“保护优先、预防为主”原则

“保护优先、预防为主”是生态环境保护的重要原则之一。预防原则包括损害预防和风险预防。风险预防又称“谨慎”原则,指即使开发活动的环境风险存在科学不确定性,也应谨慎行动,并采取相应对策。《里约环境与发展宣言》原则十五对风险预防原则作出了界定:“为了保护环境,各国应按照本国的能力,广泛适用预防措施。遇有严重或不可逆转损害的威胁时,不得以缺乏科学充分确定证据为理由,延迟采取符合成本效益的措施防止环境恶化。”《生物多样性公约》前言同样提出“生物多样遭受严重减少或损失的威胁时,不应以缺乏充分的科学定论为理由,而推迟采取旨在避免或尽量减轻此种威胁的措施。”我国《环境保护法》第五条明确规定环境保护要坚持“保护优先、预防为主”原则。预防性公益诉讼的核心要点即突破“无损害无救济”的传统侵权救济理念,在损害结果发生前将诉讼提前至事前或事中,对可能出现的损害结果控制于前期,防患于未然,这是预防性公益诉讼之立法本意所在。

(二)“社会公共利益重大风险”认定

预防性公益诉讼的核心要素是具有“重大风险”,重大风险是指对“环境”可能造成重大损害危险的一系列行为。在保护濒危物种及其栖息地的预防性环境公益诉讼中,认定“损害社会公共利益重大风险”应综合考量被保护对象的独有价值、损害结果发生的可能性、损害后果的严重性及不可逆性等内容。

1. 预防性公益诉讼中“公共利益”的理解

公共利益是一个相对概念,是特定时空的产物。不同社会的不同发展阶段,对公共利益的理解和认识可能会有所不同,公共利益的表现形式非常广泛,且是一个不断发展的概念。① 环境公益诉讼所保护的社会公共利益,也在不同类型案件中具有不同涵摄范围。在保护濒危物种的环境公益诉讼中,社会公共利益具体体现为濒危物种及其栖息地的独特价值。

其一,对物种独有价值的界定。被保护对象须具有极高的濒危性及独特性。本案被保护对象——绿孔雀属中国独有物种,仅分布于云南境内,被列为国家一级重点保护野生动物,属极度濒危物种;另一物种陈氏苏铁属国家一级重点保护植物,仅在我国云南红河流域分布并首次在案涉区域发现,均是中国境内濒临灭绝、一定区域内的独有物种。

---

① 参见高志宏:《公共利益观的当代法治意蕴及其实现路径》,载《政法论坛》2020年第2期。

其二，物种栖息地的不可替代性。戛洒江一级水电站淹没区地处我国云南红河干热河谷地带，是中国境内最大、最完整的绿孔雀栖息地，同时也是陈氏苏铁等珍稀物种与原始季雨林共同构成的一个完整生态系统，承载、养育着各类珍稀濒危动植物，是一个巨大的野生生物物种资源库和基因库，在全国非常罕见，其生态价值、遗传资源价值、科研价值、景观价值极高，对中国西南植物区系的起源、演化研究有重要意义，物种生境要素不具有替代性。

2. 对损害结果发生可能性的判断

可能性是指事物发生的概率，预防性公益诉讼损害结果发生可能性之判断应以达到事件发生的高度盖然性为标准。面对戛洒江一级水电站继续建设是否必然导致濒危物种及其生境不可逆转毁损的"不确定性"，应当进行客观论证而非主观验证。本案在案证据证明戛洒江一级水电站蓄水水库淹没区域是绿孔雀繁衍生息栖息地，伴随淹没区公路改造重修，对栖息地将造成较大影响，结合水电站建设与栖息地毁损结果之间的唯一性、对应性，损害后果可能发生的严重性，可判定戛洒江一级水电站继续建设导致濒危物种及生境不可逆转的毁损可能性概率极大，其"不确定"可以固定为"确定"。

3. 损害后果的严重性及不可逆性认定

濒危物种栖息地一旦被破坏往往具有严重性及不可逆性，若等到损害已经发展成为客观事实或必然要发生之后再采取措施，社会必然要为此付出沉重的代价。当损害尚未实际发生时，对"重大风险"现实化损害的认定可综合参考濒危野生动植物保护名录、生态保护红线及自然保护区划定、环境行政管理机制及行政机关辅助认定等。

（1）濒危野生动植物保护名录

世界自然保护联盟（IUCN）名录及我国重点保护野生动植物名录是根据严格准则评估物种及亚种的生存风险而编制的，在认定野生动植物损害后果的严重性时可作为重要参考。在域外司法实践中也有类似观点，即由立法确认保护的濒危物种往往被给予较高保护标准。如在被评为美国环境法案例之首的"蜗牛镖案"中，①环保组织起诉称泰利库大坝建设将违反《濒危物种法》，为保护生存于此处的蜗牛镖鲈及其栖息地，要求停止大坝建设。法院认为立法已经就公共利益作出了平衡，用最直接的语言清楚地表明偏向给予濒危物种最高保护顺位，从而发布禁令要求停止大坝建设。

本案中，绿孔雀属（EN）IUCN 濒危物种，野外已不足 500 只，中国境内仅在云

---

① Tennessee Valley Authority *v.* Hill, 437 U. S. 153 (1978).

南省22个县呈碎片化分布;陈氏苏铁属(EN)IUCN濒危物种,2015年该物种发表于《植物分类学报》(Journal of Systematics and Evolution),个体数量都非常少,全部个体数量少于500株且破坏严重。可将保护名录作为判断要素之一预判其损害后果的严重性。

(2)生态保护红线或自然保护区划定

我国《环境保护法》第二十九条第一款规定"国家在重点生态功能区、生态环境敏感区和脆弱区等区域划定生态保护红线,实行严格保护"。生态保护红线包括最低安全需求限度、最低可恢复限度、最低可容忍限度三个方面。[①] 生态保护红线,有助于在客观上为"重大风险"的司法认定提供科学的、公开的信息支撑,进而保障认定的专业、公正与高效。根据《云南省生态保护红线》附件1《云南省生态保护红线分布图》所示,戛洒江一级水电站淹没区大部分被划入红河(元江)干热河谷及山原水土保持生态保护红线范围,在该区域内,绿孔雀为其中一种重点保护物种。此区域同时也是红椿、千果榄榄、黑颈长尾雉、绿喉蜂虎等诸多国家一、二级保护动植物的生境和栖息地,若电站继续建设栖息地将被淹没,可以判断该建设行为所产生的毁灭性、不可逆转性损害后果是恒定且可以直观判断的。主要表现有三:其一,已经濒危的绿孔雀将丧失完好保存着大面积连片栖息地,物种面临继续消失的风险;其二,现存数量稀少的陈氏苏铁因无法迁移将完全被淹没;其三,野生生物物种资源库、基因库和整个生态系统将遭到毁坏,生物多样性价值及遗传资源价值损失无法估量。

(3)环境行政管理机制及相关文件资料

我国环境法律中的"三同时"、环境影响评价等制度本身是预防原则的体现,在其具体实施过程中均内在地包含了对环境利用行为是否具有损害社会公共利益重大风险的考虑。此外,"重大风险"的认定需要对科学技术和专业知识进行综合运用,具有一定的专业性,必要时可由行政机关辅助。

生态环境部办公厅针对本案建设项目向新平公司发出《责成后评价函》,责成其就该项目建设开展环境影响后评价,进一步说明戛洒江一级水电站建设项目尚需通过环境影响后评价的方式得到验证和改进,同时现有建设方案没有采取任何有针对性的保护措施。此外,行政机关函复、调查报告等文件对"重大风险"认定也具有重要辅助作用。

---

① 曹明德:《生态红线责任制度探析——以政治责任和法律责任为视角》,载《新疆师范大学学报(哲学社会科学版)》2014年第6期。

四、参照适用时应注意的问题

其一，环境司法审判中应始终坚持绿色发展理念，发展经济决不能以牺牲不可再生生态资源为代价，但同时在类案审理过程中应审慎把握经济发展与环境保护之间的辩证关系，准确把握“重大风险”之构成。

其二，司法作为生态环境治理体系的重要组成部分，担负保护生态环境国家利益和社会公共利益的重要职责。但需要注意的是，司法主导的预防性环境公益诉讼所发挥的风险预防功能与环境行政管理所具有的预防功能不可避免地存在重叠。司法应当坚持以自己独特的定位参与社会治理，尤其是在预防性环境公益诉讼中，司法需要站在“公私”交汇的路口，合理安排行政权与司法权顺位，避免因职能冲突而消解公益救济实效。

（执笔人：云南省高级人民法院环资庭　苏静巍　陈　瑶　马　豪
最高人民法院环资庭　刘小飞
编审人：最高人民法院研究室　李予霞）

指导案例173号　北京市朝阳区自然之友环境研究所诉中国水电顾问集团新平开发有限公司、中国电建集团昆明勘测设计研究院有限公司生态环境保护民事公益诉讼案

最高人民法院案例指导工作办公室编审人：李予霞

1. 案例推荐单位：最高人民法院环资庭、云南省高级人民法院

2. 案例编写人：云南省高级人民法院　向凯、苏静巍、田奇慧，最高人民法院环资庭　刘小飞

3. 案件裁判法院：昆明市中级人民法院（一审）、云南省高级人民法院（二审）

4. 案件承办人：郑会利（一审）、苏静巍（二审）

相关法条

1.《中华人民共和国环境保护法》（2015年1月1日实施）

第五条　环境保护坚持保护优先、预防为主、综合治理、公众参与、损害担责的原则。

第六十四条　因污染环境和破坏生态造成损害的，应当依照《中华人民共和国侵权责任法》* 的有关规定承担侵权责任。

---

* 现已失效。——编者注

2.《中华人民共和国环境影响评价法》(2018年12月29日实施)

第二十七条　在项目建设、运行过程中产生不符合经审批的环境影响评价文件的情形的,建设单位应当组织环境影响的后评价,采取改进措施,并报原环境影响评价文件审批部门和建设项目审批部门备案;原环境影响评价文件审批部门也可以责成建设单位进行环境影响的后评价,采取改进措施。

3.《最高人民法院关于审理环境民事公益诉讼案件适用法律若干问题的解释》(2015年1月7日实施)(已被修正)

第一条　法律规定的机关和有关组织依据民事诉讼法第五十五条、环境保护法第五十八条等法律的规定,对已经损害社会公共利益或者具有损害社会公共利益重大风险的污染环境、破坏生态的行为提起诉讼,符合民事诉讼法第一百一十九条第二项、第三项、第四项规定的,人民法院应予受理。

第十八条　对污染环境、破坏生态,已经损害社会公共利益或者具有损害社会公共利益重大风险的行为,原告可以请求被告承担停止侵害、排除妨碍、消除危险、修复生态环境、赔偿损失、赔礼道歉等民事责任。

4.《最高人民法院关于审理环境民事公益诉讼案件适用法律若干问题的解释》(2021年1月1日实施)

第一条　法律规定的机关和有关组织依据民事诉讼法第五十五条、环境保护法第五十八条等法律的规定,对已经损害社会公共利益或者具有损害社会公共利益重大风险的污染环境、破坏生态的行为提起诉讼,符合民事诉讼法第一百一十九条第二项、第三项、第四项规定的,人民法院应予受理。

第十八条　对污染环境、破坏生态,已经损害社会公共利益或者具有损害社会公共利益重大风险的行为,原告可以请求被告承担停止侵害、排除妨碍、消除危险、修复生态环境、赔偿损失、赔礼道歉等民事责任。

指导案例174号《中国生物多样性保护与绿色发展基金会诉雅砻江流域水电开发有限公司生态环境保护民事公益诉讼案》的理解与参照

——预防性环境公益诉讼的审理原则和裁判方式

2021年12月1日，最高人民法院发布了第31批生物多样性保护专题指导性案例，包括第172号至第178号共7件指导性案例。这批指导性案例由最高人民法院研究室和环资庭共同组织选编、审查，并于12月3日举行了新闻发布会予以发布。其中，第174号指导性案例为《中国生物多样性保护与绿色发展基金会诉雅砻江流域水电开发有限公司生态环境保护民事公益诉讼案》。为了正确理解和准确参照适用该指导性案例，现对该指导性案例的选编过程、裁判要点、参照适用等有关情况予以解释、论证和说明。

一、案例选编过程

本案由四川省甘孜藏族自治州中级人民法院于2020年12月17日作出一审民事判决。本案经最高人民法院环资庭专业法官会议讨论，同意推选此案例作为生物多样性保护专题备选指导性案例报送最高人民法院案例指导工作办公室。2021年10月9日，经研究室第三次案例专业会议讨论，与会专家学者、生态环境部、自然资源部、国家林草局等代表一致同意推荐该案例。2021年11月1日，该案例经最高人民法院民专会第379次会议讨论，同意作为指导性案例。同年12月1日，最高人民法院以法〔2021〕286号文件将该案例编入第31批指导性案例予以发布。

二、关于本案例的基本情况

（一）基本案情及裁判结果

雅砻江上的牙根梯级水电站由雅砻江流域水电开发有限公司（以下简称雅砻江公司）负责建设和管理，现处于项目预可研阶段，水电站及其辅助工程（公路等）

尚未开工建设。

2013年9月发布的中国生物多样性红色名录中五小叶槭被评定为“极危”。2016年2月,五小叶槭列入《四川省重点保护植物名录》,2018年8月,世界自然保护联盟在其红色名录中将五小叶槭评估为“极度濒危”。2012年国家发展改革委办公厅批复同意牙根水电站开展前期工作,并要求按照项目核准的有关规定,未经核准不得开工建设。

中国生物多样性保护与绿色发展基金会(以下简称绿发会)认为,根据五小叶槭雅江种群的分布区海拔高度和水电站水位高度对比数值,牙根梯级水电站以及配套的公路建设将直接威胁五小叶槭的生存,损害社会公共利益,遂提起预防性公益诉讼,请求判令被告立即采取适当措施,在采取的措施不足以消除对五小叶槭的生存威胁之前,暂停牙根水电站及其辅助设施(含配套道路)的一切建设工程,并要求被告承担诉讼差旅费、调查费和律师费等。雅砻江公司辩称牙根水电站目前尚未批准建设,是否审批通过不确定,雅砻江公司未作出任何有可能危害五小叶槭生存的行为,绿发会的起诉没有事实和法律依据,依法应当驳回起诉。

四川省甘孜藏族自治州中级人民法院于2020年12月17日作出判决:(1)雅砻江公司应当将五小叶槭的生存作为牙根水电站项目可研阶段环境评价工作的重要内容,环境影响报告书经环境保护行政主管部门审批通过后,才能继续开展下一步的工作;(2)绿发会为本案诉讼产生的必要费用、合理的律师费共5万元,从其他案件判决的生态环境修复费用等环境公益诉讼资金中支付;(3)驳回原告的其他诉讼请求。一审宣判后当事人未上诉,判决已发生法律效力。

(二)法律争议问题

2014年修订的《环境保护法》规定了保护优先、预防为主的基本原则,2015年1月发布的《最高人民法院关于审理环境民事公益诉讼案件适用法律若干问题的解释》将具有损害社会公共利益重大风险的污染环境、破坏生态的行为纳入环境民事公益诉讼的可诉范围,突破了“无损害不救济”的传统侵权法理念,推动了环境公益诉讼向预防性公益诉讼拓展。但反观司法实践,预防性公益诉讼类案例少之又少,预防性功能价值并未得到有效发挥。究其原因在于法律规范的不完善,法院在认定预防性公益诉讼的立案标准,立案后如何取证和认定证据、怎样根据案件事实采取妥当的裁判方式等具体操作上存在诸多问题。尤其类似于本案中针对尚未开工建设的水电站提起的环境民事公益诉讼是否应予支持,从法律制度上没有明确操作标准。汪劲教授提出,基于环境保护中存在的特殊性,为避免环境损害的发生或者扩大,在提起环境民事公益诉讼之时,不应当要求必须存在具体的损害,只要存在危害环境的可能性就可以向法院提起相应的诉讼,环境公益诉讼当中最显著的功能或者特征应该是预防性功能。① 有观点认为，在客观经验和法则及基础上，可以通过因果关系推断处理的即可认为存在“危险”。② 但总体而言，多数学术研究还是停留在下定义的判断，或者从如何进行法律规制等角度进行分析，对于预防性公益诉讼具体操作的系统研究较少，有必要通过典型案例统一裁判尺度，形成裁判规则，指导审判实践。

（三）指导价值

本案是《最高人民法院关于审理环境民事公益诉讼案件适用法律若干问题的解释》出台后，我国受理的首例预防性公益诉讼，其指导意义在于：一是解决了电站尚未开工建设，符合条件的社会组织认为项目建设将造成濒危野生植物原生存环境破坏，损害社会公共利益的重大风险从而提起诉讼，人民法院能否受理的问题；二是促进经济和环境的协调发展，丰富了人民法院对于预防性公益诉讼的裁判方法。对于现有证据材料和科学技术能够推测项目建成后对案涉地濒危野生植物存在可能影响其生存的潜在风险，从而损害生态环境公共利益的，可以判决被告采取预防性措施，将濒危野生植物的生存纳入项目可研阶段环境影响评价工作。

三、裁判要点的理解与说明

该指导性案例的裁判要点确认：人民法院审理环境民事公益诉讼案件，应当贯彻绿色发展理念和风险预防原则，根据现有证据和科学技术认为项目建成后可能对案涉地濒危野生植物生存环境造成破坏，存在影响其生存的潜在风险，从而损害生态环境公共利益的，可以判决被告采取预防性措施，将对濒危野生植物生存的影响纳入建设项目的环境影响评价，促进环境保护和经济发展的协调。现围绕与该裁判要点相关的问题解释和说明如下：

（一）关于水电站开发项目在预可研阶段尚未开工建设，公益诉讼主体能否提起环境民事公益诉讼

人民法院在审理环境公益诉讼案件时应贯彻绿色发展理念，正确处理经济发展与环境保护、当下发展与长远发展的关系，把环境保护作为发展经济必须考量的重要因素，立足保护优先原则。实践中，环境污染、生态资源破坏往往具有不可逆性，一旦发生环境污染、生态资源破坏情形，很多时候难以恢复，事后单纯的经济补偿远远不足以弥补生态环境损失。因此，在坚持保护优先的基础上，对环境污染、生态破坏行为更应强调预防为主原则，防患于未然。《最高人民法院关于审理环境民

① 参见吴凯杰：《论预防性环境公益诉讼》，载《理论与改革》2017 年第 3 期。

② 参见甘鹏：《预防性环境民事公益诉讼制度完善研究》，广西民族大学 2020 年硕士学位论文。

事公益诉讼案件适用法律若干问题的解释》第一条明确规定了预防性公益诉讼,认为法律规定的机关和有关组织对具有损害社会公共利益重大风险的污染环境、破坏生态行为提起诉讼,符合民事诉讼法相关规定的,人民法院应予受理。水电站开发项目虽仅通过了规划,正处于预可研阶段,尚未开工建设,但是符合条件的公益诉讼主体认为将来开工建设的水电工程将影响案涉地濒危野生植物的生存,具有污染环境、破坏生态的重大风险,提起环境民事公益诉讼,而人民法院结合已有的知识经验和现实的科学知识评价,认定具有预防价值的,应予受理。

(二)关于结合现有证据和科学技术水平认定具有污染环境、破坏生态的重大风险行为,人民法院如何裁判,如何促进环境保护和经济发展的协调

在证据和科学技术认定方面,原告请求认定"五小叶槭野生种群仅有4个、500余株,分布区介于海拔2520—3000m,雅江种群为最大种群",人民法院经审理认为目前没有资料或者证据显示有任何单位或者机构对我国五小叶槭的野生种群及数量、分布区海拔高度等进行过全面普查,所以对原告主张的上述事实未予认定。但综合五小叶槭在生物多样性红色名录中"极危"的评定、水电站项目审查批复文件等其他证据材料和现有的科学技术,能够推测案涉牙根梯级水电站建成后可能存在对案涉地五小叶槭原生存环境造成破坏、存在影响其生存的潜在风险,从而损害生态环境公共利益的,即具有司法保护的必要性。

就水电开发而言,雅砻江公司遵守法定程序开发利用清洁可再生能源,实现水力资源转化为经济效益,属于符合绿色发展要求的开发行为。但同时因项目开发可能在一定程度上损害五小叶槭的生存环境等社会公共利益,而五小叶槭作为极度濒危植物,如不施加特别保护,极有可能导致物种灭绝风险,甚至危及生态安全,而这种损害有可能是不可逆的。因此,即使该水电开发项目具有必要性且履行了一定的法定程序符合秩序要求,但因项目开发具有损害社会公共利益的风险,司法就需要贯彻环境保护风险预防原则,妥善衡平好五小叶槭生存环境的保护和牙根梯级水电站开发建设利益的关系,要求开发方事先寻找相应替代方案或者采取一定预防措施。基于此,人民法院判决责令被告在项目可研阶段采取预防性措施,加强对案涉五小叶槭的环境影响评价并履行法定审批手续后才能进行下一步的工作,通过将对濒危野生植物生存的影响纳入建设项目的环境影响评价,达到预防野生五小叶槭生存风险的目的,尽可能寻求环境保护和经济发展的最佳平衡点,最大限度地促进环境保护和经济发展的协调。

四、参照适用时应注意的问题

本案和云南"绿孔雀案"虽都是预防性环境民事公益诉讼,但"绿孔雀案"被告

水电站项目已开工建设，裁判主要解决对司法解释中“重大风险”的理解问题，而本案项目尚未开工建设，正处于预可研阶段，行政主管部门还尚未批准建设，所以本案主要解决的是对于尚未开工的建设项目提起的预防性公益诉讼，人民法院可否受理以及裁判方法的问题。本案将五小叶槭的生存作为牙根梯级水电站项目可研阶段环境评价工作的重要内容，环境影响报告书经环境保护行政主管部门审批通过后，才能继续开展下一步的工作，丰富了裁判方式，对审理类似案件而言具有重要的参照意义，有助于实现环境保护与经济发展的双赢。

（执笔人：四川省高级人民法院环资庭　谭　勇、汪　莹
最高人民法院环资庭　刘小飞
编审人：最高人民法院研究室　李予霞）

指导案例 174 号　中国生物多样性保护与绿色发展基金会诉雅砻江流域水电开发有限公司生态环境保护民事公益诉讼案

最高人民法院案例指导工作办公室编审人：李予霞

1. 案例推荐单位：最高人民法院环资庭、四川省高级人民法院
2. 案例编写人：四川省高级人民法院　谭勇、汪莹，最高人民法院环资庭　刘小飞
3. 案件裁判法院：四川省甘孜藏族自治州中级人民法院（一审）
4. 案件承办人：王彤（一审）

相关法条

1.《中华人民共和国环境保护法》（2015 年 1 月 1 日实施）

第五条　环境保护坚持保护优先、预防为主、综合治理、公众参与、损害担责的原则。

2.《中华人民共和国可再生能源法》（2010 年 4 月 1 日实施）

第二条第一款　本法所称可再生能源，是指风能、太阳能、水能、生物质能、地热能、海洋能等非化石能源。

3.《最高人民法院关于审理环境民事公益诉讼案件适用法律若干问题的解释》（2015 年 1 月 7 日实施）（已被修正）

第一条　法律规定的机关和有关组织依据民事诉讼法第五十五条、环境保护法第五十八条等法律的规定，对已经损害社会公共利益或者具有损害社会公共利益重大风险的污染环境、破坏生态的行为提起诉讼，符合民事诉讼法第一百一十九条第二项、第三项、第四项规定的，人民法院应予受理。

第十八条　对污染环境、破坏生态，已经损害社会公共利益或者具有损害社会公共利益

重大风险的行为,原告可以请求被告承担停止侵害、排除妨碍、消除危险、恢复原状、赔偿损失、赔礼道歉等民事责任。

第十九条第一款　原告为防止生态环境损害的发生和扩大,请求被告停止侵害、排除妨碍、消除危险的,人民法院可以依法予以支持。

第二十四条　人民法院判决被告承担的生态环境修复费用、生态环境受到损害至恢复原状期间服务功能损失等款项,应当用于修复被损害的生态环境。

其他环境民事公益诉讼中败诉原告所需承担的调查取证、专家咨询、检验、鉴定等必要费用,可以酌情从上述款项中支付。

4.《最高人民法院关于审理环境民事公益诉讼案件适用法律若干问题的解释》(2021年1月1日实施)

第一条　法律规定的机关和有关组织依据民事诉讼法第五十五条、环境保护法第五十八条等法律的规定,对已经损害社会公共利益或者具有损害社会公共利益重大风险的污染环境、破坏生态的行为提起诉讼,符合民事诉讼法第一百一十九条第二项、第三项、第四项规定的,人民法院应予受理。

第十八条　对污染环境、破坏生态,已经损害社会公共利益或者具有损害社会公共利益重大风险的行为,原告可以请求被告承担停止侵害、排除妨碍、消除危险、修复生态环境、赔偿损失、赔礼道歉等民事责任。

第十九条第一款　原告为防止生态环境损害的发生和扩大,请求被告停止侵害、排除妨碍、消除危险的,人民法院可以依法予以支持。

第二十四条　人民法院判决被告承担的生态环境修复费用、生态环境受到损害至修复完成期间服务功能丧失导致的损失、生态环境功能永久性损害造成的损失等款项,应当用于修复被损害的生态环境。

其他环境民事公益诉讼中败诉原告所需承担的调查取证、专家咨询、检验、鉴定等必要费用,可以酌情从上述款项中支付。

指导案例175号《江苏省泰州市人民检察院诉王小朋等59人生态破坏民事公益诉讼案》的理解与参照

——非法捕捞共同侵权行为及损害后果的认定

2021年12月1日，最高人民法院发布了第31批生物多样性保护专题指导性案例，包括第172号至第178号共7件指导性案例。这批指导性案例由最高人民法院研究室和环资庭共同组织选编、审查，并于12月3日举行了新闻发布会予以发布。其中，第175号指导性案例为《江苏省泰州市人民检察院诉王小朋等59人生态破坏民事公益诉讼案》。为了正确理解和准确参照适用该指导性案例，现对该指导性案例的选编过程、裁判要点、参照适用等有关情况予以解释、论证和说明。

一、案例选编过程

本案经江苏省南京市中级人民法院一审、江苏省高级人民法院二审维持生效，入选"2019年度人民法院十大民事行政及国家赔偿案件""2019年度人民法院环境资源典型案例"。最高人民法院环资庭经专业法官会议讨论，向最高人民法院案例指导工作办公室推选此案作为备选生物多样性专题指导性案例。2021年10月9日，经研究室第三次案例专业会议讨论，与会专家学者、生态环境部、自然资源部、国家林草局等代表一致同意推荐该案例。2021年11月1日，该案例经最高人民法院民专会第379次会议讨论，同意作为指导性案例。同年12月1日，最高人民法院以法〔2021〕286号文件将该案例编入第31批指导性案例予以发布。

二、关于本案例的基本情况

长江鳗鱼苗是具有重要经济价值且禁止捕捞的水生动物苗种。2018年上半年，董瑞山等38人单独或共同在长江干流水域使用禁用渔具非法捕捞长江鳗鱼苗并出售谋利。王小朋等13人明知长江鳗鱼苗系非法捕捞所得，单独收购或者通过签订合伙协议、共同出资等方式建立收购鳗鱼苗的合伙组织,向高锦初等7人以及董瑞山等38人非法贩卖或捕捞人员收购鳗鱼苗116 999条。秦利兵在明知王小朋等人向其出售的鳗鱼苗系在长江中非法捕捞的情况下,仍多次向王小朋等人收购鳗鱼苗40 263条。

王小朋等人非法捕捞水产品罪及掩饰、隐瞒犯罪所得罪已经另案刑事生效判决予以认定。2019年7月15日,公益诉讼起诉人江苏省泰州市人民检察院以王小朋等59人实施非法捕捞、贩卖、收购长江鳗鱼苗行为,破坏长江生态资源,损害社会公共利益为由,提起生态破坏民事公益诉讼,请求判令相关被告对所造成的生态资源损害结果承担连带赔偿责任。

江苏省南京市中级人民法院于2019年10月24日作出(2019)苏01民初2005号民事判决:(1)王小朋等13名非法收购者对其非法买卖鳗鱼苗所造成的生态资源损失连带赔偿858余万元;(2)其他收购者、捕捞者根据其参与非法买卖或捕捞的鳗鱼苗数量,承担相应赔偿责任或与直接收购者承担连带赔偿责任。王小朋等11名被告提出上诉,江苏省高级人民法院于2019年12月31日作出(2019)苏民终1734号民事判决:驳回上诉,维持原判。

在特定时间、特殊区域,尤其是长江流域非法捕捞,对生态环境特别是生物多样性的损害巨大。如何在非法捕捞引发的生态破坏民事公益诉讼案件中,准确认定责任承担主体、责任承担方式、责任承担范围等,成为司法实践中亟待解决的问题。由于法律适用和裁判标准不统一,导致以往的司法手段偏重于对直接非法捕捞者的惩戒,而相对忽视了对隐蔽利益链条中其他必要主体的系统化责任追究,造成非法捕捞利益链条逐渐形成组织规模并长期存在,最终导致非法捕捞屡禁不绝。对于已经形成规模化、组织化的非法收购者能否认定为生态资源破坏的共同侵权人,通过公益诉讼案件的办理追究其与非法捕捞者之间的连带赔偿责任,以及责任承担数额如何认定,有必要通过典型案件的办理统一裁判尺度,形成裁判规则,指导审判实践。

本案是自2016年1月国家调整长江流域禁渔期后,全国首例判令从捕捞、收购到贩卖长江鳗鱼苗"全链条"承担生态破坏赔偿责任的案件,有效地解决了非法捕捞利益链条主体的法律责任认定、生态环境损害数额认定等审判实践中的难点问题,确立了"全链条"追责裁判规则,实现从源头切断非法利益链。同时对生态资源损害赔偿的目的、计算方法及其合理界限也作出阐释,明确在难以计算侵犯无形财产的具体损失时,可以依照法律规定,参考专家意见,综合衡量生态破坏后果,科学计算生态资源损失,且明确可以采用劳务代偿的方式折抵部分生态损害赔偿数额,为长江生态修复提供了有效路径,形成的裁判规则对类案的办理具有指导意义。

本案对维护长江流域生态安全,全面加强长江水生生物保护工作,实现人与自然和谐共生具有一定意义,充分体现人民法院“用最严格制度、最严密法治”保护和修复长江生态环境的司法实践。本案是江苏环境资源审判“9+1”机制正式运行后,南京环境资源法庭立案受理、公开开庭审理并作出裁判的第一起案件,中央电视台对本案一审庭审进行全程现场直播并制作专题节目予以报道,全国40余家国内主流媒体对庭审及审理进程进行跟踪报道,超过1700万网民在线观看庭审,展现了良好的宣教引导效果。

三、裁判要点的理解与说明

本指导案例的裁判要点确认:(1)当收购者明知其所收购的鱼苗系非法捕捞所得,仍与非法捕捞者建立固定买卖关系,形成完整利益链条,共同损害生态资源的,收购者应当与捕捞者对共同实施侵权行为造成的生态资源损失承担连带赔偿责任。(2)侵权人使用禁用网具非法捕捞,在造成其捕捞的特定鱼类资源损失的同时,也破坏了相应区域其他水生生物资源,严重损害生物多样性的,应当承担包括特定鱼类资源损失和其他水生生物资源损失在内的生态资源损失赔偿责任。当生态资源损失难以确定时,人民法院应当结合生态破坏的范围和程度、资源的稀缺性、恢复所需费用等因素,充分考量非法行为的方式破坏性、时间敏感性、地点特殊性等特点,并参考专家意见,综合作出判断。现围绕与该裁判要点相关的问题解释和说明如下:

(一)关于生态破坏后果责任承担问题

法律责任分为民事责任、行政责任、刑事责任三类。同一违法行为,可能需要同时承担民事责任、行政责任和刑事责任。本案中,人民法院在另案追究行为人违法犯罪行为刑事责任的同时,还依法追究行为人生态破坏的民事责任,判令侵权人承担生态环境损害责任,体现了惩治和修复并重,统筹适用刑事、民事法律责任的现代环境司法理念。

根据《民法典》和《最高人民法院关于审理环境侵权责任纠纷案件适用法律若干问题的解释》的规定,因污染环境、破坏生态造成他人损害,不论侵权人有无过错,侵权人应当承担侵权责任。本案中,侵权行为人董瑞山等非法捕捞者单独或共同实施了在长江干流水域使用禁用渔具非法捕捞长江鳗鱼苗的生态破坏行为;非法捕捞濒危物种鳗鱼苗造成长江生态资源损失和生物多样性破坏;非法捕捞长江鳗鱼苗的生态破坏行为与长江生态资源损失和生物多样性破坏之间具有因果关系,侵权行为人董瑞山等人应承担生态破坏责任。

《民法典》以及《最高人民法院关于审理环境侵权责任纠纷案件适用法律若干

问题的解释》等,对共同侵权行为责任进行了明确规定。法律规定,二人以上共同实施侵权行为,造成他人损害的,应当承担连带责任。共同侵权与普通单独侵权相比,复杂性在于侵权主体的多数性,责任承担的连带性。① 共同侵权行为有主观说和客观说两种主流学说,共同侵权行为的“共同”之评定标准主要有两种:一种是主观标准,即共同过错;另一种是客观标准,即因果关系②。近年来,随着生态环境侵权理论研究的持续深入,司法实践中对数人之间对外侵权责任究竟应当如何承担的问题存在一定分歧。本案中能否认定收购者与非法捕捞者存在“共同实施”侵权行为,以及收购者究竟应当基于何种法律关系承担责任,各方当事人存在较大争议。非法捕捞者认为,捕捞鳗鱼苗就是为了销售,没有收购就不会有捕捞,收购者应当对捕捞行为后果承担连带责任,这一点与公益诉讼起诉人的观点较为一致。而收购者的观点则集中于,收购者与捕捞者事先没有意思联络,也不存在共同的故意和过失,捕捞行为在前,已经造成长江生态资源损害;收购行为在后,收购时损害已经发生,收购行为不会造成生态资源损害,刑事案件中也未认定收购者和捕捞者构成共同犯罪,收购者并未收购其他渔获物,对非法捕捞造成的生态资源损失不应承担赔偿责任。

“共同侵权”的认定应同时考量主观的共同侵权和客观的共同侵权,除了主观上有共同过错的共同侵权之外,如果数个行为造成同一个结果,原因行为和损害结果不可分的,同样可以认定为共同侵权行为,承担连带责任③。客观的共同侵权行为是指数个加害人的行为与损害结果之间具有共同的因果关系,并且损害结果为不可分的共同侵权行为。具体而言,客观共同侵权行为的成立条件为:主体的多数性,加害人应为二人以上;损害结果的共同性,数个行为造成了同一个不可分割的损害结果;因果关系的共同性,每一个行为对于损害结果的发生或扩大都是不可缺少的原因,正是由于这些行为的结合,才最终导致了同一个损害结果,即各侵权人行为的结合给受害人造成同一损害,如果缺少了其中的任何一个行为,都无法造成这样的损害结果④。综合分析各方观点,本案审理中遵循以下逻辑进路:

1.行为人主观上存在共同意思促使固定买卖关系和完整利益链条形成。(1)收购者和捕捞者在通过鳗鱼苗获益方面存在目的一致性。鳗鱼苗系具有重要

---

① 参见衡亮:《共同侵权行为的“共同性”研究——兼论〈侵权责任法〉第8条的理解》,华东政法大学2013年硕士学位论文,第1页。

② 参见吴祖祥:《论共同侵权行为之“共同”——兼论〈侵权责任法〉第8条之规定》,载《东岳论丛》2013年第2期。

③ 参见杨立新:《侵权责任法》,法律出版社2010年版,第93页。

④ 参见衡亮:《共同侵权行为的“共同性”研究——兼论〈侵权责任法〉第8条的理解》,华东政法大学2013年硕士学位论文,第24~25页。

经济价值的水生动物鳗鲡的幼仔,体型细小却价格高昂,既无法进行人工繁育,也无法直接食用。养殖户收购鳗鱼苗养殖后,将成熟体进行贩卖获取经济利益。换言之,只有收购才能使非法捕捞鳗鱼苗实现经济价值。本案中,王小朋等13人为谋取非法利益,成立收购、贩卖鳗鱼苗团队从事收购活动,统一收购价格、统一对外出售,收购行为具有日常性、经常性,在鳗鱼苗收购行为中表现出高度组织化。收购行为多数发生在王小朋团队与其他收购者、王小朋团队与捕捞者之间。捕捞者通过非法捕捞的方式获取鳗鱼苗后,通过向收购者出售获取经济利益。组织化的收购者作为中间环节,在大面积、多次收购鳗鱼苗后,通过加价出售的方式获取差值利润。秦利兵作为最终收购者,在明知案涉鳗鱼苗系自长江捕捞的情况下,依然从王小朋团队处进行收购,通过将鳗鱼苗进行养殖并出售的方式获利。因此,销售是非法捕捞的唯一目的,巨大的市场需求系引发非法捕捞和高度组织化收购、固定买卖关系发生的主要原因。(2)收购者和捕捞者在主观上对于捕捞鳗鱼苗将造成生态资源损害后果有着共同的认知和判断。本案捕捞者系使用网目极小的张网方式捕捞鳗鱼苗,对于该种捕捞方式造成的生态损害后果具有明确清晰的认知。收购者与捕捞者形成固定买卖关系,在长江流域长期、大量收购鳗鱼苗,必然知晓捕捞体态细小的鳗鱼苗系使用有别于捕捞其他鱼类的方式,会造成长江生态资源的损害,也完全可以预见其规模化、广泛化、固定化的收购行为会促使捕捞者非法捕捞。固定的买卖关系链条中,上一级收购者在明知鳗鱼苗源于长江非法捕捞的情况下依然向前一手收购,也可充分预知其行为将会促使长江地区非法捕捞鳗鱼苗行为的持续发生。由于共同利益的驱动,促使组织化、固定化的非法买卖关系形成,致使非法捕捞行为多频率出现,造成长江生态资源损害。

2. 收购、捕捞行为共同协作、互相结合,造成生态资源损害后果的发生。本案收购和捕捞体现高度协同性,各主体之间形成了固定的买卖关系、完整的利益链条。这一链条中,各主体相互意识到相邻环节的存在,体现出相互依存、彼此支持的行为分担情形,共同实施为达到通过鳗鱼苗交易获取非法利益的一致目的进而协作完成交易行为。收购者作为固定买卖关系中利益链条上端,体现出"发动机""驱动轮"作用,收购行为和捕捞行为互为因果、紧密联系、共同发力,导致长江生态资源破坏。鉴于各侵权行为协作造成损害后果发生,共同行为及损害后果的发生也在共同意识范围之内,固定的买卖关系与长江生态资源损害后果之间具有法律上的因果关系,故收购者和捕捞者均系共同侵权中不可或缺的一部分,应当对生态资源损害后果承担连带赔偿责任。修复受损的生态资源,不仅要靠科学的修复方式,更重要的是有效预防,只有让非法利益链条主体承担连带责任,付出应有的经济代价,才能彻底杜绝生态破坏行为。据此本案认定,本案中销售是非法捕捞的唯一目的，收购是诱发非法捕捞的必然条件，收购者与非法捕捞者形成了固定的买卖关系，共同实施侵权行为，导致长江生态资源损失和生物多样性破坏，符合共同侵权的构成要件，应当对长江生态资源损失后果承担连带赔偿责任，本案对非法捕捞造成生态破坏情形下共同侵权责任的认定具有指导意义。

由于涉案主体众多，且交易行为系在各自相对明确的主体之间完成，故我们最终认定捕捞者和收购者、王小朋等13人之间、其他收购者与王小朋等13人之间、王小朋等13人与秦利兵之间在各自所涉及的非法捕捞鳗鱼苗数量范围内对生态资源损害结果承担连带赔偿责任，并在判决主文部分采用“总额范围内”进行了精确表述。

(二)关于生态资源损失认定问题

在我国有关部门已经出台了生态环境损害鉴定评估技术指南等国家标准的情况下，通常应根据相关国家标准对生态环境损害进行鉴定评估。但在生态资源损失无法准确统计的情况下，生态资源损害数额如何认定、能否参照鳗鱼苗资源损失的一定系数进行计算，是本案另一审理难点。对于鳗鱼资源损失，各方当事人虽然在鳗鱼苗数量和价格方面存有一定争议，但对鳗鱼资源本身损失应予赔偿并无异议，争议较大的部分是用特殊的非法网具捕捞鳗鱼苗所导致的“其他生态资源损失”如何认定的问题。公益诉讼起诉人主张，本案侵权行为情节严重，体现在捕捞方式、捕捞时间、捕捞频率、捕捞地点、长江生态环境的脆弱性以及修复的艰巨性等多个方面。被告方则集中认为，并无充分证据证明本案存在其他生态资源损害。还有被告主张，捕捞的强度和方式均与收购行为无关，收购者不应当对捕捞行为造成的其他生态损失承担赔偿责任。

对此我们认为，根据《最高人民法院关于审理环境民事公益诉讼案件适用法律若干问题的解释》第二十三条的规定，生态环境修复费用难以确定或者确定具体数额所需鉴定费用明显过高的，人民法院可以结合污染环境、破坏生态的范围和程度，生态环境的稀缺性，生态环境恢复的难易程度，防治污染设备的运行成本，被告因侵害行为所获得的利益以及过错程度等因素，并可以参考负有环境保护监督管理职责的部门的意见、专家意见等，予以合理确定。审理过程中，本案充分考虑了鳗鱼苗捕捞数量、捕捞工具、捕捞地点、捕捞时点等多重因素，参照该条款对生态资源损害数额进行酌定，为类案适用提供指导。

1.科学认定非法捕捞造成的生态资源损失范围。本案审理中，中国水产科学研究院淡水渔业研究中心专家提供意见认为，捕捞鳗鱼苗张网一般设置于鱼虾类繁育场所或鱼类洄游通道内，其选择性差、网目尺寸小，作业范围广时间长，是一种竭泽而渔的高强度捕捞网具，对生产、资源、环境均有较大危害。使用禁用网具大量捕捞鳗鱼苗,必然破坏鳗鲡族群稳定,导致生物多样性减少。且张网作业多集中在鱼类繁育区,捕捞鳗鱼苗的行为易误捕其他保护物种,渔获物绝大部分属于鱼类幼苗,对整个鱼类群落稳定产生威胁,从而造成其他渔业资源损害。高度的捕捞强度会导致水生生物减少,水域食物链遭到破坏,威胁长江水域生态系统的稳定性和生物多样性。经多方征求、对比渔业领域其他专家意见后,本案最终对这一科学意见予以采纳,认定鉴于本案非法捕捞造成鳗鱼资源损失,使用禁用网具非法捕捞也必然造成相应区域其他水生生物资源损失,严重损害生物多样性,故共同侵权人应当承担包括鳗鱼和其他水生生物在内的生态资源损失赔偿责任,对损失范围进行了科学、系统厘定。

2. 对其他生态资源损失部分依法进行酌定。对于鳗鱼资源损失,法院依法作出了认定和裁判。对非法捕捞造成的"其他生态资源损失"如何认定,以及生态环境修复费用如何承担的问题,鉴于缺少相关直接证据,也无法通过鉴定进行认定,人民法院结合公益诉讼起诉人的诉讼请求,依据《最高人民法院关于审理环境民事公益诉讼案件适用法律若干问题的解释》第二十三条,参考《江苏省渔业管理条例》第四十条(原第三十八条)关于"违反本条例规定,造成国家渔业资源损失的,渔业资源损失的赔偿,按照渔业生物致死量的零点五到三倍计算"的规定,依法进行了酌定。对于倍数的选择,在案件审理中酌情考虑了以下因素:

(1)鳗鱼资源的稀缺性。江苏省重点保护水生野生动物名录规定,日本鳗鲡属于江苏省重点保护水生野生动物。《江苏省渔业管理条例》规定,禁止捕捞长江和内陆水域的鳗鱼苗。鳗鱼苗于2014年被世界自然保护联盟列为濒危物种,属于江苏省重点保护鱼类,至今无法人工繁殖,其群落必须依靠自身繁殖,实现自然增长。目前长江中鳗鱼苗的数量与前些年相比也呈现急剧下降趋势,对这一具有洄游性特殊种群的保护,我们认为司法应当从维护长江生物多样性的角度,对此予以充分关注。

(2)捕捞行为的破坏性。鳗鱼苗体态细小,非法捕捞者所使用的张网网目尺寸小于《农业部关于长江干流实施捕捞准用渔具和过渡渔具最小网目尺寸制度的通告(试行)》规定的3毫米,属于禁用网具。该类网具由于网目较小,根据专家意见,相应捕捞方法必然会对无法人工繁殖的鳗鱼族群稳定造成损害;而且在捕捞过程中,必将造成其他鱼类的误捕。结合本案中捕捞者在公安机关的供述可知,部分捕捞者非法捕捞多达三四十次,部分捕捞者同时使用近二十张网进行捕捞。且案涉鳗鱼苗达到116 999条,系多次捕捞后累计收购形成,数量十分巨大。鉴于捕捞次数多、捕捞网具多、捕捞区域大,必然对长江生态资源产生较大危害,故捕捞行为的破坏性应当纳入考量因素。

(3)捕捞时间的敏感性和地点的特殊性。案涉非法捕捞、收购行为时间大部分发生于冬末春初阶段,部分还处于长江禁渔期,这一期间系包括鳗鱼在内的长江生物资源繁衍生殖的重要时段。部分非法捕捞行为发生地点位于长江干流水域,系鳗鱼洄游通道,在洄游通道中对鳗鱼幼苗进行捕捞,不仅妨碍鳗鱼种群繁衍,同时也误捕繁殖期的其他渔获物,导致长江生物减少并造成鱼类饵料不足等结果,破坏长江水域食物链相邻环节,进而造成长江生物多样性损害,亦会对相关区域的生态服务功能和生态安全产生影响。故非法捕捞时间的敏感性和地点的特殊性应当作为因素之一进行考虑。

(4)其他因素的综合衡量。由于无法人工繁殖,鳗鱼资源相较于其他渔业资源价值较高,在其他渔业资源的损失无法精确具体数量且与鳗鱼资源损失无法直接比较的情况下,我们在衡量各行为人主观明知、收购规模化、交易长期性、行为获利以及如前所述因素的基础上,综合专家意见,对于包括鳗鱼资源损失在内的渔业资源损失赔偿按照鳗鱼资源损失总量的较高值2.5倍进行计算,形成生态资源损失赔偿的最终认定数额。裁判还明确,在确定生态损害赔偿责任款项时,可以考虑被告在已生效的刑事案件中退缴违法所得的情况。在被告确无履行能力的情况下,可以考虑采用劳务代偿的方式,如参加保护长江生态环境等公益性质的活动或者配合参与长江沿岸河道管理、加固、垃圾清理等方面的工作,折抵一定赔偿数额,为生态资源的保护与侵权人生存发展权利之间寻找了一定的价值衡量平衡点。

四、参照适用时应注意的问题

第1项裁判要点适用中需要注意的是,本案确立的对生态破坏后果"全链条"追究连带责任具有一定的适用条件。我们认为,鳗鱼苗特征明显,无法直接食用,捕捞方式较为特殊,收购是非法捕捞实现获利的唯一途径,本案高度组织化的收购行为使收购活动日常化、经常化,捕捞者和收购者在利益链条中缺一不可,各自行为均为整体侵权行为的一部分,这是本案中侵权行为人共同损害生态资源、具有可追责性的构成基础。因此,"明知所收购的鱼苗系非法捕捞所得""固定买卖关系""完整利益链条"是准确适用该项裁判规则的必备要素,也即适用该项规则追究生态破坏共同侵权责任须符合"共同性"要求。换言之,并非只要存在交易行为,就意味着一定要追究购买者对生态资源损害破坏后果的赔偿责任。适用时,需要依据共同侵权责任中"共同性"构成要件,对购买者是否应当对生态损害后果承担连带赔偿责任进行严格审查认定,防止司法实践中突破适用条件导致连带责任追究扩大化。

（执笔人：江苏省高级人民法院环资庭　刘尚雷
最高人民法院环资庭　朱　婧
编审人：最高人民法院研究室　马　剑）

指导案例 175 号　江苏省泰州市人民检察院诉王小朋等 59 人生态破坏民事公益诉讼案

最高人民法院案例指导工作办公室编审人：马剑

1. 案例推荐单位：最高人民法院环资庭、江苏省高级人民法院
2. 案例编写人：江苏省高级人民法院　刘尚雷，最高人民法院环资庭　朱婧
3. 案件裁判法院：江苏省南京市中级人民法院（一审）、江苏省高级人民法院（二审）
4. 案件承办人：刘尚雷（一审）、臧静（二审）

相关法条

1.《中华人民共和国环境保护法》（2015 年 1 月 1 日实施）

第六十四条　因污染环境和破坏生态造成损害的，应当依照《中华人民共和国侵权责任法》* 的有关规定承担侵权责任。

2.《中华人民共和国侵权责任法》（已失效）

第六条　行为人因过错侵害他人民事权益，应当承担侵权责任。

根据法律规定推定行为人有过错，行为人不能证明自己没有过错的，应当承担侵权责任。

第八条　二人以上共同实施侵权行为，造成他人损害的，应当承担连带责任。

3.《中华人民共和国民法典》（2021 年 1 月 1 日实施）

第一千一百六十五条　行为人因过错侵害他人民事权益造成损害的，应当承担侵权责任。

依照法律规定推定行为人有过错，其不能证明自己没有过错的，应当承担侵权责任。

第一千一百六十八条　二人以上共同实施侵权行为，造成他人损害的，应当承担连带责任。

4.《最高人民法院关于审理环境民事公益诉讼案件适用法律若干问题的解释》（2015 年 1 月 7 日实施）（已被修正）

第十八条　对污染环境、破坏生态，已经损害社会公共利益或者具有损害社会公共利益重大风险的行为，原告可以请求被告承担停止侵害、排除妨碍、消除危险、恢复原状、赔偿损失、赔礼道歉等民事责任。

第二十三条　生态环境修复费用难以确定或者确定具体数额所需鉴定费用明显过高的，人民法院可以结合污染环境、破坏生态的范围和程度、生态环境的稀缺性、生态环境恢复

---

* 现已失效。——编者注

的难易程度、防治污染设备的运行成本、被告因侵害行为所获得的利益以及过错程度等因素,并可以参考负有环境保护监督管理职责的部门的意见、专家意见等,予以合理确定。

5.《最高人民法院关于审理环境民事公益诉讼案件适用法律若干问题的解释》(2021年1月1日实施)

第十八条 对污染环境、破坏生态,已经损害社会公共利益或者具有损害社会公共利益重大风险的行为,原告可以请求被告承担停止侵害、排除妨碍、消除危险、修复生态环境、赔偿损失、赔礼道歉等民事责任。

第二十三条 生态环境修复费用难以确定或者确定具体数额所需鉴定费用明显过高的,人民法院可以结合污染环境、破坏生态的范围和程度,生态环境的稀缺性,生态环境恢复的难易程度,防治污染设备的运行成本,被告因侵害行为所获得的利益以及过错程度等因素,并可以参考负有环境资源保护监督管理职责的部门的意见、专家意见等,予以合理确定。

指导案例176号《湖南省益阳市人民检察院诉夏顺安等15人生态破坏民事公益诉讼案》的理解与参照

——非法采砂生态损害赔偿责任的认定应当坚持全面赔偿原则

2021年12月1日,最高人民法院发布了第31批生物多样性保护专题指导性案例,包括第172号至第178号共7件指导性案例。这批指导性案例由最高人民法院研究室和环资庭共同组织选编、审查,并于12月3日举行了新闻发布会予以发布。其中,第176号指导性案例为《湖南省益阳市人民检察院诉夏顺安等15人生态破坏民事公益诉讼案》。为了正确理解和准确参照适用该指导性案例,现对该指导性案例的选编过程、裁判要点、参照适用等有关情况予以解释、论证和说明。

一、案例选编过程

本案经湖南省益阳市中级人民法院一审、湖南省高级人民法院二审维持生效,入选"2020年度全国法院环境资源十大典型案例"。最高人民法院环资庭经专业法官会议讨论,向最高人民法院案例指导工作办公室推选此案作为备选生物多样性专题指导性案例。2021年10月9日,经研究室第三次案例专业会议讨论,与会专家学者、生态环境部、自然资源部、国家林草局等代表一致同意推荐该案例。2021年11月1日,该案例经最高人民法院民专会第379次会议讨论,同意作为指导性案例。同年12月1日,最高人民法院以法〔2021〕286号文件将该案例编入第31批指导性案例予以发布。

二、关于本案例的基本情况

2016年6月至11月,夏顺安等15名被告为牟取非法利益,分别驾驶九江采158号、湘沅江采1168号、江苏籍999号等采砂船至洞庭湖下塞湖区域的非规划区非法采砂。夏顺安等人的非法采砂行为构成非法采矿罪,被相关刑事生效判决予以认定。2019年7月,湖南省益阳市人民检察院以夏顺安等15人实施非法采砂行为,造成洞庭湖生态环境受损,损害社会公共利益为由,提起生态破坏民事公益诉讼,请求判令夏顺安等被告对所造成的生态环境损害承担873.579万元至3.8万元不等的连带赔偿修复费用,并赔礼道歉。经湖南省环境保护科学研究院生态环境损害司法鉴定中心鉴定,夏顺安等人非法采砂行为对非法采砂区域的生态环境造成的影响分为水环境质量受损、河床结构受损、水源涵养受损和水生生物资源受损,所造成生态环境影响的空间范围共计约9.9万平方米,其中造成的水生生物资源损失为2.653万元,修复水生生物资源受损和河床结构与水源涵养受损所需的费用分别为7.969万元和865.61万元,合计873.579万元。

湖南省益阳市中级人民法院于2020年6月8日作出(2019)湘09民初94号民事判决,判决被告夏顺安对非法采砂造成的采砂水域河床原始结构、水源涵养量修复费用865.61万元、水生生物资源修复费用7.969万元,共计873.579万元生态环境修复费用承担赔偿责任;判决其他14名被告依据其具体侵权行为分别在869.6万元至3.8万元不等范围内承担连带责任;判决夏顺安等15人在国家级媒体公开赔礼道歉。王德贵提出上诉,湖南省高级人民法院于2020年12月29日作出(2020)湘民终1862号民事判决:驳回上诉,维持原判。

目前,我国对于生态环境损害赔偿标准和范围的确定尚未形成统一明确的共识。《最高人民法院关于审理环境民事公益诉讼案件适用法律若干问题的解释》规定(以下简称《环境民事公益诉讼司法解释》),人民法院可以判决承担生态环境修复费用和生态环境受到损害至修复完成期间服务功能丧失导致的损失。《民法典》第一千二百三十五条明确规定了生态环境损害应赔偿的五个方面损失。但是,我国现行立法对生态环境损害赔偿标准和范围的确定没有具体的直接规定,缺失评估与赔偿的具体内容。一些新近的司法解释也只是概括性地对生态环境损害进行了原则性规定,导致司法实践中偏重于对直接生物物种损失或砂坑回填所需修复费用的赔偿,而相对忽视了对其他生态环境的损害救济,最终导致生态环境损害赔偿案件呈现出裁判标准不统一的问题。对于生态环境损害赔偿标准和范围的确定,有必要通过典型案件的办理统一裁判尺度,指导审判实践。

本案是贯彻损害担责、全面赔偿原则,有机衔接同一违法行为的刑事制裁和民事赔偿,正确适用人民检察院提起生态破坏民事公益诉讼制度的典型案例。本案非法采砂区域为靠近下塞湖的河道区域,非法采砂行为严重威胁洞庭湖河床的稳定性及防洪安全,破坏长江水生生物资源繁衍生存环境和洞庭湖生态环境。经与鉴定专家反复沟通,要求从严落实“应赔尽赔”的全部赔偿原则,确立了非法采砂生态破坏行为应承担的生态损害赔偿责任和水环境质量受损、河床结构受损、水源涵养受损和水生生物资源受损四个方面的赔偿范围,为非法采砂行为造成的生态环境修复提供了有效路径,形成的裁判规则对类案的办理具有一定指导性和参考性。

本案被告夏顺安等黑恶势力在洞庭湖下塞湖一带将三万亩湖泊变为私家湖泊,大肆非法采砂和非法捕捞,非常具有典型性。另案追究该团伙非法采砂违法犯罪行为,该案受到了全国扫黑办、最高检、公安部挂牌督办,新华社、人民日报、法制日报(现法治日报)等三十多家媒体进行了深入报道。充分彰显了人民法院坚持惩治和修复并重,统筹适用刑事、民事法律责任的现代环境司法理念,对守护好一江碧水具有重要指引作用,取得了良好法律效果与社会效果。

三、裁判要点的理解与说明

该指导案例的裁判要点确认:人民法院审理环境民事公益诉讼案件,应当贯彻损害担责、全面赔偿原则,对于破坏生态违法犯罪行为不仅要依法追究刑事责任,还要依法追究生态环境损害民事责任。在认定非法采砂行为所导致的生态环境损害范围和损失时,应当根据水环境质量、河床结构、水源涵养、水生生物资源等方面的受损情况进行全面评估、合理认定。现围绕与该裁判要点相关的问题解释和说明如下:

(一)关于生态环境损害赔偿范围的确定

近年来,矿产资源开发不断向深度和广度拓展,各种人为非法采矿活动和突发事件导致的生态损害现象不断增加,生物栖息地锐减,生物多样性下降,生态服务功能遭受严重损害。习近平总书记对生态文明建设作出重要指示,多次强调树立人与自然和谐共生,绿水青山就是金山银山的绿色发展理念。《中共中央、国务院关于加快推进生态文明建设的意见》要求“把生态文明建设放在突出的战略位置。”2015 年 9 月,中共中央、国务院印发了《生态文明体制改革总体方案》;同年 12 月,中共中央办公厅、国务院颁布《生态环境损害赔偿制度改革试点方案》*,这是我国首次在国家层面对生态环境损害赔偿制度进行系统建构。随着生态环境损害赔偿制度和环境公益诉讼制度的相继建立,我国各地因生态环境损害引起的侵权赔偿纠纷不断增多,生态环境损害范围的确定成为现行环境民事公益诉讼中的重大疑难问题。

关于生态环境损害赔偿范围的确定。从比较法角度看,各国均大都作出了相

---

* 现已失效。——编者注

关规定。如《俄罗斯苏维埃联邦社会主义共和国自然环境保护法》第八十七条规定,生态环境损害赔偿的损失不仅包括自然资源所具有的经济价值,也包括生态环境修复费用,还包括罚款。[①] 即俄罗斯的损害赔偿带有一定的惩罚性质,在损害不可逆的情况下,给予致害人一定的经济性惩罚。而在美国,对生态环境损害赔偿的范围虽然没有统一的规定,但是散见在相关法案中,如1972年《清洁水法》规定的损害赔偿范围包括政府清理油污费用,1977年修订案中进一步将修复费用纳入赔偿范围;1990年《油污法》认为赔偿范围"包括清除污染产生的费用,修复或替代修复费用,修复期间自然资源的损失,评估费用"。[②] 可见,美国立法在发展历程中逐步扩大生态环境损害赔偿的范围,对生态环境修复费用的支出也越来越重视。德国亦非常重视生态环境的保护,其颁布的《环境责任法》同时对财产损害和生态环境损害予以适用,甚至采取"环境损害小赔偿大的方式"加大对生态环境的保护。[③] 从上述域外经验来看,各国普遍对生态环境的保护予以高度重视,并将自然资源直接损失之外的生态环境其他损害的修复费用纳入生态环境损害赔偿范围。相较而言,我国生态环境损害赔偿制度发展较晚,域外立法例中的保护理念和实践经验对完善我国生态环境损害赔偿制度有较大借鉴意义。

从我国相关规定来看,2015年施行的《环境民事公益诉讼司法解释》规定,人民法院可以判决承担生态环境修复费用和生态环境受到损害至修复完成期间服务功能丧失导致的损失。2020年5月28日十三届全国人大三次会议审议并通过的《民法典》第一千二百二十九条规定,"因污染环境、破坏生态造成他人损害的,侵权人应当承担侵权责任"。进一步为破坏生态行为所造成的生态损害提供侵权救济的制度依据。同时,《民法典》第一千二百三十五条明确规定了造成生态环境损害应赔偿的五方面损失:(1)生态环境受到损害至修复完成期间服务功能丧失导致的损失;(2)生态环境功能永久性损害造成的损失;(3)生态环境损害调查、鉴定评估等费用;(4)清除污染、修复生态环境费用;(5)防止损害的发生和扩大所支出的合理费用。但是,我国现行立法对生态环境损害赔偿标准和范围的确定问题没有具体的直接规定,缺失评估与赔偿的具体内容。一些新近的司法解释也只是概括性地对生态环境损害进行了原则性规定,导致目前对于生态环境损害赔偿标准和范围的确定尚未达成统一明确的共识。

具体在司法实践中,生态环境损害赔偿的范围则呈现出多样性与差异性。如

---

① 参见王树义:《俄罗斯生态法》,武汉大学出版社2001年版,第432页。

② 参见陈学敏:《论生态环境损害赔偿范围的确定》,载《中国应用法学》2021年第4期。

③ 参见程锡海:《生态环境损害赔偿范围研究》,海南大学2018年硕士学位论文,第18页。

在河北省邢台市非法采砂危害高铁大桥运输安全公益诉讼系列案中,[①]被告在重要行洪河道且位于高速铁路大桥、高速公路大桥附近非法采砂 57 171.48 立方米,严重影响行洪和堤防安全。人民法院最终判决被告武某某使被盗采砂坑恢复原状,如无法恢复则承担砂坑修复费用 1 286 843.11 元;被告曹某某使被盗采砂坑恢复原状,如无法恢复则承担砂坑修复费用 148 981.89 元。又如,在一起附带民事公益诉讼非法采矿一案中,[②]被告人在长江水域禁采区非法采砂 3400.62 吨、被扣涉案江砂款 106 000 元,对长江矿产资源、生物资源、水质、护岸林安全等产生了不利影响。人民法院最终依据鉴定书估算出的环境和资源损失,判令被告人承担生态修复补偿金 133 728.3 元。从上述两则案例可知,涉非法采砂的公益诉讼案件中,有的法院只判赔了砂坑回填所需的修复费用,而对于其他生态环境的损害没有纳入考量范围;有的法院依据鉴定书估算的环境和资源的损失笼统地判赔生态修复费用,但是对于具体的生态环境损害赔偿范围则不明确。

本指导案例中,侵权人的非法采砂行为不仅造成国家资源损失,还对生态环境造成损害,致使国家利益和社会公共利益遭受损失。矿产资源具有双重属性,包括经济属性和生态属性。案件审理中,不能仅重视矿产资源的经济价值保护,而忽视矿产资源生态价值救济等问题。在处理环境污染和生态破坏问题上,我国传统做法是由国家出资治理污染、修复生态环境,这实质上形成了由社会公众承担环境污染、生态破坏行为危害后果的不公平现象。[③] 对此,我国现行相关法律规定明确要求由损害者一并承担治理污染和修复生态环境的责任。如《环境保护法》第五条规定,"环境保护坚持保护优先、预防为主、综合治理、公众参与、损害担责的原则",明确了生态环境损害赔偿应坚持损害担责原则。《环境损害鉴定评估推荐方法(第Ⅱ版)》把生态环境损害界定为"由于污染环境或破坏生态行为直接或间接地导致生态环境的物理、化学或生物特性的可观察的或可测量的不利改变,以及提供生态系统服务能力的破坏或损伤"。由生态破坏行为所导致的生态损害,主要包括因滥伐滥垦、乱捕滥杀对植物物种损害或动物损害,及其他生态破坏行为致使河流、湖泊、湿地等生态系统的损害。本案非法采砂的生态破坏行为,直接导致了洞庭湖生态系统的损害,具体包括丰富的鱼类、虾蟹类和螺蚌等软体动物生物资源的损失,及河床、水源涵养等生态环境的损害。而洞庭湖作为我国第二大淡水湖泊,是长江流域重要的调蓄湖泊,不仅发挥着农业生活供水、水产养殖及航运等基本功能,还是湿地的重要组成部分,对维护生态平衡、蓄水泄洪、调节长江径流等方面发挥着重

---

① 邢台经济开发区人民法院刑事判决书,(2020)冀 0591 刑初 12 号。

② 安庆市大观人民法院刑事判决书,(2020)皖 0803 刑初 175 号。

③ 参见汪劲:《环境法学》(第 2 版),北京大学出版社 2011 年版,第 103 页。

要作用。夏顺安等15人私自开采国家矿产资源,其非法采砂行为属于典型的生态破坏行为,导致了洞庭湖物种、湿地系统等生物多样性遭受严重损害。通过贯彻落实损害担责原则,判令侵权人承担生物资源、河床、水源涵养等生态环境损害的修复费用,以有效保护社会公共利益。

在生态环境损害赔偿范围方面,鉴于相关立法和司法解释未进一步明确生态环境损害赔偿的客观标准,本案一、二审裁判认为,为确保本案生态环境损害额认定的科学性、全面性和合理性,应委托具备资格的机构进行司法鉴定。在鉴定内容方面,人民法院经与鉴定专家反复沟通,指导专家从严落实"应赔尽赔"的全部赔偿原则,明确对非法采砂行为所导致的采砂区域河床、水源涵养、生物栖息地、鱼虾生物资源、水环境质量等受损环境要素进行全方位鉴定,而不仅仅局限于所导致的生物资源损失。"应赔尽赔"是《生态环境损害赔偿制度改革方案》确立的全面赔偿原则的另一种表述,符合民法的填平原则。虽然生态环境民事公益诉讼与生态环境损害赔偿诉讼在提起诉讼主体等方面有所不同,但两者诉讼标的是相同的。[①] 在生态环境公益诉讼中探索适用全面赔偿原则,有法理和实践依据。针对全面赔偿原则的理解与适用,有学者认为,全面赔偿原则的适用基础是要认定能否达到"恢复原状"的最低标准,即"损害将要由损害赔偿金来进行补偿的情况下,在计算损害赔偿金数额时,其赔偿金额应尽可能使受损害的对象能够恢复到原来的状态,亦即在它没有遭受不法侵害时的状态"。[②] 当然,"恢复原状"系《侵权责任法》* 规定的十种责任承担方式之一。但是,我国《民法典》相关条文及《环境民事公益诉讼司法解释》已将"恢复原状"的表述修改为"修复生态环境",后者主要是基于环境侵权这一特殊侵权行为,考虑生态环境损害的不可逆性,采用修复生态环境的表述更为适合。本案充分体现了"应赔尽赔"的全面赔偿要求,要求达到"修复生态环境"的最低标准,即不仅要对生态破坏行为所导致的动植物等有形生物资源损害进行赔偿,还应对所造成的生态系统损害等无形非财产上的损害进行赔偿,以尽可能使生态环境修复到未遭受不法侵害时的状态,具有一定的指导性。

(二)关于生态环境损害数额量化的合理认定

针对生态环境损害数额量化的合理认定问题,司法实践中,法官一般通过一定的司法裁判技术来确认和量化生态环境损害案件中的损害。据统计分析,实践中主要存在以下不同的处理方法:

---

① 参见邓少旭:《生态环境损害赔偿诉讼:定义与定位矫正》,载《中国环境管理》2020年第3期。

② [英]马克·韦尔德:《环境损害的民事责任——欧洲和美国法律和政策比较》,张一心、吴婧译,商务印书馆2017年版,第126页。

* 现已失效。——编者注

1. 依据对生态环境损害的鉴定意见或评估报告来认定。针对环境污染或生态破坏中的专门性问题,可委托具有相关资格的司法鉴定机构或由国务院环境保护主管部门推荐的机构出具评估报告,人民法院的职责是对鉴定意见或评估报告进行全面、客观的审查,确保鉴定意见或评估报告的可靠性、准确性。目前,《环境损害鉴定评估推荐方法(第Ⅱ版)》第六部分对环境损害包含的人身、财产、生态环境、应急处置费用及其他事务性费用等确认的评估方法予以明确。如司法实践中,在政府作为原告提起的一例水污染责任纠纷案中,①人民法院依据鉴定报告认定被告违法排放废水造成的生态环境污染损害量化数额,判令被告赔偿生态环境修复费用 14 416 776 元。

2. 依据生态环境损害的量化评估方法来认定。人民法院可以依据专家意见、评估报告、技术标准、规范性文件等综合性方法来自由裁量确定生态环境损害标准。如最高人民法院一例再审民事案件中,再审申请人认为《环境民事公益诉讼司法解释》未就服务功能损失数额的判定赋予法院自由裁量权,一审法院将环境修复费用的赔偿标准适用于服务功能损失的赔偿计算,无法律依据。最高人民法院则认为,"关于服务功能损失费的赔偿标准,一审法院经咨询有关专家,参照《第八次全国森林资源清查河南省森林资源清查成果》及《河南林业生态省建设及提升工程建设绩效评估报告》的相关内容,以河南省 2016 年平均每亩林地森林生态价值为 3644.15 元的标准,酌定涉案的 198.5 亩枣林地服务功能损失为五年的森林生态价值,即 3 616 818.9 元,亦无不妥"。② 此种方法根据一定的量化评估标准,结合案件实际,由法官裁量确定生态损害赔偿数额,体现了法官自由心证原则的适用,也是现行司法实践中较为常见的处理路径之一。

3. 依据裁量因子对生态环境损害来酌情认定。《民法典》第一千一百八十二条规定,"侵害他人人身权益造成财产损失的,按照被侵权人因此受到的损失或者侵权人因此获得的利益赔偿;被侵权人因此受到的损失以及侵权人因此获得的利益难以确定,被侵权人和侵权人就赔偿数额协商不一致,向人民法院提起诉讼的,由人民法院根据实际情况确定赔偿数额"。同时,《环境民事公益诉讼司法解释》第二十三条规定,"生态环境修复费用难以确定或者确定具体数额所需鉴定费用明显过高的,人民法院可以结合污染环境、破坏生态的范围和程度,生态环境的稀缺性,生态环境恢复的难易程度,防治污染设备的运行成本,被告因侵害行为所获得的利益以及过错程度等因素,并可以参考负有环境保护监督管理职责的部门的意见、专家

---

① 重庆市第一中级人民法院民事判决书,(2017)渝 01 民初 773 号。
② 重庆市第一中级人民法院民事判决书,(2017)渝 01 民初 773 号。

意见等,予以合理确定”,即法官可以依据各种考量因素来酌情确定生态环境修复费用。

本指导案例采用了第一种处理意见。生态破坏行为所导致生态环境损害数额的认定,可以通过对生态环境损害的鉴定意见或评估报告来参考确定。生态环境损害数额量化的认定,需要运用自然科学或社会科学中某些学科的专业理论和知识,这些理论和知识有可能超出了普通法官的知识范围。即鉴于鉴定意见、评估报告的专业性、科学性、全面性,人民法院在确定生态环境损害范围时应优先排序适用鉴定意见或评估报告。当然,鉴定意见和评估报告作为科学证据范畴,人民法院必须对其真实性、合法性、关联性进行司法审查并质证后,才能作为定案证据。

关于生态环境损害的鉴定内容方面。由于本案非法采砂生态破坏行为发生在南洞庭省级自然保护区实验区及横岭湖省级自然保护区实验区范围内,对湖区和河道地形地貌、岸带稳定性、水文情势、水质、岸带生境和水生生物等均产生了不利影响。经与鉴定专家反复沟通,依据确立的生态环境损害全面赔偿原则,明确了水环境质量受损、河床结构受损、水源涵养受损和水生生物资源受损等四个方面的鉴定内容,并根据抽取砂土总量、膨胀系数、水中松散沙土的密度、含水比例及洞庭湖平均鱼类资源产量等指标来量化各类损失程度。

四、参照适用时应注意的问题

(一)关于连带责任份额确定方法方面

本案根据各责任人在各自参与非法采砂数量范围,进一步明确了各责任人在873.579万元至3.8万元不等范围内承担连带责任。创新性采用了一种特殊的连带责任份额确定方法。即在各被告参与各船只的挖沙量无法查清的情况下,根据每条船只侵权获利占比来确定各被告参与每条船只挖沙应承担的侵权责任,符合本案的客观实际,既做到了不任意扩大当事人的民事责任,也实现了罚当其责。因此,在确定非法采砂生态环境修复责任时,人民法院应根据共同侵权人实际参与的非法采砂情况,判决各侵权人在各自参与的非法采砂数量范围内承担连带赔偿责任。

但是,此种方法与一般的连带责任份额确定方法并无本质不同,本案中人民法院判决各当事人参与每条船只共同挖沙侵权行为对外承担的赔偿责任是一致的。实际上,因为各当事人参与共同侵权次(船)数不一致,导致最终人民法院判决各当事人对外承担的赔偿责任不一致。在参照适用此方法时,人民法院需要综合考虑各责任人的过错程度、偿付能力及生态环境损害大小等因素,并充分考虑案件裁判的客观性、合理性与可操作性,以更彰显人民法院的公平正义。

（二）关于生态环境损害赔偿数额量化采用的处理路径方面

需要注意的是，实践中三种处理模式在生态环境损害案件损害范围和损害量化的确认上均存在一定的合理性基础，不建议仅局限于适用鉴定意见或评估报告来认定。例如，有的案件涉及鉴定评估费用过高或者生态环境损害鉴定评估的条件不具备，人民法院可以主动采用其他处理方法来合理"拟算"生态环境损害，以达到案件处理政治效果、社会效果、法律效果的统一。当然，在案件具备运用鉴定意见或评估报告来确定生态环境损害范围的条件时，宜优先排序适用此种方法，更具专业性、科学性和全面性。

（执笔人：湖南省益阳市中级人民法院　叶　丹
湖南省高级人民法院　伍　胜
最高人民法院环资庭　朱　婧
编审人：最高人民法院研究室　马　剑）

指导案例176号　湖南省益阳市人民检察院诉夏顺安等15人生态破坏民事公益诉讼案

最高人民法院案例指导工作办公室编审人：马剑

1. 案例推荐单位：最高人民法院环资庭、湖南省高级人民法院
2. 案例编写人：湖南省益阳市中级人民法院　熊文佳，湖南省高级人民法院　伍胜，最高人民法院环资庭　朱婧
3. 案件裁判法院：湖南省益阳市中级人民法院（一审）、湖南省高级人民法院（二审）
4. 案件承办人：熊文佳（一审）、伍胜（二审）

相关法条

1.《中华人民共和国环境保护法》（2015年1月1日实施）

第六十四条　因污染环境和破坏生态造成损害的，应当依照《中华人民共和国侵权责任法》*的有关规定承担侵权责任。

2.《中华人民共和国民法总则》（已失效）

第一百七十八条　二人以上依法承担连带责任的，权利人有权请求部分或者全部连带责任人承担责任。

连带责任人的责任份额根据各自责任大小确定；难以确定责任大小的，平均承担责任。实际承担责任超过自己责任份额的连带责任人，有权向其他连带责任人追偿。

---

* 现已失效。——编者注

连带责任,由法律规定或者当事人约定。

3.《中华人民共和国民法典》(2021年1月1日实施)

第一百七十八条　二人以上依法承担连带责任的,权利人有权请求部分或者全部连带责任人承担责任。

连带责任人的责任份额根据各自责任大小确定;难以确定责任大小的,平均承担责任。实际承担责任超过自己责任份额的连带责任人,有权向其他连带责任人追偿。

连带责任,由法律规定或者当事人约定。

4.《中华人民共和国侵权责任法》(已失效)

第八条　二人以上共同实施侵权行为,造成他人损害的,应当承担连带责任。

第十三条　法律规定承担连带责任的,被侵权人有权请求部分或者全部连带责任人承担责任。

5.《中华人民共和国民法典》(2021年1月1日实施)

第一百七十八条　二人以上依法承担连带责任的,权利人有权请求部分或者全部连带责任人承担责任。

连带责任人的责任份额根据各自责任大小确定;难以确定责任大小的,平均承担责任。实际承担责任超过自己责任份额的连带责任人,有权向其他连带责任人追偿。

连带责任,由法律规定或者当事人约定。

第一千一百六十八条　二人以上共同实施侵权行为,造成他人损害的,应当承担连带责任。

6.《最高人民法院关于审理环境民事公益诉讼案件适用法律若干问题的解释》(2015年1月7日实施)(已被修正)

第十八条　对污染环境、破坏生态,已经损害社会公共利益或者具有损害社会公共利益重大风险的行为,原告可以请求被告承担停止侵害、排除妨碍、消除危险、恢复原状、赔偿损失、赔礼道歉等民事责任。

第二十条　原告请求恢复原状的,人民法院可以依法判决被告将生态环境修复到损害发生之前的状态和功能。无法完全修复的,可以准许采用替代性修复方式。

人民法院可以在判决被告修复生态环境的同时,确定被告不履行修复义务时应承担的生态环境修复费用;也可以直接判决被告承担生态环境修复费用。

生态环境修复费用包括制定、实施修复方案的费用和监测、监管等费用。

7.《最高人民法院关于审理环境民事公益诉讼案件适用法律若干问题的解释》(2021年1月1日实施)

第十八条　对污染环境、破坏生态,已经损害社会公共利益或者具有损害社会公共利益重大风险的行为,原告可以请求被告承担停止侵害、排除妨碍、消除危险、修复生态环境、赔偿损失、赔礼道歉等民事责任。

第二十条　原告请求修复生态环境的,人民法院可以依法判决被告将生态环境修复到损害发生之前的状态和功能。无法完全修复的，可以准许采用替代性修复方式。

人民法院可以在判决被告修复生态环境的同时，确定被告不履行修复义务时应承担的生态环境修复费用；也可以直接判决被告承担生态环境修复费用。

生态环境修复费用包括制定、实施修复方案的费用，修复期间的监测、监管费用，以及修复完成后的验收费用、修复效果后评估费用等。

8.《最高人民法院、最高人民检察院关于检察公益诉讼案件适用法律若干问题的解释》（2018 年 3 月 2 日实施）（已被修正）

第十三条　人民检察院在履行职责中发现破坏生态环境和资源保护、食品药品安全领域侵害众多消费者合法权益等损害社会公共利益的行为，拟提起公益诉讼的，应当依法公告，公告期间为三十日。

公告期满，法律规定的机关和有关组织不提起诉讼的，人民检察院可以向人民法院提起诉讼。

9.《最高人民法院、最高人民检察院关于检察公益诉讼案件适用法律若干问题的解释》（2021 年 1 月 1 日实施）

第十三条　人民检察院在履行职责中发现破坏生态环境和资源保护，食品药品安全领域侵害众多消费者合法权益，侵害英雄烈士等的姓名、肖像、名誉、荣誉等损害社会公共利益的行为，拟提起公益诉讼的，应当依法公告，公告期间为三十日。

公告期满，法律规定的机关和有关组织、英雄烈士等的近亲属不提起诉讼的，人民检察院可以向人民法院提起诉讼。

人民检察院办理侵害英雄烈士等的姓名、肖像、名誉、荣誉的民事公益诉讼案件，也可以直接征询英雄烈士等的近亲属的意见。

指导案例177号《海南临高盈海船务有限公司诉三沙市渔政支队行政处罚案》的理解与参照

——行政机关有权依法对行为人非法运输《濒危野生动植物种国际贸易公约》附录中的珊瑚、砗磲进行行政处罚

2021年12月1日,最高人民法院发布了第31批生物多样性保护专题指导性案例,包括第172号至第178号共7件指导性案例。这批指导性案例由最高人民法院研究室和环资庭共同组织选编、审查,并于12月3日举行了新闻发布会予以发布。其中,第177号指导性案例为《海南临高盈海船务有限公司诉三沙市渔政支队行政处罚案》。为了正确理解和准确参照适用该指导性案例,现对该指导性案例的选编过程、裁判要点、参照适用等有关情况予以解释、论证和说明。

一、案例选编过程

本案系海口海事法院一审、海南省高级人民法院二审。本案后续的行政强制执行审查案件入选了2019年度人民法院环境资源典型案例。最高人民法院环资庭经专业法官会议讨论,同意推选此案作为生物多样性保护专题备选指导性案例报送最高人民法院案例指导工作办公室。2021年10月9日,经研究室第三次案例专业会议讨论,与会专家学者、生态环境部、自然资源部、国家林草局等代表多数同意推荐该案例。2021年11月1日,该案例经最高人民法院民专会第379次会议讨论,同意作为指导性案例。同年12月1日,最高人民法院以法〔2021〕286号文件将该案例编入第31批指导性案例予以发布。

二、关于本案例的基本情况

2014年8月21日,海南省公安边防总队海警第三支队在三沙海域开展巡逻管控过程中,发现原告海南临高盈海船务有限公司(以下简称盈海公司)所属的“椰丰

616”号船违法装载大量砗磲贝壳，遂将其查获，并将该案交由三沙市综合执法局先行查处。后因该案属于被告三沙市渔政支队的职权范围，三沙市综合执法局将该案转交被告具体办理。经查实，盈海公司未持有《水生野生动物特许运输许可证》，涉案船舶共装载砗磲贝壳 250 吨。经专业机构鉴定和评估，该 250 吨砗磲贝壳中 98% 为大砗磲，属国家一级保护动物，2% 为砗蠔（属于砗磲科），属《濒危野生动植物种国际贸易公约》（以下简称《公约》）附录二中的保护动物，涉案砗磲贝壳总价值为 373 500 元。据此，被告作出琼三沙渔政罚字〔2018〕01 号行政处罚决定书，以盈海公司的“椰丰 616”号船未持有《水生野生动物特许运输许可证》擅自运输砗磲贝壳的行为违反《野生动物保护法》等法律规定，对其处以没收砗磲贝壳 250 吨及按照实物价值 3 倍罚款即 1 120 500 元的行政处罚。盈海公司不服，向海口海事法院提起行政诉讼，请求撤销该行政处罚决定。海口海事法院于 2018 年 11 月 30 日作出（2018）琼 72 行初 14 号行政判决，认为三沙市渔政支队作出的行政处罚决定事实清楚，证据确凿，适用法律、法规正确，符合法定程序，判决驳回盈海公司的诉讼请求。一审判决后，盈海公司提出上诉，海南省高级人民法院于 2019 年 4 月 10 日作出（2019）琼行终 125 号行政判决：驳回上诉，维持原判。

砗磲属双壳纲帘蛤目砗磲科，主要生活在热带海域，在我国主要分布在海南及台湾附近海域以及南海各岛礁，是珊瑚礁生态系统的重要组成部分，对维护南海海域珊瑚礁生态系统平衡和生物多样性具有重要作用。砗磲是一种珍贵、濒危的野生水生动物，砗磲科全部 9 个种均为《公约》附录二保护物种，4 个种为世界自然保护联盟（IUCN）确定的易危物种。我国 1989 年首次发布《国家重点保护野生动物名录》时，也将库氏砗磲（大砗磲）列为国家一级保护动物，但砗磲科的其他物种未列入该名录；直到 2018 年 10 月 9 日，农业农村部发布第 69 号公告即《〈濒危野生动植物种国际贸易公约〉附录水生动物物种核准为国家重点保护野生动物名录》时，首次将除库氏砗磲外的砗磲科所有种核准为国家二级保护动物。

本案案发于 2014 年，当时农业农村部第 69 号公告尚未发布和生效。因此本案的处理，第一个要解决的问题是：对已纳入《公约》附录，但未纳入我国《国家重点保护野生动物名录》的物种如何保护？与此同时，社会公众长期以来有一个错误认识，认为“采挖砗磲违法，运输砗磲不违法；采挖活体砗磲违法，采挖死体砗磲不违法”。本案中，盈海公司“椰丰 616”号船运输的砗磲是死体，且没有证据证明是该公司采挖的。因此，本案的处理，第二个要解决的问题是：运输死体砗磲是否构成违法？最高人民法院此前发布的《关于审理发生在我国管辖海域相关案件若干问题的规定（二）》（以下简称《管辖海域规定（二）》）比较好地解决前述两个难题。

本案通过正确理解和适用《管辖海域规定（二）》第七条第三款规定，援引《公约》认定列入我国重点保护野生动物名录以及列入《公约》附录一、附录二中所有水生野生动物物种,无论属于活体,还是死体,均受到法律保护;对破坏野生动物资源违法"产业链"中的各个环节,如采捕、收购、运输、加工、销售珍贵濒危野生动物及其制品等行为,依法予以全面打击。本案的说理过程和裁判结果,积极援引《公约》,依法扩大该国际公约在中国海洋环境资源类案件中适用的效率和范围,系统展现了中国法院在司法过程中正确理解和适用《公约》,严格、全面履行国际公约缔约国义务,致力于保护海洋生物多样性、促进海洋生物资源可持续发展、构建人类海洋命运共同体的坚定决心和为此所作出的努力。

三、裁判要点的理解与说明

该指导案例的裁判要点确认:我国为《公约》缔约国,对于列入该公约附录一、附录二中的珊瑚、砗磲的所有种,无论活体、死体,还是相关制品,均应依法给予保护。行为人非法运输该公约附录一、附录二中的珊瑚、砗磲,行政机关依照野生动物保护法等有关规定作出行政处罚的,人民法院应予支持。现围绕与该裁判要点相关的问题解释和说明如下:

(一)关于列入《公约》附录一、附录二中的珊瑚、砗磲所有种的保护问题

《公约》于1981年4月8日对我国生效后,我国建立了以《野生动物保护法》《野生植物保护条例》《濒危野生动植物进出口管理条例》为主体的履约立法体系,在《公约》秘书处组织的履约国内立法评估中被评为最高等级。① 即便已经有如此完善和强有力的立法保护体系,也不能完全跟上濒危野生动物保护的实践需求。根据《野生动物保护法》第三十五条第四款等法律条款的规定,《公约》附录物种需经相关行政主管机关核准,并列入《国家重点保护野生动物名录》后,方可纳入我国野生动物保护体系。实务操作中,某一物种要被纳入《国家重点保护野生动物名录》常常需要一个较为严谨且略显复杂的论证、审核程序,这一过程往往耗时较长。因此,关于《公约》附录转化为《国家重点保护野生动物名录》的规定一定程度上影响到执法和司法机关对《公约》附录物种采取保护措施的及时性和有效性,②也导致司法实践中对于《公约》附录一、附录二物种是否必然等同于相关法律条款中的"珍贵、濒危野生动物"这一问题长期存在争议。以本案为例,案涉大砗磲(库氏砗磲)

---

① 参见《中国履行〈濒危野生动植物种国际贸易公约〉40年成效瞩目》,载新华社网,http://www.xinhuanet.com/travel/2021-04/09/c_1127312302.htm。

② 如原国家林业部、原农业部于1989年首次发布《国家重点保护野生动物名录》后,迟至2021年才对《国家重点保护野生动物名录》进行了系统调整,调整间隔长达32年。在此期间,大量的《公约》附录一、附录二物种均未按照我国一级、二级保护野生动物的相关规定进行保护。

属《国家重点保护野生动物名录》中所列的国家一级保护动物，但砗蠔虽属《公约》附录二中的物种，但并未列入我国《国家重点保护野生动物名录》当中，由此导致砗蠔是否属于受保护物种存在争议。

针对这一问题，最高人民法院出台了一系列司法解释，有效提高了公约向国内法转化的效率，有力强化了对野生动物资源的司法保护。2000 年 11 月 27 日，最高人民法院发布了《关于审理破坏野生动物资源刑事案件具体应用法律若干问题的解释》*，首次确认《公约》附录一、附录二物种可直接被认定为《刑法》第三百四十一条所称的“珍贵、濒危野生动物”，在刑事层面上中解决了《国家重点保护野生动物名录》与《公约》附录的关系问题。这一裁判规则的确立极大的简化了《公约》条款向我国国内法规则转化的流程，提高了转化效率，确保了相关刑事司法工作能够及时与国际接轨，取得了良好的社会和法律效果，并被一系列行政机关采纳和吸收。然而，《关于审理破坏野生动物资源刑事案件具体应用法律若干问题的解释》仅适用于刑事案件，没有解决行政和民事案件的审理过程中能否直接适用《公约》附录的问题。

为此，最高人民法院在 2016 年 8 月 1 日发布《管辖海域规定（二）》，在前言部分中明确了其制定依据和解释对象包括《刑法》《渔业法》《民事诉讼法》《刑事诉讼法》《行政诉讼法》等一系列法律。因此，《管辖海域规定（二）》是一部综合性的司法解释，除明确规定了适用范围的条款外①，该司法解释的所有条款在刑事、行政和民事诉讼中均可适用。《管辖海域规定（二）》第七条第三款明确，该解释中的珊瑚、砗磲，是指列入《国家重点保护野生动物名录》中国家一、二级保护的，以及列入《公约》附录一、附录二中的珊瑚、砗磲的所有种，包括活体和死体。也就是说，在涉珊瑚、砗磲的非刑事诉讼中，亦可援引《管辖海域规定（二）》第七条第三款的规定，依据《公约》附录确定特定物种是否属于“珍贵、濒危野生动物”。

综上，在涉及珊瑚、砗磲的各类案件的审理过程中，如需确定其是否属于珍贵、濒危水生野生动物，均应综合考虑《国家重点保护野生动物名录》和《公约》附录一、附录二。不能仅以相关物种未记载于《国家重点保护野生动物名录》而否认其属于珍贵、濒危水生野生动物。

（二）关于珊瑚、砗磲活体、死体及相关制品的保护问题

较长一段时间内，司法理论和实务界一直有一种错误的观点，即开发、利用砗磲、珊瑚等动物的死体或其贝壳、外骨骼遗存并未侵犯《野生动物保护法》等法律所

---

* 现已失效。——编者注

① 如该司法解释第三条至第六条。

要保护的法益,这一行为不属于违法或犯罪行为。即使在《管辖海域规定(二)》出台后,亦有观点认为,违法行为人开发、利用此类动物的死体或遗存的,应当适当减轻其法律责任。

我们认为,这两种观点都是错误的。首先,将对珍贵、濒危野生动物的保护从活体延伸至死体、制品符合《公约》规定和国际立法趋势。《公约》第一条明确规定,对特定物种的保护包含对其活体和死体的保护,也包括其任何可辨认的部分或衍生物。我国相关立法也有相关的规定。① 因此,砗磲死体及其遗留物仍属于法律禁止开发、利用的水生野生动物或其产品。其次,无论从《公约》还是国内立法的立法目的和保护法益来看,之所以要禁止非法开发、利用珍贵、濒危野生动物及其产品、制品,是为了保护野生动物,拯救珍贵、濒危野生动物,维护生物多样性和生态平衡,推进生态文明建设。② 而砗磲、珊瑚的死体和活体均是海底生态环境的重要组成部分,在维持生态平衡、维护生物多样性等方面的意义同样重要,对于南海诸岛的生态环境和生物多样性而言其生态作用更为明显。再次,砗磲、珊瑚等海洋生物的主要经济价值并非体现于其机体的有生命部分,而体现于其机体的无生命部分,如砗磲贝壳、珊瑚的外骨骼,如果不限制对于其死体的收购、运输、出售的行为,则无法起到保护相关物种的作用。最后,由于砗磲、珊瑚等海洋水生野生动物生活环境的特殊性,即使违法行为人非法捕捞、捕猎、杀害了此类动物,也往往难以第一时间被发现。鉴于此,通过保护此类动物的死体能够更好地实现保护其活体的目的。综上所述,无论违法行为人捕捞、收购、运输、出售的是珊瑚、砗磲的活体、死体或组成部分,均应当同等承担相应的法律责任。

(三)关于行为人非法运输珊瑚、砗磲(包括死体)的行政处罚问题

在司法实践和公众认知中,往往存在一个误区,即认为运输、携带珍贵、濒危野生动物,尤其是相关野生动物的组成部分或制品不构成违法,或违法程度较轻。我们必须指出,一方面,这种错误认识与我国野生动物保护法律制度的具体规定不符。我国相关法律很早就确立的对珍贵、濒危野生动物进行全流程保护的精神,无论是非法采捕、收购、运输,还是加工、销售珍贵、濒危野生动物,均属于违法行为,并要根据情节承担不同的法律责任。以本案所涉运输砗磲为例,我国《野生动物保护法》第三十三条、《水生野生动物保护实施条例》第二十条、《水生野生动物利用特许办法》第二十九条均规定,跨越县境运输国家重点保护野生动物或其产品需经批准并取得相应许可证明。因此,只要行为人实施了非法运输、携带珍贵、濒危水生野生

---

① 如根据《水生野生动物保护实施条例》第二条的规定,水生野生动物产品包括珍贵、濒危的水生野生动物的任何部分及其衍生物。

② 参见《野生动物保护法》第一条。

动物的行为,就已构成违法并需承担相应的法律责任。

另一方面,对破坏濒危野生动物资源"产业链"的全面打击是濒危野生动物保护的必由之路。捕捞是濒危野生水生动物资源被破坏的直接原因和首个环节,但濒危野生水生动物资源的破坏并不止于人们的无序捕捞。紧随其后的高效运输、市场的迫切需求、体系完备的销售网络,早已形成一条"产业链",助长了人们对野生水生动物的疯狂捕捞,如此循环,野生水生动物资源将一步步走向枯竭。在这个过程中,捕捞、运输、销售都是濒危野生动物资源破坏的"元凶"。例如,本案中的砗磲,由于砗磲贝壳制品的装饰作用被市场过度炒作,一段时间以来在我国南海海域违法采挖砗磲现象屡禁不止,甚至有形成采挖、运输、加工、销售、购买"全产业链条"的趋势。要想遏制这一不良趋势,必须对涉砗磲违法如采挖、运输、销售、购买的各环节行为人进行"全产业链条"的打击。

本案中,海南两级法院通过对相对人非法运输珍贵、濒危水生野生动物行为的处理,体现了我国法律对于珍贵、濒危水生野生动物进行全流程保护的立法和司法精神。

四、参照适用时应注意的问题

本案例在参照适用时应当注意以下几点:一是农业农村部发布了第69号公告即《〈濒危野生动植物种国际贸易公约〉附录水生动物物种核准为国家重点保护野生动物名录》,将未纳入我国野生动物保护名录,但已列入《公约》附录的野生动物物种的国内保护等级进行了核定,现在审理案件时对涉案的野生动物应当以按第69号公告核定的等级进行保护。二是我国近几年对野生动植物种保护等级进行了较为频繁的调整,审理案件时应当注意等级变化并根据案发时间确定适用标准。三是虽然珍贵、濒危野生动物的死体和活体均予以保护,但在确定涉案野生动物价值时,应当严格按照农业农村部2019年第5号,即《水生野生动物及其制品价值评估办法》的规定核定,注意死体的涉案部分系数,死体价值可能低于活体。

（执笔人:海口海事法院　吴永林、焦　南
最高人民法院环资庭　朱　婧
编审人:最高人民法院研究室　石　磊）

指导案例177号　海南临高盈海船务有限公司诉三沙市渔政支队行政处罚案

最高人民法院案例指导工作办公室编审人:石磊

1. 案例推荐单位:最高人民法院环资庭、海南省高级人民法院

2. 案例编写人:海口海事法院　焦南、吴永林、蒋珊珊,最高人民法院环资庭　朱婧
3. 案件裁判法院:海口海事法院(一审)、海南省高级人民法院(二审)
4. 案件承办人:焦南(一审)、王峻(二审)

相关法条

1.《中华人民共和国野生动物保护法》(2009年8月27日实施)(已被修正)

第二十三条　运输、携带国家重点保护野生动物或者其产品出县境的,必须经省、自治区、直辖市政府野生动物行政主管部门或者其授权的单位批准。

2.《中华人民共和国野生动物保护法》(2018年10月26日实施)

第三十三条　运输、携带、寄递国家重点保护野生动物及其制品、本法第二十八条第二款规定的野生动物及其制品出县境的,应当持有或者附有本法第二十一条、第二十五条、第二十七条或者第二十八条规定的许可证、批准文件的副本或者专用标识,以及检疫证明。

运输非国家重点保护野生动物出县境的,应当持有狩猎、进出口等合法来源证明,以及检疫证明。

3.《最高人民法院关于审理发生在我国管辖海域相关案件若干问题的规定(二)》(2016年8月2日实施)

第七条　对案件涉及的珍贵、濒危水生野生动物的种属难以确定的,由司法鉴定机构出具鉴定意见,或者由国务院渔业行政主管部门指定的机构出具报告。

珍贵、濒危水生野生动物或者其制品的价值,依照国务院渔业行政主管部门的规定核定。核定价值低于实际交易价格的,以实际交易价格认定。

本解释所称珊瑚、砗磲,是指列入《国家重点保护野生动物名录》中国家一、二级保护的,以及列入《濒危野生动植物种国际贸易公约》附录一、附录二中的珊瑚、砗磲的所有种,包括活体和死体。

4.《中华人民共和国水生野生动物保护实施条例》(2013年12月7日实施)

第二条　本条例所称水生野生动物,是指珍贵、濒危的水生野生动物;所称水生野生动物产品,是指珍贵、濒危的水生野生动物的任何部分及其衍生物。

第二十条　运输、携带国家重点保护的水生野生动物或者其产品出县境的,应当凭特许捕捉证或者驯养繁殖许可证,向县级人民政府渔业行政主管部门提出申请,报省、自治区、直辖市人民政府渔业行政主管部门或者其授权的单位批准。动物园之间因繁殖动物,需要运输国家重点保护的水生野生动物的,可以由省、自治区、直辖市人民政府渔业行政主管部门授权同级建设行政主管部门审批。

第二十八条　违反野生动物保护法律、法规,出售、收购、运输、携带国家重点保护的或者地方重点保护的水生野生动物或者其产品的,由工商行政管理部门或者其授权的渔业行政主管部门没收实物和违法所得,可以并处相当于实物价值10倍以下的罚款。

5.《中华人民共和国水生野生动物利用特许办法》(2013年12月31日实施)(已被修订)

第二十九条 运输、携带、邮寄水生野生动物或其产品的,应当经省级渔业行政主管部门批准,取得《运输证》后方可进行。

6.《中华人民共和国水生野生动物利用特许办法》(2019年4月25日实施)

第二十九条 从国外引进水生野生动物的,应当向农业部申请,农业部应当自申请受理之日起20日内作出是否同意引进的决定。

指导案例178号《北海市乃志海洋科技有限公司诉北海市海洋与渔业局行政处罚案》的理解与参照

——非法围海填海共同违法行为的认定及其法律责任

2021年12月1日,最高人民法院发布了第31批生物多样性保护专题指导性案例,包括第172号至第178号共7件指导性案例。这批指导性案例由最高人民法院环资庭和研究室共同组织选编、审查,并于12月3日举行了新闻发布会予以发布。其中,第178号指导性案例为《北海市乃志海洋科技有限公司诉北海市海洋与渔业局行政处罚案》。为了正确理解和准确参照适用该指导性案例,现对该指导性案例的选编过程、裁判要点、参照适用等有关情况予以解释、论证和说明。

一、案例选编过程

本案系北海海事法院一审、广西壮族自治区高级人民法院二审,于2020年5月入选2019年度人民法院环境资源行政类十大典型案例,并于2020年12月荣获第八届全国行政审判优秀业务成果(裁判文书类)一等奖。最高人民法院环资庭经专业法官会议讨论,同意推选此案例作为生物多样性保护专题备选指导性案例报送最高人民法院案例指导工作办公室。2021年10月9日,经研究室第三次案例专业会议讨论,与会专家学者、生态环境部、自然资源部、国家林草局等代表一致同意推荐该案例。2021年11月1日,该案例经最高人民法院民专会第379次会议讨论,同意作为指导性案例。同年12月1日,最高人民法院以法〔2021〕286号文件将该案例编入第31批指导性案例予以发布。

二、关于本案例的基本情况

2013年6月1日,北海市渔沣海水养殖有限公司(以下简称渔沣公司)与案外村民小组签订土地租赁合同,租赁该村附近海边空地(实为海滩涂)。同年7至9

月，渔沣公司抽取海沙填至其租赁的区域，形成沙堆。2016 年 5 月 12 日，北海市乃志海洋科技有限公司（以下简称乃志公司）与渔沣公司签订转让协议，取得渔沣公司在上述租赁合同中的权利。之后，乃志公司在未依法取得海域使用权的情形下，对该区域进行场地平整，建设临时码头，形成陆域。

2017 年 10 月，北海市海洋与渔业局（以下简称海洋渔业局）对该围填海施工行为进行立案查处，测定乃志公司填占海域面积为 0.38 公顷。海洋渔业局认定乃志公司填占海域行为违法，依法作出行政处罚，责令乃志公司退还非法占用海域，恢复海域原状，并处非法占用海域期间内该海域面积应缴纳海域使用金十五倍计 256.77 万元的罚款。

乃志公司不服该行政处罚决定，提起本案诉讼，请求撤销该行政处罚决定。北海海事法院于 2018 年 9 月 17 日作出（2018）桂 72 行初 2 号行政判决，驳回乃志公司的诉讼请求。宣判后，乃志公司不服，提出上诉。广西壮族自治区高级人民法院于 2019 年 6 月 26 日作出（2018）桂行终 1163 号行政判决：驳回上诉，维持原判。

本案涉及同一海域内两个主体实施了围海、填海行为，如何认定违法主体、填占海域面积，以及是否构成共同违法、法律责任如何确定等问题，是该类案件审理的难点。

2018 年 7 月，国务院印发了《关于加强滨海湿地保护严格管控围填海的通知》，对加强管控围填海提出了明确的要求。但因海岸线相关法律法规体系不健全，存在开发利用缺少统筹规划、多头行政管理的客观情况，①非法围海、填海行为的认定及查处面临取证难、处罚难、执行难等困境。

关于涉海洋行政处罚中共同违法行为认定，法律规定及司法实务均不明确。（1）从域外法律制度考察，奥地利《行政罚法》第七条规定："教唆或便利他人违反行政义务之行为，按照正犯之行为处罚之，即使正犯未受处罚时，亦同。"②可见，奥地利行政处罚制度对共同违法中的教唆行为或帮助行为采取的是统一按正犯进行处罚的立法模式。《德国违反秩序法》第十四条则规定只要行为人共同参与了一项行

---

① 由于海岸线管理法律法规体系不健全，开发利用缺少统筹规划，多头管理。参见《国家海洋局副局长解读〈海岸线保护与利用管理办法〉》，载中央人民政府网，http://www.gov.cn/zhengce/2017-04/06/content_5183771.htm。

② 翁岳生编：《行政法》（下册），中国法制出版社 2002 年版，第 870 页注释⑥。

政违法行为,均构成共同违法,但又对各行为人分别予以处罚。① (2)从我国法律规定看,《国土资源违法行为查处工作规程》中明确“同一违法行为有两个以上当事人的,应当认定为共同违法责任主体”②。《北京市工商行政管理局行政处罚裁量权实施办法(试行)》第二十四条第二项、第二十六条第三项则规定共同违法行为中次要作用或辅助作用可以从轻处罚,主要作用给予从重处罚③。但上述规定均未明确共同违法的构成要件。(3)从司法实践考察,采取“一事一罚”的情形较为常见。在介某超诉舞阳县林业局行政处罚决定一案中④,舞阳县人民法院认为,介某超等八人在未办理采伐证的情况下采伐杨树,属于共同实施的一个违法行为,只能作出一个处罚决定,舞阳县林业局分别对八人作出处罚决定,适用法律错误。该判决的说理在一定程度上确立了共同违法行为的认定标准,即多个行为人共同实施同一违反行政法律法规的行为,应按同一违法行为进行认定和处罚。

本案例通过对围海、填海等用海方式的定义,明确了“非法围海、填海”行为客观要件标准,对涉海洋行政处罚中“非法围海填海共同违法行为”构成要件作出界定,并对先后违法行为法律责任的区分以及适用从轻、减轻处罚等问题予以明确,为同一海域内存在两个以上违法行为的海洋行政执法中违法主体及填占面积的认定提供了可借鉴的事实查明方法,就解决司法实践中此类案件处理中的疑难问题提供可参照的、具体的适用规则。案涉海域位于码头、村庄附近,属于中国南海西北部的北部湾海区,该海区拥有国家一级保护动物中华白海豚、布氏鲸等多种珍稀海洋生物,是我国海洋生物多样性较高的海区之一。本案的处理对于提升公民、企业依法用海意识,打击非法用海行为,维护国家海岸线安全,保护周边海洋生态环境及海洋生物多样性,具有积极的作用。

---

① 《德国违反秩序法》第十四条规定:“(1)如果数人共同参与一项违反秩序行为,则每个人均属实施违反秩序行为。即使只有一个参与人具备使可处罚性得以成立的特定人身特征(本法第9条第1款),此规定仍然适用。(2)只有在准予罚款处罚的、使法律规定的事实构成得到实现的行为是违法的,或者在可以处罚未遂行为的情形,至少存在未遂行为时,方可处罚参与行为。(3)如果参与人之一的行为不应受谴责,并不因此而排除对其他人的可处罚性。如果法律规定,在具备特定人身特征时,可处罚性即予排除,则此规定只适用于具备此种特征的参与人。(4)如果法律规定,违反秩序行为在由具备特定人身特征的行为实施时即为刑事行为,则此规定只适用于具备此种特征的参与人。”参见郑冲:《德国违反秩序法》,载《行政法学研究》1995 年第 1 期(1987 年 2 月 19 日公布文本,1992 年 7 月 15 日最后一次修改)。

② 原国土资源部《关于印发〈国土资源违法行为查处工作规程〉的通知》(国土资发〔2014〕117 号)(2014 年 10 月 1 日实施,现已失效)。

③ 北京市工商行政管理局《北京市工商行政管理局行政处罚裁量权实施办法(试行)》(2016 年 1 月 30 日实施)。

④ 参见最高人民法院中国应用法学研究所编:《人民法院案例选》总第 51 辑(2005 年第 1 辑),人民法院出版社 2005 年版。

三、裁判要点的理解与说明

该指导案例的裁判要点确认:(1)行为人未依法取得海域使用权,在海岸线向海一侧以平整场地及围堰护岸等方式,实施筑堤围割海域,将海域填成土地并形成有效岸线,改变海域自然属性的用海活动可以认定为构成非法围海、填海。(2)同一海域内,行为人在无共同违法意思联络的情形下,先后各自以其独立的行为进行围海、填海,并造成不同损害后果的,不属于共同违法的情形。行政机关认定各行为人的上述行为已构成独立的行政违法行为,并对各行为人进行相互独立的行政处罚,人民法院应予支持。对于同一海域内先后存在两个以上相互独立的非法围海、填海行为,行为人应各自承担相应的行政法律责任,在后的违法行为不因在先的违法行为适用从轻或者减轻行政处罚的有关规定。现围绕与该裁判要点相关的问题解释和说明如下:

(一)关于非法围海、填海行为的认定

1. 处罚法定原则包含受处罚的行为法定

《行政处罚法》第四条规定,公民、法人或者其他组织违反行政管理秩序的行为,应当给予行政处罚的,依照本法由法律、法规、规章规定,并由行政机关依照本法规定的程序实施。该条明确了处罚法定原则,包含受处罚的行为法定。但该法对于应受行政处罚的行为之构成要件没有作出具体的规定。《海域使用管理法》第四条第二款规定,国家严格管理填海、围海等改变海域自然属性的用海活动。第四十二条规定:“未经批准或者骗取批准,非法占用海域的,责令退还非法占用的海域,恢复海域原状,没收违法所得,并处非法占用海域期间内该海域面积应缴纳的海域使用金五倍以上十五倍以下的罚款;对未经批准或者骗取批准,进行围海、填海活动的,并处非法占用海域期间内该海域面积应缴纳的海域使用金十倍以上二十倍以下的罚款。”上述规定是非法围海、填海行为属于受海洋行政处罚行为的法律依据。对于什么是非法围海、填海行为,在《海域使用管理法》《海洋行政处罚实施办法》中未予明确,仅在《海域使用管理法》第三条第二款明确了未依法取得海域使用权的用海活动属于非法用海行为的成立条件之一。鉴于行政处罚与刑罚的共同之处是对违法行为的制裁,区别在于罪与非罪的界限,只有违反法律严重到立法视为犯罪时,才对行为进行刑事制裁;而对于没有构成刑事犯罪的轻微违法行为,一般视为行政违法,纳入行政处罚的范围。[①] 因此,受行政处罚的违法行为构成要件,可参考刑事犯罪行为构成要件予以确定。行政违法行为成立要件包括违法客体、违法客

① 参见江必新主编:《行政处罚法条文精释与实例精解》,人民法院出版社 2021 年版,第 10 页。

观方面、违法主体、违法主观方面。[①] 就非法围海、填海行为的认定,关键是明确违法客观方面要件。

2. 非法围海填海行为的客观方面要件

围海、填海属于海域使用的方式,《国家海洋局关于印发〈海域使用分类体系〉和〈海籍调查规范〉的通知》(国海管字〔2008〕273号)*对围海作出界定,"2.8　围海指通过筑堤或其他手段,以全部或部分闭合形式围割海域进行海洋开发活动的用海方式";对填海造地的定义是"2.5　填海造地指筑堤围割海域填成土地,并形成有效岸线的用海方式"。国家海洋局《海域勘界技术规程》(国海管字〔2002〕139号)规定,"海岸线"是指平均大潮高潮时水陆分界的痕迹线。"有效岸线"是以天然岸线和2000年1月1日前建成的人工岸线为海域勘界有效岸线。海洋与土地自然属性不同,将海域填成土地必会导致海域自然属性改变。故围海填海行为可定义为通过筑堤围割海域,将海域填成土地并形成有效岸线,改变海域自然属性的用海活动。非法围海、填海行为的客观方面外在表现是,行为人未依法取得海域使用权,在海岸线向海一侧以平整场地及围堰护岸等方式,实施筑堤围割海域的用海活动,后果是将海域填成土地并形成有效岸线,改变海域自然属性。

3. 海洋行政管理过程中海岸线的认定

对于是否构成非法围海、填海行为的认定,基本前提是该行为发生在海域范围内。《海域使用管理法》第二条第一款、第二款规定,本法所称海域,是指中华人民共和国内水、领海的水面、水体、海床和底土。本法所称内水,是指中华人民共和国领海基线向陆地一侧至海岸线的海域。海岸线是海洋与陆地分界线,又称陆海分界线,故确定了海岸线即能判断行为是否发生在海域范围内。关于海岸线,在海洋行政管理的相关法律、法规、规章中没有明确的定义,而是散见于《地形图图式》《中国海图图式》以及海洋学术语、海洋地质学等国家标准文件中。海岸线类型分为人工岸线和自然岸线。《地形图图式》对"自然岸线"的定义,是指以平均大潮高潮的痕迹所形成的水陆分界线,一般可根据当地的海蚀阶地、海滩堆积物或海滨植被来确定。[②] 国家海洋局《海域勘界技术规程》规定了"海岸线"是指平均大潮高潮时水陆分界的痕迹线。由于自然因素如潮汐作用,平均大潮高潮的痕迹不是一条固定的线,而是随着潮汐变化在一个条状带区域内的动态线的合集。而人类开发活动

---

① 参见冯健:《论证券行政违法行为的成立要件》,载《行政法学研究》2021年第1期。

* 现已失效。——编者注

② 国家标准《1:500　1:1 000　1:20 000 地形图图式》(GB/T 7929—1995)。

会导致海岸线类型发生转变、空间位置亦发生变化。① 在海洋行政管理过程中涉及海岸线的确定,则不能以自然地理环境以及擅自开发形成的人工岸线来认定,而应以依法划定的海岸线为准,即根据国家统一部署开展并经省级人民政府批准的海岸线修测成果为准。本案采用的是国家海洋局“908 专项”海岸线修测后,广西壮族自治区人民政府批复的海岸线。又由于我国对国土自然资源管理的客观历史情况,陆地资源和海洋资源曾分别由不同的行政主管部门管理,土地行政管理部门在第二次全国土地调查过程中测定的海陆分界线,与海洋行政主管部门依法开展海岸线修测确定的大陆海岸线并不完全一致,存在交叉重叠区域。在本案例中表现为,有部分土地经政府土地管理部门批准取得相关土地证书,海洋渔业局作出涉案行政处罚决定时,扣除了该证书记载的面积。乃志公司占用的海边空地在海岸线之外向海一侧,属于海域。其公司从外运来泥土和建筑废料对渔沣公司吹填形成的沙堆进行平整、充实,形成临时码头,并在临时码头西南面新填了部分海域,在北面靠海一侧建造沙袋围堰和护岸设施。上述平整填充场地以及围堰护岸等行为,导致海域自然属性改变,形成有效岸线,属于围海填海行为。乃志公司未取得案涉 0.38 公顷海域的合法使用权,在该区域内进行围海填海,构成非法围海、填海。

(二)关于非法围海、填海共同违法行为的认定及责任承担

1. 共同违法行为的认定

本案系涉海域使用管理的海洋行政处罚案件,即行政处罚案件中的一种特殊类型。现行的行政法律、法规及规章对行为人的共同违法行为未作明确规定,而仅对行为人的何种行为应受行政处罚进行了概括性规定。如《行政处罚法》(2017 年修正)第三条第一款规定:“公民、法人或者其他组织违反行政管理秩序的行为,应当给予行政处罚的,依照本法由法律、法规或者规章规定,并由行政机关依照本法规定的程序实施。”《行政处罚法》(2021 年修订)第四条规定:“公民、法人或者其他组织违反行政管理秩序的行为,应当给予行政处罚的,依照本法由法律、法规、规章规定,并由行政机关依照本法规定的程序实施。”《海洋行政处罚实施办法》第二条则规定:“单位和个人违反海域使用、海洋环境保护、铺设海底电缆管道、涉外海洋科学研究管理等海洋法律、法规或者规章,海洋行政处罚实施机关依法给予海洋行政处罚的,适用本办法。”对于如何认定“同一违法行为”,其构成要件应包括什么,法律法规仍未有明确规定,属于法律“应填补的漏洞”。需要行政机关以违法行为的构成要件为基础,综合考虑违法行为人的主观意图、行为的外在形态和所处的时

① 海岸线并不是固定不变的,而是随着潮时的变化在一个条带状的区域里动态变化的。参见付元宾、杜宇、王权明、李方、王伟伟:《自然海岸与人工海岸的界定方法》,载《海洋环境科学》2014 年第 4 期。

空状态、受侵害的法益属性及多个法益之间的关系等因素,并在遵循有关拟制行为个数的法律规定的前提下加以认定。[①] 共同违法行为是指二人以上故意共同实施违反行政法律法规的行为。而海洋行政处罚针对的是行为人违反海洋行政法律、法规或规章等海洋行政管理秩序的行为进行的处罚,行为人实施的行为侵犯了海洋行政法律、法规保护的利益,其行为同时具有违法、侵权的属性。具体而言,应当包括以下几个构成要件:一是主体须是二人以上,包括自然人、法人及其他非法人组织。二是行为人主观上必须具有共同的违法故意和意思联络,认识到共同违法行为发生的危害后果,并决意共同实施违法行为,且希望结果的发生。三是行为人共同实施了违反海洋行政法律、法规或规章等海洋行政管理秩序的行为,即各行为人所实施的是"同一违法行为",而非各自独立的、性质各不相同的违法行为。对于独立性,可以从实施行为的时间、地点、空间加以判断。同时满足以上几个要件的,才考虑认定为"共同违法行为"。适用以上具体规则时,还应注意,既不能仅以各行为人的行为违反两个以上法律规范,即认定不构成共同违法行为;也不能仅以各行为人在同一空间内实施同类违法行为,便认定构成共同违法行为。此外,在认定行为是否构成共同违法行为时,还应当注意行为人的行为是否造成共同的损害后果。虽然损害后果并非认定行为人构成行政违法并进行处罚的必要条件,但是否造成共同的损害后果,对于认定行为是否构成共同违法具有重要的作用。

本案例中,渔沣公司与乃志公司均在案涉海域进行了一定的围海、填海活动,但二者的违法行为具有可分性和独立性,并非共同违法行为。首先,主观要件方面,渔沣公司与乃志公司无共同违法的意思联络,未约定共同实施围海、填海并协商分工、配合,亦无共同希望同一违法结果发生。其次,客观要件方面,从时间上分析,渔沣公司系于2013年7月至9月雇请他人抽取海沙填到涉案海域,形成沙滩。而乃志公司系于2016年5月12日通过签订转让协议的方式取得渔沣公司在原合同中的权利后,才开始对涉案海域进行场地平整,建设临时码头,形成陆域。两公司系先后进行围海、填海活动,不存在实施违法行为时间重叠的情形。再次,违法性质方面,两公司实施行为的违法性质不同。渔沣公司仅是抽取海沙填入涉案海域,形成沙滩,其行为违法程度较轻。而乃志公司对涉案海域进行围堰和场地平整,并建设临时码头,形成了陆域,其行为违法情节更严重,性质更为恶劣。最后,造成损害后果不同,渔沣公司的行为尚未完全改变涉案海域的海洋环境,而乃志公司对涉案海域进行围堰及场地平整,设立临时码头,形成了陆域,其行为已完全改变了涉案海

---

① 参见江必新主编:《行政处罚法条文精释与实例精解》,人民法院出版社2021年版,第165~166页。

域的海洋生态环境，构成了非法围海、填海，损害后果更为严重。因此，海洋渔业局认定乃志公司与渔沣公司的违法行为相互独立并分别立案查处，有事实及法律依据，并无不当。乃志公司主张海洋渔业局存在选择性执法，以及渔沣公司应当与其共同承担责任的抗辩意见不能成立。

2. 从轻、减轻处罚的适用应遵循法定原则

对于适用从轻、减轻处罚的条件，法律有明确的规定。本案生效裁判文书作出时，《行政处罚法》(2021 年修订)尚未施行。《行政处罚法》(2017 年修正)第二十七条规定应当从轻或者减轻行政处罚的条件是：(1)主动消除或者减轻违法行为危害后果的；(2)受他人胁迫有违法行为的；(3)配合行政机关查处违法行为有立功表现的；(4)其他依法从轻或者减轻行政处罚的。《行政处罚法》(2021 年修订)第三十二条规定应当从轻或者减轻行政处罚的条件包括：(1)主动消除或者减轻违法行为危害后果的；(2)受他人胁迫或者诱骗实施违法行为的；(3)主动供述行政机关尚未掌握的违法行为的；(4)配合行政机关查处违法行为有立功表现的；(5)法律、法规、规章规定其他应当从轻或者减轻行政处罚的。以上规定均没有关于“同一海域内先后存在两个以上相互独立的非法围海、填海行为应当从轻或减轻处罚”的内容。对于上述规定中“其他”情形，《海域使用管理法》《海洋行政处罚实施办法》等涉海洋行政处罚领域的特别法、法规、规章中未作出进一步细化的规定。

《行政处罚法》(2017 年修正)第四条第二款规定，设定和实施行政处罚必须以事实为依据，与违法行为的事实、性质、情节以及社会危害程度相当。《行政处罚法》(2021 年修订)第五条第二款规定，设定和实施行政处罚必须以事实为依据，与违法行为的事实、性质、情节以及社会危害程度相当。上述条文规定了行政处罚设定和实施必须以事实为依据，坚持过罚相当原则，意味着决定行政处罚具体尺度的，只能是违法行为本身。[①] 过罚相当原则是行政处罚设定和实施的法定原则，行政处罚裁量权的行使应当遵循过罚相当原则。在法律、法规、规章未对适用从轻、减轻处罚的“其他”情形予以明确的情况下，应考虑是否有行政裁量基准。行政裁量基准，是指行政机关专门为规范行政执法裁量制定的具体判断、裁量标准，通常是对法律、法规原则性、抽象性、弹性条款或裁量幅度过大条款的具体化、细化和量化，[②]是法律规制行政裁量权的基本途径之一。《行政处罚法》(2021 年修订)第三十四条规定：“行政机关可以依法制定行政处罚裁量基准，规范行使行政处罚裁量

① 参见江必新主编：《行政处罚法条文精释与实例精解》，人民法院出版社 2021 年版，第 24 ~ 25 页。

② 参见姜明安主编：《行政法与行政诉讼法》(第 6 版)，北京大学出版社、高等教育出版社 2015 年版，第 211 ~ 213 页。

权。行政处罚裁量基准应当向社会公布。”该条明确授予行政机关依法制定行政处罚裁量基准的权力。目前已由相关行政机关制定涉及海洋行政管理裁量基准的有,农业农村部、中国海警局联合制定的《海洋渔业行政处罚自由裁量基准(试行)》,交通运输部海事局制定的《海事违法行为行政处罚裁量基准》*《海事行政许可裁量基准》等。但至今未有行政机关制定海洋行政处罚裁量基准。根据《海洋行政处罚实施办法》第三条的规定,中国海监机构具有承担海洋行政处罚工作的职权,是实施海洋行政处罚权的执法机构。在法律法规对海洋行政处罚仅作出原则性、抽象性规定,国家海洋局以及县级以上各级人民政府海洋行政主管部门作为海洋行政处罚实施机关未设定海洋行政处罚裁量基准的情况下,中国海监总队作出的《关于进一步规范海洋行政处罚裁量权行使的若干意见》,是在法律、法规规定给予行政处罚的行为、种类和幅度的范围内,对海洋行政处罚裁量规则的具体化、细化及量化,可以视为裁量基准予以参考。中国海监总队《关于进一步规范海洋行政处罚裁量权行使的若干意见》对海洋行政处罚适用从轻或减轻的条件进行了细化、具体化:(1)当事人主动消除或者减轻海洋违法行为危害后果的,如及时退还非法占用的海域、积极恢复海域原状,及时采取措施清理污染、排除危害、对海洋环境和生态进行补救等;(2)受他人胁迫而实施海洋违法行为的;(3)配合海洋行政主管部门及其所属中国海监机构查处违法行为有立功表现的,如积极配合调查取证,主动提供涉案材料和有关线索,坦白自身违法事实或揭发、检举其他违法行为等;(4)主动纠正自己的违法行为,积极服从海洋行政主管部门及其所属中国海监机构管理、监督的;(5)海洋管理法律、法规和规章规定的其他可以从轻和减轻行政处罚的情形。上述规定亦无同一海域内先后存在两个以上相互独立的非法围海、填海行为,可以从轻或减轻行政处罚的情形。因此,同一海域内先后存在两个以上相互独立的非法围海、填海行为,在后的违法行为不因在先的违法行为适用从轻或者减轻行政处罚的相关规定。

本案例中,海洋渔业局作出涉案行政处罚决定符合过罚相当原则。乃志公司被查处后并未主动采取措施减轻或消除其围填海造地的危害后果,不存在从轻或减轻处罚的情形,故海洋渔业局在涉案行政处罚决定中不予从轻、减轻处罚并无不当。海洋渔业局依据《海域使用管理法》第四十二条的规定,决定按十五倍处罚,未违反《行政处罚法》关于行政处罚适用的相关规定,符合中国海监总队《关于进一步规范海洋行政处罚裁量权行使的若干意见》对于行政处罚幅度中的一般处罚,并非从重处罚。作出罚款256.77万元的行政处罚决定,属于裁量幅度内的处理,符合比

---

* 现已失效。——编者注

例原则,不存在明显失当。

四、参照适用时应注意的问题

(一)关于相关法律规范和法律标准的适用

本案二审生效裁判文书作出的时间为2019年6月26日,适用当时的《行政处罚法》(2017年修正)。参照适用中,需引用2021年修订的《中华人民共和国行政处罚法》的相关规定。

《国家海洋局关于印发〈海域使用分类体系〉和〈海籍调查规范〉的通知》(国海管字〔2008〕273号)已失效,在裁判文书中不能再直接引用。目前适用的是《海籍调查规范》(中华人民共和国海洋行业标准HY/T 124—2009)以及《财政部、国家海洋局印发〈关于调整海域无居民海岛使用金征收标准〉的通知》(财综〔2018〕15号)。《海籍调查规范》(中华人民共和国海洋行业标准HY/T 124—2009)未对"填海造地"的定义作出新的界定。财综〔2018〕15号通知"用海方式界定"规定,"填海造地用海"是指筑堤围割海域填成土地,并形成有效岸线的用海。"围海用海"是指通过筑堤或其他手段,以完全或不完全闭合形式围割海域进行海洋开发活动的用海。对于围海、填海的定义没有实质修改。

关于海岸线的认定,第三次全国国土调查与海岸线修测的衔接工作已接近尾声,尚未最终确定公布,应以政府新批复的海岸线为准。

(二)关于填占海域面积的认定

司法实务中,原告主张扣除填占海域面积的理由,主要是其实施围海、填海的海域内原有码头、道路(施工便道)、栈道、栈桥等土地或建筑物、构筑物。法院判决支持原告主张的案件大多是已取得海域使用权后改变用海方式的情形。未支持原告主张的案件,法院未在判决书中明确分析理由。对于填占海域面积认定,除了上述情形外,还有因海岸线修测与土地调查不同步,以及国土资源曾多头管理造成围填海历史问题等原因,在原告已依法取得用地批复或国有土地使用证、不动产权证书时,是否可以相应扣除,值得进一步探讨。

(执笔人:广西壮族自治区高级人民法院环资庭　熊　梅、彭绍征
最高人民法院环资庭　朱　婧
编审人:最高人民法院研究室　石　磊)

指导案例178号　北海市乃志海洋科技有限公司诉北海市海洋与渔业局行政处罚案

最高人民法院案例指导工作办公室编审人:石磊

1. 案例推荐单位:最高人民法院环资庭、广西壮族自治区高级人民法院
2. 案例编写人:广西壮族自治区高级人民法院　张辉、熊梅、彭绍征,最高人民法院环资庭朱婧
3. 案件裁判法院:北海海事法院(一审)、广西壮族自治区高级人民法院(二审)
4. 案件承办人:陆英涛(一审)、熊梅(二审)

相关法条

1.《中华人民共和国行政处罚法》(2018年1月1日实施)(已被修正)

第二十七条　当事人有下列情形之一的,应当依法从轻或者减轻行政处罚:

(一)主动消除或者减轻违法行为危害后果的;

(二)受他人胁迫有违法行为的;

(三)配合行政机关查处违法行为有立功表现的;

(四)其他依法从轻或者减轻行政处罚的。

违法行为轻微并及时纠正,没有造成危害后果的,不予行政处罚。

2.《中华人民共和国行政处罚法》(2021年7月15日实施)

第三十二条　当事人有下列情形之一,应当从轻或者减轻行政处罚:

(一)主动消除或者减轻违法行为危害后果的;

(二)受他人胁迫或者诱骗实施违法行为的;

(三)主动供述行政机关尚未掌握的违法行为的;

(四)配合行政机关查处违法行为有立功表现的;

(五)法律、法规、规章规定其他应当从轻或者减轻行政处罚的。

3.《中华人民共和国海域使用管理法》(2002年1月1日实施)

第四十二条　未经批准或者骗取批准,非法占用海域的,责令退还非法占用的海域,恢复海域原状,没收违法所得,并处非法占用海域期间内该海域面积应缴纳的海域使用金五倍以上十五倍以下的罚款;对未经批准或者骗取批准,进行围海、填海活动的,并处非法占用海域期间内该海域面积应缴纳的海域使用金十倍以上二十倍以下的罚款。

4.《海洋行政处罚实施办法》(2003年3月1日实施)

第三条　县级以上各级人民政府海洋行政主管部门是海洋行政处罚实施机关(以下简称实施机关)。

实施机关设中国海监机构的,海洋行政处罚工作由所属的中国海监机构具体承担;未设中国海监机构的,由本级海洋行政主管部门实施。

中国海监机构以同级海洋行政主管部门的名义实施海洋行政处罚。

【参考性案例】

陕西省高级人民法院第165号参考性案例

崔常亮持刀致二人轻伤改判无罪案

——对持续进行的不法侵害进行防卫构成正当防卫

（陕西省高级人民法院审判委员会刑事审判专业委员会
2022年第15次会议讨论通过）

关键词　正当防卫　防卫过当　持续侵害　必要限度

裁判要点

1. 持续进行的不法侵害在彻底终了之前已形成现实、紧迫危险的，应当认定为《刑法》第二十条第一款规定的“正在进行的不法侵害”，可以进行正当防卫。

2. 对持续进行、“累积升高”的不法侵害进行正当防卫的，应当综合考虑不法侵害的手段、危害程度、损害后果等，及与之相对应防卫人所处的具体情境、防卫行为的方式、强度等情节，认定是否明显超过必要限度。

3. 正当防卫与被害人过错具有不同的刑罚裁量意义，要防止将正当防卫的案件不当认定为被害人具有过错而对被告人免除处罚，刑罚裁量要符合社会主义核心价值观的要求。

相关法条

《中华人民共和国刑法》第二十条

案件索引

一审：西安市长安区人民法院(2019)陕0116刑初675号刑事判决书(2021年4月19日)

二审：陕西省西安市中级人民法院(2021)陕01刑终619号刑事判决书(2021年12月29日)

基本案情

崔常亮系山西省文水县人,在西安市长安区杜曲街办经营旺角楼超市。2018年6月30日上午,卢磊之父卢群超在崔常亮姑父张吉成经营的菜店因买鸡蛋与店员发生口角,后卢磊前往菜店将电子秤砸坏、将菜踢散一地。崔常亮得知张吉成的菜店被砸,欲息事宁人,于当日中午在一家泡馍馆找到正在饮酒的卢磊及冯小宁、冯三良、杨晨、冯飞、张博等人。崔常亮及其父亲崔桂成想通过杨晨从中调解,但未果。当日17时13分许,卢磊、冯飞、张博、冯小宁等人酒后来到崔常亮在小江村经营的旺角楼超市。卢磊用手指着说要购买超市内所有商品。崔常亮认为对方是酒后滋事遂表示不卖,因担心家人安全,就去厨房取来一把菜刀要求对方离开。冯小宁先后两次拿柜台上的糖盒砸崔常亮,崔常亮扑向冯小宁,张博等人上前撕拉崔常亮。在双方撕扯的过程中,崔常亮持菜刀伤到张博面部,造成张博右颧颊部皮肤裂伤。冯小宁、冯飞、张博等人被迫退出超市,崔常亮持菜刀、崔桂成持斧头站在超市门口。冯飞捡起木墩砸向崔常亮,崔常亮躲开后,木墩砸坏超市玻璃门,崔常亮手持菜刀上前追上后踢了冯飞两脚。后崔常亮又持刀返回超市门口,数名男子围着崔常亮不断指点、推搡。冯飞又拿来一块石头砸崔常亮,致崔常亮面部受伤,崔常亮再次追冯飞,追上后用菜刀砍伤冯飞的右臂和外腹部,后双方被周围群众制止。经鉴定,冯飞右上臂近端5厘米皮肤裂伤,属轻微伤,右侧腹部15厘米皮肤裂伤,属轻伤;张博右颧颊部皮肤裂伤,留5.5厘米瘢痕,属轻伤二级。2018年9月17日,崔常亮被西安市公安局长安分局刑事拘留,同年10月23日被取保候审。同年9月17日,西安市公安局长安分局对冯飞、冯小宁处以行政拘留十日。

裁判结果

西安市长安区人民法院于2021年4月19日作出(2019)陕0116刑初675号刑事判决:以被告人崔常亮犯故意伤害罪,免予刑事处罚;作案工具菜刀依法没收。一审宣判后,被告人崔常亮不服,提出上诉。

西安市中级人民法院于2021年12月29日作出(2021)陕01刑终619号刑事判决:(一)撤销西安市长安区人民法院(2019)陕0116刑初675号刑事判决;(二)上诉人(原审被告人)崔常亮无罪。

裁判理由

法院生效判决认为,刑法规定,正当防卫是为了使国家、公共利益、本人或者他人的人身、财产和其他权利免受正在进行的不法侵害,而采取的制止不法侵害的行为,对不法侵害人造成损害的,属于正当防卫,不负刑事责任。正当防卫的起因是存在不法侵害。《关于依法适用正当防卫制度的指导意见》中规定,不法侵害既包括侵犯生命、健康权利的行为,也包括侵犯人身自由、公私财产等权利的行为;既包括犯罪行为,也包括违法行为。对于不法侵害已经形成了现实、紧迫危险的,应当认定为不法侵害已经开始;对于不法侵害是否已经开始或者结束,应当立足防卫人在防卫时所处情境,按照社会公众的一般认知,依法作出合乎情理的判断,不能苛求防卫人。本案是因卢磊砸了崔常亮亲戚的菜店而引发,崔常亮作为在小江村做生意的外地人,本想息事宁人,但找人调解未果,后卢磊带数名饮酒的年轻男子来到超市,声称要将超市买了。从案发起因、双方人数对比、当时的语境上看,崔常亮感受到人身财产安全面临危险是有事实依据的。崔常亮让妻儿躲到后面房子后拿出了菜刀,以一己之力对付对方五个人,该防卫方法适当。后对方对崔常亮实施连续用糖盒、木墩、石块砸的行为,崔常亮面临的是危险程度不断升级的持续侵害。故案发时存在不法侵害。《关于依法适用正当防卫制度的指导意见》的规定,重大损害是指造成不法侵害人重伤、死亡。造成轻伤及以下损害的,不属于重大损害。防卫行为虽然明显超过必要限度但没有造成重大损害的,不应认定为防卫过当。上诉人崔常亮虽然在防卫过程中造成二人轻伤的后果,但不属于重大损害。故原审判决认定上诉人崔常亮系防卫过当有误,应予纠正。

四川省高级人民法院参考性案例

常某一、常某二、孙某某侮辱案

(四川省高级人民法院审判委员会2022年第9、29次会议讨论通过
2022年5月16日发布)

关键词 刑事 侮辱罪 网络暴力 贬损人格 严重后果

裁判规则

1. 利用信息网络贬损他人人格,毁损他人名誉,导致被害人自杀身亡等严重后果的,属于《中华人民共和国刑法》第二百四十六条第一款规定的以其他方法公然侮辱他人,情节严重的行为,构成侮辱罪。

2. 对第一审公诉案件,人民法院审理认为属于告诉才处理的案件,被害人或者近亲属参与诉讼,并表达了追究被告人刑事责任的诉求,人民法院应当组织控辩双方围绕是否构成该罪名进行辩论,并依据法律和审理查明的事实作出判决。

相关法条

1.《中华人民共和国刑法》第246条

2.《最高人民法院关于适用〈中华人民共和国刑事诉讼法〉的解释》第295条第1款第2项

案件索引

一审:四川省绵竹市人民法院(2019)川0683刑初101号刑事判决(2021年8月6日)

二审:四川省德阳市中级人民法院(2021)川06刑终125号刑事裁定(2021年11月3日)

基本案情

2018年8月20日,被告人常某一之子(时年13岁)在德阳某游泳馆游泳时,与同泳道相向而游的安某某发生身体碰撞,常某一之子随即朝安某某游走方向作出

吐口水的动作。在岸边的乔某某(系安某某丈夫)看见后,扑向常某一之子,将其头部按入水中,并打了其一耳光后予以训斥,至双方发生口角。继而,闻讯赶来的常某一与安某某、乔某某在游泳池旁发生争吵,后与安某某在女更衣室产生肢体冲突。公安民警接警后调解未果。8 月 21 日上午,常某一等人前往乔某某所在某局反映游泳池冲突情况,要求立即对乔某某进行处理,乔某某所在某局表示待公安机关查处后再行处理。常某一在乔某某所在某局公示栏拍摄乔某某的姓名、单位职务、免冠照片等公示内容。8 月 21 日下午,常某一和被告人常某二(系常某堂妹)等人前往安某某所在医院反映游泳池冲突情况,要求立即对安某某进行处理,安某某所在医院表示待公安机关查处后再行处理。常某一、常某二在安某某所在医院吵闹并针对安某某发表侮辱性语言,引发群众围观。常某一通过安某某所在医院微信公众号获取安某某的姓名、单位、职务、免冠照片截图。8 月 21 日至 23 日,常某一、常某二和被告人孙某某(系常某表妹)将获取的乔某某、安某某为公务员、医生等个人信息与游泳池视频关联,配注带有明显负面贬损、侮辱色彩的标题,分别通过微信、微博等方式推送给他人及媒体记者进行爆料,并通过网络发布带侮辱性的标题贴文和恶意评论,引导网民对乔某某、安某某作出负面评价。8 月 22 日至 25 日,涉及乔某某、安某某的游泳池事件被多家媒体大量报道、转载,引发广大网民对乔某某、安某某诋毁、谩骂。在此期间,乔某某、安某某通过他人与常某一联系协商解决未果。8 月 25 日,安某某因不堪网络舆论压力而服药自杀,经抢救无效死亡。

四川省绵竹市人民检察院指控被告人常某一、常某二、孙某某犯侵犯公民个人信息罪,向人民法院提起公诉。被害人乔某某参与诉讼,并表达了追究被告人刑事责任的诉求,合议庭组织控辩双方围绕被告人的行为构成何罪及是否构成侮辱罪进行了辩论。

裁判结果

四川省绵竹市人民法院于 2021 年 8 月 6 日作出(2019)川 0683 刑初 101 号刑事判决:一、被告人常某一犯侮辱罪,判处有期徒刑一年六个月。二、被告人常某二犯侮辱罪,判处有期徒刑一年,缓刑二年。三、被告人孙某某犯侮辱罪,判处有期徒刑六个月,缓刑一年。宣判后,被告人常某一不服,提出上诉。四川省德阳市中级人民法院于 2021 年 11 月 3 日作出(2021)川 06 刑终 125 号刑事裁定,驳回上诉,维持原判。该裁定已发生法律效力。

裁判理由

法院生效裁判认为,侮辱罪是指使用暴力或其他方法,公然贬损他人人格,破坏他人名誉,情节严重的行为。被告人常某一因其子在游泳池中被打之事对被害人乔某某、安某某产生不满,在公安机关已经介入处理的情况下,先后找被害人单位领导要求处理,并在被害人安某某所在医院进行辱骂、诋毁,引发群众围观。在获取乔某某、安某某的照片及相关身份信息后,直接与游泳池视频结合在一起,配注带有明显负面贬损、侮辱色彩的标题,并故意放大被害人夫妇系“公务员”“医生”的特殊身份,又通过被告人常某二、孙某某等人参与协助,通过微信、微博等方式推送给他人及媒体记者进行爆料,并参与评论,引导大量网民连续在网络上对被害人进行指责、谩骂、诋毁,公然贬损他人人格、毁损他人名誉,形成网络暴力,造成被害人安某某自杀身亡的严重后果,情节严重。三被告人的行为均已构成侮辱罪。公诉机关指控的犯罪事实成立,但因本案获取公民个人信息的方式不符合《中华人民共和国刑法》第二百五十三条之一第三款的规定,提供公民个人信息的行为亦不符合《最高人民法院、最高人民检察院关于办理侵犯公民个人信息刑事案件适用法律若干问题的解释》规定的“情节严重”标准,故指控三被告人犯侵犯公民个人信息罪的罪名不当。

在一审庭审期间,合议庭组织控辩双方围绕被告人的行为构成何罪及是否构成侮辱罪进行了辩论,充分保障了被告人及辩护人的辩护权。依照《最高人民法院关于适用〈中华人民共和国刑事诉讼法〉的解释》第二百九十五条第一款第(二)项“起诉指控的事实清楚,证据确实、充分,但指控的罪名不当的,应当依据法律和审理认定的事实作出有罪判决”之规定,本案虽是公诉机关以侵犯公民个人信息罪提起的公诉案件,但一审法院审查后认为不构成指控罪名,可以直接以审理认定的事实作出有罪判决;且本案被害人在一审审理期间全程参与案件诉讼,并要求追究被告人的刑事责任,一审法院依据法律规定、审理查明的事实及被害人的诉请,以侮辱罪作出有罪判决,程序并无不当,符合法律规定。

(生效裁判审判人员:阳　霖、李　庆、王海燕

撰写人:四川省德阳市中级人民法院　王海燕

四川省高级人民法院　翟开富、任　梦)

江西省高级人民法院第 9 号参考性案例

邱国荣、万锦龙非法收购、出售濒危野生动物案

（江西省高级人民法院审判委员会讨论通过　2022 年 8 月 16 日发布）

关键词　刑事　非法收购　出售濒危野生动物罪　人工繁育　野生动物

裁判要点

行为人非法收购、出售列入《濒危野生动植物种国际贸易公约》附录二的野生动物的驯养繁殖动物，涉案驯养繁殖动物属人工种源，驯养繁殖技术成熟、数量规模较大，非法收购、出售行为没有对野生动物种群造成实质危害的，属于情节显著轻微，社会危害性不大，不构成犯罪。

相关法条

《中华人民共和国刑法》第 13 条、第 341 条第 1 款

《最高人民法院关于审理破坏野生动物资源刑事案件具体应用法律若干问题的解释》* 第 1 条、第 2 条、第 3 条、第 10 条

《关于依法惩治非法野生动物交易犯罪的指导意见》第 2 条、第 3 条、第 9 条

基本案情

被告人万锦龙在未办理野生动物经营许可证及营业执照的情况下，在江西省南昌市东湖区经营了一家“南昌市东湖锦华宠物花鸟鱼虫咨询中心”，从河南省商丘市易森花鸟市场的窦某、李某处收购鹦鹉等鸟类用于销售。邱国荣在未办理野生动物经营许可证及营业执照的情况下，在贵溪市红石广场经营了一家“国荣水族馆”，从万锦龙处收购鹦鹉等鸟类用于销售。2018 年 4 月，万锦龙将其收购的 4 只鹩哥和 8 只费希氏情侣鹦鹉出售给邱国荣。经贵溪公众司法鉴定中心鉴定，涉案的

---

* 现已失效。——编者注

4只鹩哥(学名:Gracula religiosa)和8只费希氏情侣鹦鹉(学名:Agapornis fischeri)属于《濒危野生动植物种国际贸易公约》附录二中的保护物种。

2018年5月2日下午,邱国荣被抓获后,供述4只鹩哥和8只费希氏情侣鹦鹉是从万锦龙处所购。2018年6月4日,万锦龙主动到贵溪市森林公安局接受调查,供述其销售给邱国荣8只费希氏情侣鹦鹉是从窦某、李某处所购,4只鹩哥是从上门兜售的人手中所购。经查,万锦龙收购人工驯养的费希氏情侣鹦鹉来源的上家持有《河南省重点保护野生动物驯养繁殖许可证》《河南省野生动物及其产品经营许可证》。

2018年5月4日,贵溪市野生动植物保护管理站对涉案鸟类物种进行健康检查,确认无恙。贵溪市野生动植物保护管理站工作人员与贵溪市森林公安局民警将4只鹩哥及8只费希氏情侣鹦鹉运至贵溪市嘉鹏农业发展有限公司,交由其代为养殖。

裁判结果

江西省贵溪市人民法院于2018年12月21日作出(2018)赣0681刑初205号刑事判决,以被告人邱国荣犯非法收购、出售濒危野生动物罪,在法定刑以下判处有期徒刑二年,并处罚金人民币一万元;被告人万锦龙犯非法收购、出售濒危野生动物罪,在法定刑以下判处有期徒刑一年零六个月、缓刑二年,并处罚金人民币一万元;扣押的涉案鸟类,由扣押机关依法予以处理。宣判后,邱国荣提出上诉。江西省鹰潭市中级人民法院于2019年9月11日作出(2019)赣06刑终50号刑事判决,维持江西省贵溪市人民法院(2018)赣0681刑初205号刑事判决第(二)项、第(三)项;撤销江西省贵溪市人民法院(2018)赣0681刑初205号刑事判决第(一)项;上诉人邱国荣犯非法收购珍贵、濒危野生动物罪,在法定刑以下判处有期徒刑一年六个月,缓刑二年,并处罚金人民币一万元。鹰潭市中级人民法院依法层报最高人民法院核准。江西省高级人民法院于2020年4月10日作出(2020)赣刑核30002109号刑事裁定,裁定发回鹰潭市中级人民法院重审。鹰潭市中级人民法院于2020年12月30日作出(2021)赣刑终92号刑事判决,维持江西省贵溪市人民法院(2018)赣0681刑初205号刑事判决第(三)项;撤销江西省贵溪市人民法院(2018)赣0681刑初205号刑事判决第(一)项、第(二)项;上诉人邱国荣犯非法收购、出售濒危野生动物罪,判处有期徒刑一年六个月,缓刑二年,并处罚金人民币一万元;原审被告人万锦龙犯非法收购、出售濒危野生动物罪,判处有期徒刑一年六个月,缓刑二年,并处罚金人民币一万元。

裁判理由

法院生效裁判认为,《最高人民法院关于审理破坏野生动物资源刑事案件具体应用法律若干问题的解释》第一条规定,刑法第三百四十一条规定的“珍贵、濒危野生动物”包括《濒危野生动植物种国际贸易公约》附录二中的野生动物以及驯养繁殖的上述物种。涉案的8只费希氏情侣鹦鹉是《濒危野生动植物种国际贸易公约》附录二中野生动物的驯养繁殖动物,属于刑法保护的对象。最高人民法院、最高人民检察院、公安部、司法部《关于依法惩治非法野生动物交易犯罪的指导意见》第九条规定,收购、出售驯养繁殖的野生动物是否构成犯罪,应考虑涉案动物是否系人工繁育、物种的濒危程度、野外存活状况、人工繁育情况、是否列入国务院野生动物保护主管部门制定的人工繁育国家重点保护野生动物名录,以及行为手段、对野生动物资源的损害程度等情节,综合评估社会危害性。涉案费希氏情侣鹦鹉来源为河南商丘持有驯养繁殖许可证及经营许可证的商户销售,属人工种源,非野外获取的种源,系合法销售;刑法对野外种源和人工种源的保护上应加以区分。涉案费希氏情侣鹦鹉在我国没有野外自然分布,被人工合法驯养繁殖、商业利用多年,驯养繁殖技术成熟,在河南商丘等地驯养繁殖已成规模,数量大量增加,形成较大产业链。公安机关扣押的涉案费希氏情侣鹦鹉均为活体,邱国荣、万锦龙的行为未对费希氏情侣鹦鹉的资源造成实际损害。综上,邱国荣、万锦龙收购、出售涉案费希氏情侣鹦鹉的行为情节显著轻微,危害不大,不宜认定为犯罪。

邱国荣、万锦龙未经野生动物行政主管部门批准,非法收购、出售濒危鹩哥,其行为已构成非法收购、出售濒危野生动物罪。邱国荣、万锦龙收购、出售的4只濒危鹩哥未达到“情节严重”标准。邱国荣未实际卖出濒危的4只涉案鹩哥,属犯罪未遂。邱国荣归案后,如实供述自己的犯罪事实,并认罪悔罪,具有坦白情节。万锦龙自动投案,如实供述自己的犯罪事实,具有自首情节。故法院生效判决认定邱国荣、万锦龙犯罪情节较轻,认罪悔罪,且没有再犯罪危险,对其宣告缓刑。

(生效裁判审判人员:魏　鹏、李胜旺、赵　阳)

安徽省高级人民法院第53号参考性案例

张国荣、张夏增合同诈骗案

（安徽省高级人民法院审判委员会讨论通过 2021年12月27日发布）

关键词 刑事 合同诈骗罪 非法占有目的 证据不足 刑事优先

裁判要点

1. 非法占有目的是认定合同诈骗犯罪的关键因素，在没有被告人有罪供述的情况下，人民法院应从被告人违约原因、履约方式、履约能力、违约后表现、标的物去向等方面综合判定。

2. 一方在签订、履行合同时提供的信息不实，但没有证据证明相对方因该信息产生错误认识的，不是刑法第二百二十四条规定的“骗取”。

3. 对基于同一事实而引起的刑民两种诉讼程序，人民法院应严格审查，区分罪与非罪后依法处理，不应作出刑民并立的判决。

相关法条

《中华人民共和国刑法》第224条

基本案情

被告人张夏增系浙江春天医药有限公司（下称“春天公司”）董事长，被告人张国荣（张夏增儿子）系春天公司的总经理及法定代表人。2013年6月7日，春天公司与安徽华源医药股份有限公司（下称“华源公司”）签订《股权转让合作协议书》，将春天公司30%的股权转让给华源公司，后春天公司更名为浙江春天华源医药有限公司（下称“春天华源公司”），张国荣担任春天华源公司总经理及法定代表人，华源公司指派公司副总经理、华源公司新特药分公司经理梁锋担任春天华源公司董事长，张国荣、张夏增具体负责春天华源公司的生产经营活动。2014年3月，春天华源公司与华源公司签订《战略合作（购销）协议》，获得华源公司给予的“先发货，30日或60日后完成付款”的信用授权，后经华源公司新特药分公司申请，信用额度逐渐增至4000万元。根据华源公司授予的信用授权，春天华源公司从华源公司购进药品销售,但未能及时如约偿付货款,至2014年底累计拖欠药品款3000多万元。

2015年6月4日,春天华源公司向华源公司出具投资经营担保书,称该公司擅自将3680多万元货款用于偿还公司以前的债务,致使公司处于资不抵债的困境。2015年7月5日,张国荣与华源公司再次签订股权转让协议,张国荣将春天华源公司全部资产抵押给华源公司,并将股权全部转让给华源公司。协议还约定,华源公司形式上为张国荣保留15%的股权,张国荣在清偿欠华源公司全部货款、利息及违约金后,可将55%股权回购;若不能实现承诺的经营目标,华源公司可处置春天华源公司的资产。

2015年10月27日,华源公司控告张国荣、张夏增合同诈骗。太和县公安局于同年11月17日刑事立案。2016年3月22日,华源公司又基于上述事实以春天华源公司、张国荣、梁锋为被告,向阜阳市中级人民法院提起买卖合同纠纷之诉。阜阳市中级人民法院于2016年9月21日作出民事判决,确认华源公司对春天华源公司享有到期债权本金41938099元、违约金4802553元,合计46740652元;张国荣承担连带清偿责任。2017年6月5日,华源公司向阜阳市中级人民法院申请强制执行。同年12月25日,因被执行人暂无财产可供执行,法院裁定终结本次执行程序。

裁判结果

安徽省阜阳市中级人民法院于2018年8月27日作出(2018)皖12刑初13号刑事判决:一、被告人张国荣犯合同诈骗罪,判处有期徒刑十五年,并处罚金人民币50万元。二、被告人张夏增犯合同诈骗罪,判处有期徒刑十五年,并处罚金人民币50万元。三、违法所得人民币38241905.32元予以追缴,返还安徽华源医药股份有限公司。张国荣、张夏增不服一审判决,提出上诉。安徽省高级人民法院于2019年3月7日作出(2018)皖刑终301号刑事裁定:一、撤销安徽省阜阳市中级人民法院(2018)皖12刑初13号刑事判决;二、发回安徽省阜阳市中级人民法院重新审判。安徽省阜阳市中级人民法院于2019年12月23日作出(2019)皖12刑初35号刑事判决,结果与前次判决一致。宣判后,张国荣、张夏增不服,再次提出上诉。安徽省高级人民法院于2021年3月29日作出(2020)皖刑终71号刑事判决:一、撤销阜阳市中级人民法院(2019)皖12刑初35号刑事判决;二、张国荣无罪;三、张夏增无罪。

裁判理由

法院生效裁判认为:在合同签订、履行过程中,认定被告人行为是否构成合同诈骗罪,应重点审查其客观上是否实施了虚构事实、隐瞒真相的行为,主观上是否具有非法占有目的。

一、关于张国荣、张夏增在合同签订、履行合同过程中是否具有虚构事实、隐瞒真相行为问题

公诉机关指控及一审判决认定被告人张国荣、张夏增构成合同诈骗罪的理由是,二人与华源公司签订《股权转让合作协议书》和《战略合作(购销)协议》时,虚构事实、隐瞒真相,造成春天华源公司及张国荣、张夏增拖欠华源公司货款无法偿还。经查,虽然春天公司在2013年签订股权转让协议时提供的资产负债表不能准确反映公司的资产状况,但协议约定转让前的债权债务由张国荣负责处理,华源公司不承担责任,清单中未列明的债权债务也由张国荣负责和处理,可见华源公司对春天公司的资产及负债状况的审查持放任态度。在案证据显示《战略合作(购销)协议》系华源公司新特药分公司帮助春天华源公司完成申请,同时没有证据证实春天华源公司在签署上述协议及申请"授信"经营的过程中提供了虚假材料或隐瞒事实。故认定张国荣、张夏增在签订、履行上述两份协议过程中有虚构事实、隐瞒真相行为的证据不足。

二、关于张国荣、张夏增是否具有非法占有目的问题

(一)以春天华源公司低价销售进购药品事实认定张国荣、张夏增具有非法占有目的证据不足。公诉机关指控及一审判决认定,春天华源公司及张国荣、张夏增履行合同的方式明显不当,以低于进价的方式销售从华源公司进购的药品,二人有非法占有目的。经查,春天华源公司确有低价销售进购华源公司药品行为,但具体低价销售药品的数额及占全部进货药品的比例不清,而华源公司委托会计师事务所作的专项审计报告显示春天华源公司在销售华源公司药品的过程中是盈利的。张国荣、张夏增到案后均未供认其在签订上述协议时具有非法占有目的,二人辩称低价销售行为是药品市场的惯例,因华源公司不允许退换货,根据药品的保质期和市场反应等因素不得不低价销售部分药品,具有一定的合理性。故仅凭春天华源公司低价销售行为不能认定张国荣、张夏增具有非法占有目的。

(二)以张国荣、张夏增用药品销售款偿还春天华源公司更名前债务事实认定二人具有非法占有目的证据不足。公诉机关指控及一审判决认定,张国荣、张夏增将春天华源公司药品销售款用于偿还春天公司的欠款,即从合同标的物去向方面认定二人有非法占有目的。经查,春天公司股权转让给华源公司前,该公司确实存在大量债务。春天公司股权转让后,春天公司更名为春天华源公司,张国荣、张夏增将从华源公司进购的药品低价销售,用销售款偿还了公司前期的债务,从而导致无法支付华源公司药品进货款。虽然春天公司与华源公司在签订《股权转让合作协议》时约定转让前的债务由张国荣负责和处理,但该约定系股东间的内部约定,不具有对外效力。春天公司名称和股权结构发生变更后,变更前的债权、债务应由变

更后的公司承继，即春天华源公司仍需对春天公司的债务承担责任。故张国荣、张夏增的上述行为虽然违反股东内部约定，但不能认定为二人具有非法占有目的。

（三）综合张国荣、张夏增及春天华源公司的履约能力、违约后表现、标的物去向等方面情节，无法认定张国荣、张夏增具有非法占有目的。虽然张国荣、张夏增及春天公司存在大量债务，但春天公司有实际资产和较为完善的经营网络，且张国荣、张夏增还有其他实体，春天华源公司在合作期间一直有实际经营行为，故不存在虚构合同主体的行为。尽管前期没有华源公司的“授信”，但春天华源公司一直正常履约，故不能认定华源公司没有实际履约能力。春天华源公司是华源公司合作公司，董事长是华源公司委派的，“授信”合同是华源新特药分公司帮助申请的，符合商业经营模式，故不能认定“授信”系张国荣、张夏增及春天华源公司诱骗对方继续签订和履行合同。春天华源公司拖欠货款后，张国荣给华源公司出具材料承认欠款，并将其在春天华源公司股份全部转让给华源公司，同时无证据证实张国荣、张夏增有挥霍、隐匿财产等其他行为，故不能认定二人非法占有相关财物。

三、关于因同一事实引起的刑民两种诉讼程序处理问题

公安机关对张国荣、张夏增以涉嫌合同诈骗刑事立案后，华源公司又以同一事实向阜阳市中级人民法院提起民事诉讼。该院作出民事判决认为，华源公司以春天公司原法定代表人张国荣涉嫌合同诈骗报案，但其作为受害方并未主张撤销其与春天公司的买卖合同，故买卖合同合法有效。张国荣是否构成合同诈骗罪，不影响其和春天公司承担民事责任，民事判决亦不影响其承担刑事责任。在民事判决执行不能的情况下，该院又对基于同一事实提起的公诉案件作出刑事判决，认为不能因为民事判决认定张国荣承担民事责任就可以免除其刑事责任，原民事判决并不影响对张国荣行为是否构成刑事犯罪的认定。

根据最高人民法院《关于在审理经济纠纷案件中涉及经济犯罪嫌疑若干问题的规定》第十一条、最高人民法院《关于适用刑法第六十四条有关问题的批复》的规定，人民法院应坚持“刑事优先”的案件受理标准，在相关刑事案件已立案的情况下，被害人另行提起民事诉讼的，人民法院不予受理。据此，当事人基于同一事实既向公安机关报案，又向法院提起民事诉讼的，人民法院应严格审查，涉嫌刑事犯罪的，依法裁定不予受理或驳回起诉。在前期未掌握刑事立案并已作出民事判决的情况下，人民法院经审查认为不构成犯罪的，应依法宣告无罪；认为构成犯罪的，应同时启动再审程序，撤销民事判决，依据刑法第六十四条规定对被害人的损失进行处理。

（案例编写人：宋兴林
生效裁判审判人员：宋兴林、曹昆、段志侠）

【典型案例】

人民法院依法惩治金融犯罪典型案例

(发布时间:2022年9月22日)

人民法院依法惩治金融犯罪典型案例目录

1.“e租宝”集资诈骗、非法吸收公众存款案
2.“昆明泛亚”非法吸收公众存款案
3. 上海“阜兴”集资诈骗案
4. 沈阳“老妈乐”集资诈骗案
5. 江西“老庆祥”非法吸收公众存款执行案
6. 丹东欣泰电气股份有限公司、温德乙等欺诈发行股票、违规披露重要信息案
7. 张家港保税区伊世顿国际贸易有限公司、金文献等操纵期货市场案
8. 远大石化有限公司、吴向东操纵期货市场案
9. 袁钢志洗钱案
10. 周张成洗钱案

案例1

“e租宝”集资诈骗、非法吸收公众存款案

——借互联网金融名义实施非法集资犯罪

一、基本案情

被告单位安徽钰诚控股集团。

被告单位钰诚国际控股集团有限公司。

被告人丁宁,男,汉族,1982 年 7 月 11 日出生。

被告人丁甸,男,汉族,1987 年 6 月 24 日出生。

其他被告人身份情况,略。

被告单位安徽钰诚控股集团、钰诚国际控股集团有限公司于 2014 年 6 月至 2015 年 12 月间,在不具有银行业金融机构资质的前提下,利用"e 租宝"平台、芝麻金融平台发布虚假融资租赁债权项目及个人债权项目,包装成"e 租年享""年安丰裕"等若干理财产品进行销售,以承诺还本付息等为诱饵,通过电视台、网络、散发传单等途径向社会公开宣传,向 115 万余人非法吸收资金 762 亿余元。其中,大部分集资款被用于返还集资本息、收购线下销售公司等平台运营支出,或被挥霍以及用于其他违法犯罪活动,造成集资款损失 380 亿余元。此外,钰诚国际控股集团有限公司、丁宁等人还走私贵重金属、非法持有枪支、偷越国境。

二、裁判结果

本案由北京市第一中级人民法院一审,北京市高级人民法院二审。

法院认为,被告单位安徽钰诚控股集团、钰诚国际控股集团有限公司及被告人丁宁、丁甸、张敏等 10 人以非法占有为目的,使用诈骗方法非法集资,其行为均已构成集资诈骗罪;被告人王之焕等 16 人违反国家金融管理法律规定,变相吸收公众存款,其行为均已构成非法吸收公众存款罪。二被告单位以及丁宁等被告人的非法集资行为,犯罪数额特别巨大,造成全国多地集资参与人巨额财产损失,严重扰乱国家金融管理秩序,犯罪情节、后果特别严重,应依法惩处。据此,依法以集资诈骗罪、走私贵重金属罪判处被告单位钰诚国际控股集团有限公司罚金人民币十八亿零三百万元;以集资诈骗罪判处安徽钰诚控股集团罚金人民币一亿元;以集资诈骗罪、走私贵重金属罪、非法持有枪支罪、偷越国境罪判处丁宁无期徒刑,剥夺政治权利终身,并处没收个人财产五十万元,罚金人民币一亿零一万元;以集资诈骗罪判处丁甸无期徒刑,剥夺政治权利终身,并处罚金人民币七千万元。分别以集资诈骗罪、非法吸收公众存款罪、走私贵重金属罪、偷越国境罪,对张敏等 24 人判处有期徒刑十五年至三年不等刑罚,并处剥夺政治权利及罚金。在案扣押、冻结款项分别按比例发还集资参与人;在案查封、扣押的房产、车辆、股权、物品等变价后发还集资参与人,不足部分继续责令退赔并按照同等原则分别发还。

三、典型意义

本案是利用互联网金融模式实施非法集资犯罪的典型案例。被告单位安徽钰诚控股集团、钰诚国际控股集团有限公司打着"金融创新"的旗号,依托互联网金融平台,以互联网金融创新、虚拟货币投资、网络借贷等为幌子,以高额利息为诱饵,虚构融资租赁项目,持续采用借旧还新、自我担保等方式进行非法集资活动,是一个彻头彻尾的"庞氏骗局"。本案涉案数额特别巨大,涉及众多集资参与人,造成集资参与人巨额经济损失,严重损害投资者合法权益,严重危害国家金融安全,犯罪情节、后果特别严重,应依法严惩。法院以集资诈骗罪判处被告人丁宁、丁甸无期徒刑,并判处被告单位安徽钰诚控股集团、钰诚国际控股集团有限公司巨额罚金,充分体现了从严惩处的精神。

案例2

"昆明泛亚"非法吸收公众存款案

——借用合法经营形式实施非法集资犯罪

一、基本案情

被告单位昆明泛亚有色金属交易所股份有限公司(以下简称"昆明泛亚公司")。

被告单位云南天浩稀贵金属股份有限公司(以下简称"云南天浩稀贵公司")。

被告人单九良,男,汉族,1964年5月4日出生。

其他被告单位、被告人身份情况,略。

2011年11月至2015年8月间,被告单位昆明泛亚公司董事长、总经理(总裁)单九良与主管人员郭枫、王飚经商议策划,违反国家金融管理法律规定,以稀有金属买卖融资融货为名推行"委托受托"业务,向社会公开宣传,承诺给付固定回报,诱使社会公众投资,变相吸收巨额公众存款。被告单位云南天浩稀贵公司等3家公司及被告人钱军等人明知昆明泛亚公司非法吸收公众存款而帮助其向社会公众吸收资金。昆明泛亚公司非法吸收公众存款1678亿余元,涉及集资参与人13万余人,造成338亿余元无法偿还。此外,单九良、杨国红还在经营、管理昆明泛亚公司期间,利用职务之便,单独或共同将公司财物占为己有。

二、裁判结果

本案由云南省昆明市中级人民法院一审,云南省高级人民法院二审。

法院认为,被告单位昆明泛亚公司等4家公司、被告人单九良等21人违反国家金融管理法律规定,变相吸收公众存款,数额巨大,其行为均已构成非法吸收公众存款罪;单九良、杨国红利用职务便利,非法将本单位财物据为己有,数额巨大,其行为构成职务侵占罪,均应依法惩处。据此,以非法吸收公众存款罪判处昆明泛亚公司罚金人民币十亿元,分别判处云南天浩稀贵公司等3家被告单位罚金人民币五亿元、五千万元和五百万元;以非法吸收公众存款罪、职务侵占罪判处单九良有期徒刑十八年,并处没收个人财产人民币五千万元,罚金人民币五十万元。对其他被告人分别依法追究相应刑事责任。查封、扣押、冻结的涉案财物依法处置,按比例发还集资参与人;违法所得继续予以追缴,不足部分责令继续退赔,并按同等原则发还集资参与人。

三、典型意义

本案是借用合法经营的形式实施非法集资犯罪的典型案例。本案中,作为合法设立的被告单位昆明泛亚公司,以"稀有金属买卖融资融货"为名,推行"委托交割受托申报""受托委托"业务,将其打造为类金融交易所机构,伙同部分金属生产、销售实体企业在泛亚交易平台上制造虚假资金需求、营造交易火爆假象,借助大型网络媒介、电视电话、经济学者咨询会、户外广告,甚至在银行柜台展示等途径,包装成收益与金属涨跌无关、资金随进随出的类金融理财产品,诱使社会公众投资,形成大量资金沉淀,并控制、分配沉淀资金,实现变相吸收公众存款的目的,其行为符合非法吸收公众存款罪的构成要件,依法应当追究刑事责任。本案警示各类公司、企业要依法依规经营,切莫借用合法经营的形式实施违法犯罪活动,否则,必然受到法律的制裁。

案例3

上海"阜兴"集资诈骗案

——持牌私募机构以发行私募基金为名实施非法集资犯罪

一、基本案情

被告单位上海阜兴实业集团有限公司(以下简称"阜兴集团")。

被告人朱一栋,男,汉族,1982年2月25日出生。

被告人赵卓权,男,汉族,1982年9月21日出生。

其他被告人身份情况,略。

2014年9月起,被告人朱一栋、赵卓权等人决定阜兴集团开展融资业务,使用虚构投资标的、夸大投资项目价值、向社会公开宣传等方式,并以高收益、承诺到期还本付息等为诱饵,设计销售债权类、私募基金类等理财产品,向社会公众非法集资,并发新还旧,不断扩大资金规模,以维持资金链。至2018年6月,阜兴集团非法集资565亿余元,案发时未兑付本金218亿余元。其间,阜兴集团、朱一栋、朱成伟等人集中资金优势、持股或者持仓优势或者利用信息优势联合或连续买卖“大连电瓷”股票,并通过控制上市公司信息的生成或者控制信息披露的内容、时点、节奏,误导消费者作出投资决策,影响证券交易价格或者证券交易量,操纵证券市场,情节特别严重。

二、裁判结果

本案由上海市第二中级人民法院一审,上海市高级人民法院二审。

法院认为,被告单位阜兴集团以非法占有为目的,使用诈骗方法非法集资,其行为已构成集资诈骗罪。被告人朱一栋、赵卓权等作为阜兴集团直接负责的主管人员或其他直接责任人员,其行为均已构成集资诈骗罪;阜兴集团、朱一栋、朱成伟的行为还构成操纵证券市场罪,且情节特别严重,应数罪并罚。据此,依法以集资诈骗罪、操纵证券市场罪判处阜兴集团罚金人民币二十一亿元;以集资诈骗罪、操纵证券市场罪判处朱一栋无期徒刑,剥夺政治权利终身,并处罚金人民币一千五百万元;以集资诈骗罪判处赵卓权无期徒刑,剥夺政治权利终身,并处罚金人民币八百万元。对其他被告人判处相应刑罚。被告单位阜兴集团和各被告人的违法所得予以追缴,发还各被害人和被害单位,不足部分责令被告单位和各被告人继续退赔。

三、典型意义

本案是持牌私募机构以发行私募基金为名实施非法集资犯罪的典型案件。这些私募基金虽然名义上合规,但在“募、投、管、退”各环节实际上均不符合私募基金的管理规定和运行规律。例如,私募基金的销售过程实际上存在变相公开宣传、承诺固定收益、变相提供担保、向不合格投资者销售、未履行风险告知义务等情形;在投资和管理环节,实质上存在自融、“资金池”运作、挪用私募基金财产、未按约定用途投资、投资项目虚假、管理人未履行管理义务以及披露虚假信息等情形;在基金退出环节上,普遍存在“发新还旧”、刚性兑付现象,还本付息并非依靠投资收益。这类私募基金型非法集资犯罪,在行为的“非法性、公开性、利诱性、社会性”认定过程中,与普通非法集资犯罪的认定有所不同,需要司法机关认真研判、甄别。同时,监管机构应当加强投资者教育和私募机构管理,投资者应当提高风险防范意识,掌握必要金融投资知识,积极维护自身合法权益。

案例4

沈阳"老妈乐"集资诈骗案

——以"养老投资"为名实施非法集资犯罪

一、基本案情

被告人金家福，男，汉族，1976年10月18日出生。

被告人梁闯，男，汉族，1983年9月5日出生。

被告人张岩，男，汉族，1978年4月28日出生。

2013年8月，被告人金家福在沈阳市成立沈阳老妈乐商贸有限公司（以下简称"老妈乐公司"）。2015年10月，金家福招揽被告人梁闯、张岩等人为公司高层管理人员，共同实施非法集资活动，以发放传单、讲课和开会等方式向公众宣传，谎称投资老妈乐公司即能在一定期限后获得高额回报，且能享受免费旅游等待遇，诱骗公众投资。至2017年11月，老妈乐公司在全国开设1000余家店铺，骗取170余万名集资参与人62亿余元，案发前返还42亿余元。

二、裁判结果

本案由辽宁省沈阳市中级人民法院一审，辽宁省高级人民法院二审。

法院认为，被告人金家福伙同梁闯、张岩等人以非法占有为目的，使用诈骗方法向社会公众非法集资，数额特别巨大，其行为均已构成集资诈骗罪。金家福、梁闯、张岩在共同犯罪中均系主犯，应予惩处。据此，依法以集资诈骗罪判处金家福无期徒刑，剥夺政治权利终身，并处没收个人全部财产；判处梁闯有期徒刑十三年，剥夺政治权利三年，并处罚金人民币五十万元；判处张岩有期徒刑十二年，剥夺政治权利二年，并处罚金人民币五十万元。

三、典型意义

本案系以"养老投资"为名实施养老诈骗犯罪的典型案例。近年来，随着老年人口数量不断增长，养老服务需求不断增加，一些不法分子以提供养老服务、投资养老项目、销售养老产品等名义，利用老年人网络知识不足、辨识能力不强等特点，采用投资理财高额回报手段设置陷阱、诱导投资，虚假宣传，实施养老诈骗犯罪，骗取老年人钱财。被告人金家福创建老妈乐公司，以会员投资返利为名，在全国20多个省市区设立1000多个门店，以欺诈方法针对老年人进行非法集资，集资参与人达

170万余人，造成经济损失约20亿元，严重损害老年人合法权益，社会危害巨大。法院依法以集资诈骗罪分别对三名被告人判处十年以上有期徒刑、无期徒刑，充分表明了人民法院依法从严惩处养老诈骗犯罪、坚决维护老年人“养老钱”的鲜明态度和坚定决心。同时，提醒人民群众尤其是老年群体要谨慎投资，提高识骗防骗能力，避免陷入犯罪分子设置的圈套。

案例5

江西“老庆祥”非法吸收公众存款执行案

——多措并举全力追赃挽损

一、基本案情

被告单位江西老庆祥实业开发有限公司（以下简称“老庆祥公司”）。

被告人章志雄，男，汉族，1971年9月18日出生。

被告人赵磊，男，汉族，1987年5月21日出生。

其他被告人身份情况，略。

2011年5月起，被告单位老庆祥公司经法定代表人章志雄决定，以预交“服务费用”享受更高养老服务折扣、赠送养老公寓免费居住时长、一次性获得年利返现等名义，以支付高息为固定回报的方式，向不特定公众非法吸收资金。截至案发，共向7800余人非法吸收资金9.4亿余元，造成集资参与人经济损失5.2亿余元。

本案由江西省南昌县人民法院一审，南昌市中级人民法院二审。依法以非法吸收公众存款罪分别判处老庆祥公司罚金人民币一百万元；判处章志雄有期徒刑八年，并处罚金人民币四十万元；判处赵磊等人有期徒刑五年至三年二个月，并处罚金人民币三十万元至二十万元不等。相关涉案财产、违法所得按集资参与人的集资比例返还集资参与人。

二、执行情况

该案刑事判决生效后，原审法院立案执行，涉案金额总计5.2亿余元。执行调查发现，该案集资参与人众多，涉老年人4000余人，诉求差异大；涉案财物复杂，部分财产存在租赁、无产权证明等情况，存在信息核实难、财产处置难、款物清退难等问题，受到社会广泛关注。原审法院紧紧依靠当地党委，在党委坚强领导和政府大力支持下，与公安、民政等部门形成合力，优化财产处置方案，稳步推进园区合作运营等工作,引入公证机构对资产处置过程进行全程监督。同时及时回应群众关切,每月定期约访集资参与人代表,及时通报财产处置进展情况。探索推出线上线下双轨登记模式,积极稳妥推进信息核实登记,为后续资金清退打下坚实基础。目前,涉案财产均已处置完毕,执行到位金额共计2.71亿余元,依法扣除评估费、优先受偿费用和唯一住房租金等,实际总清退金额2.69亿余元。已向4944人发放清退资金2.6亿余元,依法提存900余万元,清退比例为51.8%。

三、典型意义

本案是人民法院在打击整治养老诈骗专项行动中全力追赃挽损的典型案例。在本案中,人民法院紧紧依靠党委的领导,综合运用执行措施,深入分析研判、科学谋划,妥善破解了财产处置、信息核实、资金清退等执行清退工作中的堵点难点,全力以赴为受损群众追赃挽损,最大限度挽回受害群众经济损失,最大限度维护老年人合法权益。彰显了人民法院坚持法治思维,切实维护人民群众利益的责任担当。探索推出的"线上线下双轨登记制"为涉众型财产执行清退工作中信息核实难题提供了可复制、可推广的经验。妥善化解涉众涉稳风险矛盾,实现政治效果、法律效果和社会效果的统一,有力地提升了人民群众的安全感、幸福感和获得感。

案例6

丹东欣泰电气股份有限公司、温德乙等欺诈发行股票、违规披露重要信息案

——欺诈发行股票,违规披露重要信息

一、基本案情

被告单位丹东欣泰电气股份有限公司(以下简称欣泰电气公司)。2016年7月5日因本案被证监会责令整改,给予警告,并处以人民币八百三十二万元罚款。

被告人温德乙,男,汉族,1961年3月30日出生,原系欣泰电气公司董事长。2016年7月5日因本案被证监会给予警告,并处以人民币八百九十二万元罚款。

被告人刘明胜,男,汉族,1964年12月11日出生,原系欣泰电气公司财务总监。2016年7月5日因本案被证监会给予警告,并处以人民币六十万元罚款。

2011年3月30日,被告单位欣泰电气公司提出在创业板上市的申请因持续盈利能力不符合条件而被证监会驳回。2011年至2013年6月,被告人温德乙与被告

人刘明胜合谋决定采取虚减应收账款、少计坏账准备等手段,虚构有关财务数据,并在向证监会报送的首次公开发行股票和创业板上市申请文件的定期财务报告中载入重大虚假内容。2014 年 1 月 3 日,证监会核准欣泰电气公司在创业板上市。随后欣泰电气公司在《首次公开发行股票并在创业板上市招股说明书》中亦载入了具有重大虚假内容的财务报告。2014 年 1 月 27 日,欣泰电气公司股票在深圳证券交易所创业板挂牌上市,首次以每股发行价 16.31 元的价格向社会公众公开发行 1577.8 万股,共募集资金 2.57 亿元。

被告单位欣泰电气公司上市后,被告人温德乙、刘明胜继续沿用前述手段进行财务造假,向公众披露了具有重大虚假内容的 2014 年半年度报告、2014 年年度报告等重要信息。2017 年 7 月,深圳证券交易所决定欣泰电气公司退市、摘牌,主承销商兴业证券股份有限公司先行赔付 1 万余名投资人的损失共计 2.36 亿余元。

二、裁判结果

本案由辽宁省丹东市中级人民法院审理。宣判后,在法定期限内没有上诉、抗诉,原判发生法律效力。

法院认为,被告单位欣泰电气公司、被告人温德乙、刘明胜的行为均构成欺诈发行股票罪;温德乙、刘明胜的行为还构成违规披露重要信息罪,依法应当数罪并罚。温德乙到案后如实供述自己的罪行,刘明胜具有自首情节,依法可以从轻处罚。据此,依法以欺诈发行股票罪判处丹东欣泰电气股份有限公司罚金人民币八百三十二万元;以欺诈发行股票罪、违规披露重要信息罪判处温德乙有期徒刑三年,并处罚金人民币十万元;以欺诈发行股票罪、违规披露重要信息罪判处刘明胜有期徒刑二年,并处罚金人民币八万元。

三、典型意义

本案是上市公司在申请上市前后连续财务造假而受到刑事处罚并被依法强制退市的典型案例。目前,我国正在推进以信息披露为核心的证券发行注册制。市场主体的诚信建设,事关资本市场健康稳定发展。欺诈发行、财务造假等违法犯罪行为,严重挑战信息披露制度的严肃性,严重破坏市场诚信基础,严重损害投资者利益,是证券市场的“毒瘤”,必须坚决依法从严惩处。本案的正确处理,充分体现了人民法院对资本市场违法犯罪行为“零容忍”的态度和决心,对当前从严惩处资本市场财务造假、欺诈发行违法犯罪行为具有重要警示作用。《刑法修正案(十一)》对欺诈发行股票、债券罪、违规披露、不披露重要信息罪作出修改,进一步加大对这两类犯罪的惩罚力度,为注册制改革行稳致远,资本市场健康稳定发展提供更加有力的法律保障。

案例 7

张家港保税区伊世顿国际贸易有限公司、金文献等操纵期货市场案

——非法利用技术优势操纵期货市场

一、基本案情

被告单位张家港保税区伊世顿国际贸易有限公司(以下简称“伊世顿公司”)。

被告人金文献,男,汉族,1968 年 5 月 13 日出生。

被告人高燕,女,汉族,1981 年 6 月 16 日出生。

被告人梁泽中(美国国籍),男,1971 年 7 月 5 日出生。

被告单位伊世顿公司于 2012 年 9 月成立,后通过被告人金文献在华鑫期货有限公司(以下简称华鑫期货公司)开设期货账户。2013 年 6 月起至 2015 年 7 月间,伊世顿公司为逃避证券期货监管,通过被告人高燕、金文献介绍,以租借或者收购方式,实际控制了 19 名自然人和 7 个法人期货账户,与伊世顿公司自有账户组成账户组,采用高频程序化交易方式从事股指期货合约交易。其间,伊世顿公司隐瞒实际控制伊世顿账户组、大量账户从事高频程序化交易等情况,规避中金所的监管措施,从而取得不正当交易优势;还伙同金文献等人,将自行研发的报单交易系统非法接入中金所交易系统,直接进行交易,从而非法取得额外交易速度优势。2015 年 6 月 1 日至 7 月 6 日间,伊世顿公司及高燕、梁泽中伙同金文献,利用以逃避期货公司资金和持仓验证等非法手段获取的交易速度优势,大量交易中证 500 股指期货主力合约、沪深 300 股指期货主力合约合计 377.44 万手,非法获利人民币 3.893 亿余元。此外,被告人金文献还利用职务便利侵占华鑫期货公司资金 1348 万余元。

二、裁判结果

本案由上海市第一中级人民法院一审,上海市高级人民法院二审。

法院认为,被告单位伊世顿公司、被告人金文献、高燕、梁泽中的行为均构成操纵期货市场罪,且情节特别严重;金文献的行为还构成职务侵占罪,依法应当数罪

并罚。鉴于伊世顿公司能认罪悔罪,依法可以酌情从轻处罚;高燕、梁泽中具有自首情节,认罪悔罪,依法可以减轻处罚,并适用缓刑;金文献两罪均具有自首情节,依法分别减轻处罚。据此,依法以操纵期货市场罪判处伊世顿公司罚金人民币三亿元,追缴违法所得人民币三亿八千九百三十万元;判处高燕有期徒刑三年,缓刑四年,并处罚金人民币一百万元;判处梁泽中有期徒刑二年六个月,缓刑三年,并处罚金人民币八十万元;以操纵期货市场罪、职务侵占罪判处金文献有期徒刑五年,并处罚金人民币六十万元。

三、典型意义

本案是新型操纵期货市场犯罪的典型案例,法律、司法解释对本案中操纵方法没有明确规定。本案中,被告单位伊世顿公司、被告人金文献等人违反有关规定,隐瞒实际控制伊世顿账户组、大量账户从事高频程序化交易等情况,规避中金所对风险控制的监管措施,将自行研发的报单交易系统非法接入中金所交易系统,利用以逃避期货公司资金和持仓验证等非法手段获取的交易速度优势,大量操纵股指期货交易,影响期货交易价格或者期货交易量,其行为符合操纵期货市场罪的构成要件。伊世顿公司的操纵行为严重破坏了股指期货市场的公平交易秩序和原则,与刑法规定的连续交易、自买自卖等操纵行为的本质相同,可以认定为“以其他方法操纵证券、期货市场的”情形。本案的正确处理,既符合刑法规定,也符合宽严相济的刑事政策,实现了法律效果和社会效果的统一。

案例8

远大石化有限公司、吴向东操纵期货市场案

——以囤积现货影响期货行情等手段操纵期货市场

一、基本案情

被告单位远大石化有限公司。

被告人吴向东,男,汉族,1970年9月8日出生。

被告单位远大石化有限公司经时任法定代表人、董事长被告人吴向东召集会议决定,于2016年5月24日至8月31日,利用其实际控制的18个账户通过以市场价大量连续买入开仓的手法,将资金优势转化为持仓优势。同时通过直接购买、代采代持、售后回购等方式大量囤积聚丙烯现货,制造聚丙烯需求旺盛氛围,以

反作用影响期货市场，跨期货、现货市场操纵“PP1609”价格。远大石化有限公司违法所得共计人民币4.36亿余元，吴向东违法所得人民币487万余元，涉案其他11个账户违法所得共计人民币1亿余元。案发后，远大石化有限公司积极退缴违法所得。

二、裁判结果

本案由辽宁省抚顺市中级人民法院一审，辽宁省高级人民法院二审。

法院认为，被告单位远大石化有限公司通过囤积现货影响期货品种市场行情等手段操纵期货市场，情节特别严重，其行为已构成操纵期货市场罪；被告人吴向东系直接负责的主管人员，其行为亦构成操纵期货市场罪，均应依法惩处。被告单位能够积极配合调查，并积极退缴违法所得，可以从轻处罚。吴向东能够如实供述自己的罪行，构成坦白，可以依法从轻处罚。据此，依法以操纵期货市场罪判处远大石化有限公司罚金人民币三亿元，判处吴向东有期徒刑五年，并处罚金五百万元；依法追缴远大石化有限公司违法所得人民币四亿余元，依法追缴吴向东违法所得四百八十万余元，对涉案其他11个账户的违法所得继续追缴。

三、典型意义

本案系以囤积现货影响期货行情等手段实施操纵期货市场犯罪的典型案例。刑法第一百八十二条第一款规定了多种常见操纵证券、期货市场的方法，“两高”《关于办理操纵证券、期货市场刑事案件适用法律若干问题的解释》第一条规定了七种其他操纵证券、期货市场的方法，“跨期、现货市场操纵”是其中之一。本案被告单位通过直接采购、代采代持、售后回购等多种方式囤积现货，影响期货品种市场行情，就属于“跨期、现货市场操纵”。同时被告单位利用实际控制的多个期货账户，集中资金优势连续交易期货合约，操纵期货合约价格，违法所得数亿元，应认定为“情节特别严重”。法院根据本案的犯罪事实、性质、情节和社会危害程度，依法对被告单位、被告人定罪处罚，于法有据。这个案件的正确处理对增强资本市场各类主体和投资者的法治意识、规范和保障资本市场秩序具有重要警示教育作用。各类资本市场主体和广大投资者要敬畏市场、敬畏法治，共同维护证券、期货市场管理秩序和广大投资者合法权益，促进国家资本市场健康稳定发展。

案例9

袁钢志洗钱案

——地下钱庄实施洗钱犯罪

一、基本案情

被告人袁钢志,男,汉族,1979年8月12日出生。

被告人袁钢志未经国家有关主管部门批准,非法经营外汇兑换业务,在上游客户报价的基础上,加价与下游客户进行资金兑换,从中加收手续费赚取差价牟利。2018年5月至2020年5月期间,袁钢志在明知曾某某等人(另案处理)从事走私犯罪的情况下,多次帮助曾某某等人将人民币兑换成美元。袁钢志与曾某某等人通过微信群商谈好兑换汇率、兑换金额后,通过其控制的银行账户收取转入的人民币,扣除自己的获利后将剩余人民币转给上游客户指定的银行账户。上游客户收到转账后,通过香港的银行账户将非法兑换出的美元转入曾某某等人提供的香港收款账户中。经调查核实,袁钢志为曾某某等人非法兑换外汇并将资金汇往境外,金额共计人民币约1.7亿元。

二、裁判结果

本案由广东省东莞市第一人民法院一审,广东省东莞市中级人民法院二审。

法院认为,被告人袁钢志明知是走私犯罪的所得及其产生的收益,为掩饰、隐瞒其来源和性质,协助将资金汇往境外,情节严重,其行为已构成洗钱罪,依法应予惩处。据此,依法以洗钱罪判处袁钢志有期徒刑六年,并处罚金人民币一百万元。

三、典型意义

本案是地下钱庄实施洗钱犯罪的典型案件。近年来,随着国内外经济形势变化,恐怖主义犯罪国际化,走私犯罪和跨境毒品犯罪增加,以及我国加大对贪污贿赂犯罪的打击力度,涉地下钱庄刑事案件不断增多。地下钱庄已成为不法分子从事洗钱和转移资金的最主要通道,不但涉及经济金融领域的犯罪,还日益成为电信诈骗、网络赌博等犯罪活动转移赃款的渠道,成为贪污腐败分子和恐怖活动的“洗钱工具”和“帮凶”,不但严重破坏市场管理秩序,而且严重危害国家经济金融安全和社会稳定,必须依法严惩。本案依法以洗钱罪对地下钱庄经营者追究刑事责任,充分体现对涉地下钱庄洗钱犯罪的严厉打击,更好发挥打财断血的作用。

案例 10

周张成洗钱案

——跨境转移贪污公款实施洗钱犯罪

一、基本案情

被告人周张成,男,汉族,1977 年 12 月 1 日出生。

2015 年 1 月至 2018 年 11 月期间,同案被告人倪乐菊(已判刑)教唆其姐姐倪乐平(另案处理)利用职务便利,持续从浙江省丽水市庆元县工业园区管委会及其下属的国有企业侵吞巨额公款。其间,被告人周张成在明知倪乐菊用于赌博的钱款为公款的情况下,仍通过提供自己的银行账户或联系赌场、地下钱庄提供银行账户,协助倪乐菊接收倪乐平贪污的公款,从国内转移到境外,金额合计人民币 8 782 余万元。周张成在赌场为倪乐菊"洗码"获得"佣金"人民币 70 余万元。

二、裁判结果

本案由浙江省丽水市中级人民法院一审,浙江省高级人民法院二审。

法院认为,被告人周张成明知是贪污公款,仍协助将资金转移到境外,情节严重,其行为已构成洗钱罪。周张成在赌场为倪乐菊"洗码"所得"佣金"系违法所得,应予以追缴或退赔。据此,依法以洗钱罪判处被告人周张成有期徒刑八年,并处罚金人民币 900 万元。被告人的违法所得予以追缴,不足部分责令继续退赔。

三、典型意义

本案是通过地下钱庄跨境转移贪污的公款实施洗钱犯罪的典型案件。被告人周张成明知同案被告人倪乐菊用于赌博的资金来自公款,为非法谋利,将自己在澳门赌场开设的账户提供给倪乐菊用于赌博,再通过提供自己银行账户或者联系赌场、地下钱庄提供银行账户,帮助倪乐菊接收倪乐平侵吞后汇入到境外的公款,并与赌场对账确认,完成公款的跨境转移。在办理洗钱罪的上游犯罪案件时,要以"追踪资金"为重点,深挖洗钱犯罪线索,对洗钱犯罪同步跟进,落实"一案双查"的工作机制,依法惩治洗钱犯罪和上游犯罪。在本案办理过程中,发现大量赃款流向境外,遂坚持"一案双查",深挖彻查职务犯罪背后的洗钱犯罪,并予以依法严惩,充分体现了从严打击洗钱犯罪的精神,不仅对维护良好的经济金融秩序起到积极作用,而且能够有效摧毁贪污贿赂犯罪等上游犯罪的利益链条,有效遏制上游犯罪的发生。

人民法院依法惩治电信网络诈骗犯罪及其关联犯罪典型案例

(发布时间:2022年9月6日)

人民法院依法惩治电信网络诈骗犯罪及其关联犯罪典型案例目录

一、被告人易扬锋、连志仁等三十八人诈骗、组织他人偷越国境、偷越国境、帮助信息网络犯罪活动、掩饰、隐瞒犯罪所得案

(一)基本案情

被告人易扬锋在缅甸创建“远峰集团”,采取公司化运作模式,编写话术剧本,开展业务培训,配备作案工具,制定奖惩制度,形成组织严密、结构完整的犯罪集团。易扬锋作为诈骗犯罪集团的“老板”,组织、领导该集团实施跨国电信网络诈骗,纠

集被告人连志仁加入该集团并逐步成为负责人,二人系诈骗集团的首要分子。被告人林炎兴担任主管,负责管理组长,进行业务培训指导;被告人闫斌、伏培杰、秦榛、黄仁权等人担任代理或组长,招募管理组员并督促、指导组员实施诈骗;被告人易肖锋为实施诈骗提供技术支持。2018 年 8 月至 2019 年 12 月,该集团先后招募、拉拢多名中国公民频繁偷越国境,往返我国和缅甸之间,用网络社交软件海量添加好友后,通过“杀猪盘”诈骗手段诈骗 81 名被害人钱财共计 1820 余万元。

(二)裁判结果

本案由江西省抚州市中级人民法院一审,江西省高级人民法院二审。现已发生法律效力。

法院认为,以被告人易扬锋、连志仁为首的犯罪集团以非法占有为目的,采取虚构事实、隐瞒真相的方法,骗取他人财物,数额特别巨大,其行为均已构成诈骗罪。易扬锋、连志仁还多次组织他人偷越国境,并偷越国境,其行为又构成组织他人偷越国境罪、偷越国境罪。易扬锋、连志仁系诈骗集团首要分子,按照集团所犯的全部罪行处罚。被告人林炎兴、闫斌、伏培杰、秦榛、黄仁权、易肖锋等人是诈骗集团的骨干分子,系主犯,按照其所参与的或组织指挥的全部犯罪处罚。根据各被告人的犯罪事实、犯罪性质、情节和社会危害程度,以诈骗罪、组织他人偷越国境罪、偷越国境罪判处被告人易扬锋无期徒刑,剥夺政治权利终身,并处没收个人全部财产。以诈骗罪、组织他人偷越国境罪、偷越国境罪判处被告人连志仁有期徒刑十六年,并处罚金人民币五十八万元;以诈骗罪、偷越国境罪等判处被告人林炎兴等主犯十三年二个月至十年二个月不等有期徒刑,并处罚金。

(三)典型意义

以被告人易扬锋、连志仁为首的电信网络诈骗犯罪集团,利用公司化运作模式实施诈骗,集团内部层级严密,分工明确,组织特征鲜明。该诈骗集团将作案窝点设在境外,从国内招募人员并组织偷越国境,对我境内居民大肆实施诈骗,被骗人数众多,涉案金额特别巨大。跨境电信网络诈骗犯罪集团社会危害性极大,系打击重点,对集团首要分子和骨干成员必须依法从严惩处。人民法院对该诈骗集团首要分子易扬锋、连志仁分别判处无期徒刑和有期徒刑十六年,对其余骨干成员均判处十年以上有期徒刑,充分体现了依法从严惩处的方针,最大限度彰显了刑罚的功效。

二、被告人罗欢、郑坦星等二十一人诈骗案

(一)基本案情

2018年以来,黄某某组织数百人在柬埔寨、蒙古等国实施跨境电信网络诈骗犯罪并形成犯罪集团,该诈骗集团设立业务、技术、后勤、后台服务等多个部门。其中,业务部门负责寻找被害人,通过微信聊天等方式,诱骗被害人到虚假交易平台投资。后台服务部门接单后,通过制造行情下跌等方式骗取被害人钱款。该犯罪集团诈骗被害人钱财共计6亿余元。2019年3月至10月,被告人罗欢、王亚菲等19人先后加入该集团的后台服务部门,罗欢任后台服务部门负责人,负责全面工作;王亚菲系后台服务部门的骨干成员,负责安排代理和接单人员对接等工作;其余被告人分别负责钱款统计、客服、接单等工作。罗欢等人涉案诈骗金额1.7亿余元。被告人郑坦星、郑文2人系地下钱庄人员,明知罗欢等人实施诈骗,仍长期将银行卡提供给罗欢等人使用,并对罗欢等人诈骗钱款进行转移。

(二)裁判结果

本案由江苏省南通市通州区人民法院一审,江苏省南通市中级人民法院二审。现已发生法律效力。

法院认为,被告人罗欢等人明知犯罪集团组织实施电信网络诈骗犯罪,仍积极参加,诈骗数额特别巨大,其行为均已构成诈骗罪。根据各被告人的犯罪事实、犯罪性质、情节和社会危害程度,以诈骗罪判处被告人罗欢有期徒刑十五年,并处罚金人民币一百万元;以诈骗罪判处被告人王亚菲、郑坦星等人十二年至三年不等有期徒刑,并处罚金。

(三)典型意义

电信网络诈骗一般是长期设置窝点作案,有明确的组织、指挥者,骨干成员固定,结构严密,层级分明,各个环节分工明确,各司其职,衔接有序,多已形成犯罪集团,其中起组织、指挥作用的,依法认定为犯罪集团首要分子,其中起主要作用的骨干成员,包括各个环节的负责人,一般认定为主犯,按照其所参与或者组织、指挥的全部犯罪处罚。本案中,黄某某犯罪集团各部门之间分工明确,相互协作,共同完成电信网络诈骗犯罪,其中后台服务部门和地下钱庄均系犯罪链条上不可或缺的一环。人民法院对负责后台服务的负责人罗欢、骨干成员王亚菲、地下钱庄人员郑坦星依法认定为主犯,均判处十年以上有期徒刑,体现了对电信网络犯罪集团首要分

子和骨干成员依法严惩的方针。

三、被告人施德善等十二人诈骗案

（一）基本案情

2019年3月至5月，被告人施德善指使并帮助被告人刘登等偷越国境到缅甸，搭建虚假期货投资平台，组建以被告人沈杰等为组长、被告人余强等为组员的电信诈骗团队，通过建立股票交流微信群方式，将多名被害人拉入群内开设直播间讲解股票、期货投资课程，骗取被害人信任后，冒用广州金控网络科技有限公司名义，以投资期货为由，诱骗被害人向虚假交易平台汇入资金，后关闭平台转移资金。该团伙诈骗被害群众29人钱款共计820余万元。案发后，被告人施德善、刘登等的亲属代为退赔76万余元。

（二）裁判结果

本案由山东省济南市市中区人民法院一审。现已发生法律效力。

法院认为，被告人施德善、刘登纠集沈杰等10人以非法占有为目的，采取虚构事实、隐瞒真相的方法，在境外通过网络手段向不特定多数人骗取财物，数额特别巨大，其行为均已构成诈骗罪。施德善、刘登在共同犯罪中系主犯。刘登具有自首情节并如实供述其所知晓的施德善控制的赃款下落，为公安机关提供了侦查线索，对刘登依法予以减轻处罚。施德善等人通过亲属或本人退缴部分或全部赃款，依法予以从轻处罚。根据各被告人的犯罪事实、犯罪性质、情节和社会危害程度，以诈骗罪判处被告人施德善有期徒刑十一年六个月，并处罚金人民币三十万元；以诈骗罪判处被告人刘登、沈杰、余强等人九年六个月至三年不等有期徒刑，并处罚金。

（三）典型意义

本案被告人施德善、刘登组织人员前往境外实施电信网络诈骗犯罪，骗取境内被害群众钱款800余万元。人民法院准确认定案件事实，彻查涉案赃款流向，与公安、检察机关协调配合，及时查扣、冻结涉案赃款463万余元，并灵活运用刑罚调整功能，鼓励被告人退赃退赔。在审判阶段，被告人施德善、刘登等人的亲属代为退赔部分赃款，人民法院按照比例发还各被害人，不足部分责令本案主犯继续退赔，本案从犯在各自分得赃款范围内承担连带退赔责任。全案共计挽回财产损失539余万元，追赃挽损率较高。人民法院在依法审判案件的同时，坚持司法为民和全力追赃挽损，鼓励被告人积极退赃退赔，及时返还被害人，最大限度挽回被害群众的经济损失,取得了良好的法律效果和社会效果。

四、被告人吴健成等五人诈骗案

(一)基本案情

2020年10月,被告人吴健成为非法牟利,伙同吴健东在抖音上私信被害人,在得知被害人系未成年人后,假称被害人中奖并要求添加QQ好友领奖,之后向被害人发送虚假的中奖转账截图,让被害人误认为已转账。当被害人反馈未收到转账时,吴健成等便要求被害人使用家长的手机,按其要求输入代码才能收到转账,诱骗被害人向其提供的银行卡或支付宝、微信账户转账、发红包,骗取被害人钱财。被告人邱精友、李秋华、吕开泽按照吴健成的安排,为吴健成提供银行卡、支付宝、微信账户,帮助收款、转款,并按照诈骗金额分成。2020年10月至2021年1月期间,吴健成等人共计骗取5名被害人(10周岁至11周岁之间)的钱财6万余元。

(二)裁判结果

本案由重庆市武隆区人民法院一审,重庆市第三中级人民法院二审。现已发生法律效力。

法院认为,被告人吴健成、吴健东以非法占有为目的,利用电信网络技术手段,虚构事实,骗取他人财物;被告人邱精友、李秋华、吕开泽明知他人实施电信网络犯罪,帮助接收、转移诈骗犯罪所得,五被告人的行为均已构成诈骗罪。被告人吴健成在共同犯罪中系主犯。吴健成等人对未成年人实施诈骗,酌情从重处罚。根据各被告人的犯罪事实、犯罪性质、情节和社会危害程度,以诈骗罪判处被告人吴健成有期徒刑三年六个月,并处罚金人民币三万五千元;以诈骗罪判处被告人吴健东等人二年四个月有期徒刑至三个月拘役,并处罚金。

(三)典型意义

本案被告人吴健成等人利用未成年人涉世未深、社会经验欠缺、容易轻信对方、易受威胁等特点实施诈骗,严重侵害未成年人合法权益,犯罪情节恶劣。“两高一部”《关于办理电信网络诈骗等刑事案件适用法律若干问题的意见》规定,诈骗残疾人、老年人、未成年人、在校学生、丧失劳动能力人的财物,或者诈骗重病患者及其亲属财物的,酌情从重处罚。人民法院对吴健成依法从重处罚,充分体现了人民法院坚决保护未成年人合法权益,严厉惩处针对未成年人犯罪的鲜明立场。

五、被告人黄浩等三人诈骗案

（一）基本案情

被告人黄浩、刘仁杰、许俊在湖北省武汉市成立“武汉以沫电子商务有限公司”，招聘业务员从事诈骗犯罪活动。三人分工配合共同完成诈骗，并按诈骗金额比例提成，同时还发展“代理公司”，提供诈骗话术、培训诈骗方法、提供各种技术支持和资金结算服务，并从“代理公司”诈骗金额中提成。该公司由业务员冒充美女主播等身份，按照统一的诈骗话术在网络社交平台诱骗被害人交友聊天，谎称送礼物得知被害人收货地址后，制造虚假发货信息以诱骗被害人在黄浩管理的微店购买商品回送业务员，微店收款后安排邮寄假名牌低价物品给被害人博取信任。之后，业务员再将被害人信息推送至刘仁杰等人负责的直播平台，按诈骗话术以直播打赏 PK 为由，诱骗被害人在直播平台充值打赏。2020 年 4 月至 9 月，黄浩和刘仁杰诈骗涉案金额 365.2 万元，许俊诈骗涉案金额 454.2 万元。审判阶段许俊退缴赃款 8.1 万余元。

（二）裁判结果

本案由安徽省明光市人民法院一审。现已发生法律效力。

法院认为，被告人黄浩、刘仁杰、许俊以非法占有为目的，伙同他人利用电信网络实施诈骗，数额特别巨大，其行为均已构成诈骗罪。在共同犯罪中，黄浩、刘仁杰、许俊均系主犯。许俊自愿认罪认罚，积极退缴赃款，依法予以从轻处罚。根据各被告人的犯罪事实、犯罪性质、情节和对社会的危害程度，以诈骗罪分别判处被告人黄浩、刘仁杰有期徒刑十二年，并处罚金人民币十八万元；以诈骗罪判处被告人许俊有期徒刑十一年六个月，并处罚金人民币十五万元。

（三）典型意义

当前，电信网络诈骗的手法持续演变升级，犯罪分子紧跟社会热点，随时变化诈骗手法和“话术”，令人防不胜防。本案被告人将传统的结婚交友类“杀猪盘”诈骗，与当下流行的网络购物、物流递送、直播打赏等相结合，多环节包装实施连环诈骗，迷惑性很强。希望广大网友提高警惕，不要轻信网络社交软件结识的陌生人，保护好个人信息，保持清醒，明辨是非，谨防上当受骗。

六、被告人赵明云等九人诈骗案

(一)基本案情

2019年6月至10月,被告人赵明云、杨智强等人出资组建诈骗团伙,先后招募郭松清、兰林峰担任团队组长,招募丁某某等多人为成员实施诈骗犯罪。该团伙通过社交软件聊天骗得被害人信任后,向被害人发送二维码链接,让被害人下载虚假投资软件,待被害人投资后,采取控制后台数据等方式让被害人"投资亏损",以此实施诈骗。同年9月5日,丁某某得知被害人赵某某拟进一步投资60余万元后,在电话中向赵某某坦承犯罪,提醒其停止投资、向平台申请退款并向公安机关报案。之后,丁某某自行脱离犯罪团伙。

(二)裁判结果

本案由江苏省南京市江宁区人民法院一审,南京市中级人民法院二审。现已发生法律效力。

一审法院认为,被告人赵明云、杨智强、丁某某等人以非法占有为目的,利用电信网络技术手段多次实施诈骗,数额特别巨大或巨大,其行为均已构成诈骗罪。在共同犯罪中,被告人赵明云、杨智强起主要作用,系主犯,应当按照其所参与或组织、指挥的全部犯罪处罚;被告人丁某某等人起次要作用,系从犯,依法可从轻或减轻处罚。以诈骗罪判处被告人赵明云、杨智强等人十年六个月至一年一个月不等有期徒刑,并处罚金;以诈骗罪判处被告人丁某某有期徒刑三年九个月,并处罚金。

宣判后,丁某某上诉提出,其主动提醒被害人并自行脱离犯罪团伙的行为构成自首、犯罪中止和立功,原审量刑过重,请求从轻处罚。

二审法院认为,根据相关法律规定,被告人丁某某预警行为不构成自首、犯罪中止和立功,但其预警行为客观上避免了被害人损失扩大,也使被害人得以挽回部分损失,对案件破获及经济挽损等方面起到积极作用,应得到法律的正面评价,结合丁某某大学刚毕业,加入诈骗团伙时间较短,自愿认罪并取得被害人谅解等情节,对丁某某依法予以减轻处罚并适用缓刑。据此,以诈骗罪改判丁某某有期徒刑二年六个月,缓刑三年,并处罚金人民币二万元。

(三)典型意义

电信网络诈骗犯罪的涉案人员在共同犯罪中的地位作用、行为的危害程度、主观恶性和人身危险性等方面有一定区别。人民法院对电信网络诈骗犯罪在坚持依法从严惩处的同时，也注重宽以济严，确保效果良好。本案被告人赵明云系从严惩处的对象，对诈骗团伙所犯全部罪行承担刑事责任。被告人丁某某刚刚进入社会，系初犯，参与犯罪时间较短，且在作案过程中主动向被害人坦承犯罪并示警，避免被害人损失进一步扩大，后主动脱离犯罪团伙，到案后真诚认罪悔罪，对于此类人员应坚持教育、感化、挽救方针，落实宽严相济刑事政策，用好认罪认罚从宽制度，彰显司法温度，进而增加社会和谐因素。

七、被告人邓强辉等六人诈骗、侵犯公民个人信息案

（一）基本案情

2018 年 5、6 月，被告人邓强辉、林松明共谋采用“猜猜我是谁”的方式骗取他人钱财。二人共同出资，邓强辉购买手机、电话卡等作案工具，纠集被告人陈锣、张万坤等人，利用邓强辉购买的涉及姓名、电话、住址等内容的公民个人信息，拨打诈骗电话，让被害人猜测自己的身份，当被害人误以为系自己的某个熟人后，被告人即冒充该熟人身份，编造理由让被害人转账。2018 年 6 月至 8 月，邓强辉等人采用此种方式大量拨打诈骗电话，骗取被害人罗某某等五人共计 39.2 万元。案发后，从邓强辉处查获其购买的公民个人信息 39482 条。

（二）裁判结果

本案由四川省泸州市纳溪区人民法院一审，泸州市中级人民法院二审。现已发生法律效力。

法院认为，被告人邓强辉、林松明等人以非法占有为目的，虚构事实，隐瞒真相，采用冒充熟人拨打电话的手段骗取他人财物，其行为均已构成诈骗罪；被告人邓强辉非法获取公民个人信息，情节严重，其行为还构成侵犯公民个人信息罪，依法应当数罪并罚。在共同犯罪中，邓强辉、林松明等人均系主犯。根据各被告人的犯罪事实、犯罪性质、情节和社会危害程度，以诈骗罪、侵犯公民个人信息罪判处被告人邓强辉有期徒刑九年六个月，并处罚金人民币六万五千元；以诈骗罪判处被告人林松明等人七年至二年不等有期徒刑，并处罚金。

（三）典型意义

本案被告人借助非法获取的公民个人信息，拨打诈骗电话，通过准确说出被害人个人信息的骗术，骗得被害人信任，实施精准诈骗。侵犯公民个人信息系电信网络诈骗的上游关联犯罪，二者合流后，使得电信网络诈骗犯罪更易得逞，社会危害

性更重。“两高一部”《关于办理电信网络诈骗等刑事案件适用法律若干问题的意见》规定,使用非法获取的公民个人信息,实施电信网络诈骗犯罪,构成数罪的,应依法数罪并罚。法院对被告人邓强辉以诈骗罪和侵犯公民个人信息罪予以并罚,是从严惩处、全面惩处电信网络诈骗犯罪及其关联犯罪的具体体现。

八、被告人陈凌等五人侵犯公民个人信息案

(一)基本案情

被告人陈凌任职的广东海越信息科技有限公司(以下简称“广东海越公司”)与中国联合网络通信有限公司韶关分公司(以下简称“中国联通韶关分公司”)签订服务协议,由广东海越公司负责中国联通韶关分公司的线上订单交付服务。2019年11月至2021年4月期间,陈凌利用担任广东海越公司电话卡配送员、配送组长、片区主管的职务便利,先后招揽被告人李武剑、左俊、梁业俊、曾嘉明等人,在向手机卡用户交付手机卡过程中,未经用户同意,擅自获取用户的实名制手机号码和验证码,出售给他人用于注册微信、京东、抖音等账号,其中一张手机号码注册微信账号后被用于实施电信网络诈骗,骗取被害人廖某某10万元。被告人陈凌等人涉案非法所得20.1万余元至1.5万余元不等。

(二)裁判结果

本案由广东省江门市新会区人民法院一审。现已发生法律效力。

法院认为,被告人陈凌、梁业俊、曾嘉明、左俊违反国家有关规定,向他人出售或者提供公民个人信息,情节特别严重,被告人李武剑违反国家有关规定,向他人出售或者提供公民个人信息,情节严重,其行为均已构成侵犯公民个人信息罪。被告人陈凌等人将在提供服务过程中获取的公民个人信息出售和提供给他人,依法应当从重处罚。鉴于各被告人自愿认罪,积极退赃,依法可予以从轻处罚。根据各被告人的犯罪事实、犯罪性质、情节和社会危害程度,以侵犯公民个人信息罪分别判处被告人陈凌、梁业俊、曾嘉明有期徒刑三年九个月,并处罚金;判处被告人左俊有期徒刑三年,缓刑三年,并处罚金;判处被告人李武剑有期徒刑一年六个月,缓刑一年六个月,并处罚金。

(三)典型意义

被告人陈凌等人作为通信企业从业人员,利用职务便利,未经用户同意,擅自获取用户的实名制手机号码和验证码,非法出售给他人用于注册微信、抖音等账

号，牟取非法利益，且其中一套手机号码和验证码注册的微信被诈骗分子利用，导致被害人廖某某被骗走巨款。为加大对公民个人信息的保护力度，最高人民法院、最高人民检察院制定出台的《关于办理侵犯公民个人信息刑事案件适用法律问题的解释》，将在履行职责或者提供服务过程中获得的公民个人信息出售或者提供给他人的，入罪的数量、数额标准减半计算。依法对被告人陈凌等行业“内鬼”从重处罚，充分体现了人民法院坚决保护公民个人信息安全的态度，也是对相关行业从业人员的警示教育。

九、被告人隆玖柒帮助信息网络犯罪活动案

（一）基本案情

2021 年 4 月，被告人隆玖柒通过微信与他人联系，明知对方系用于实施信息网络犯罪，仍商定以每张每月 100 元的价格将自己的银行卡出租给对方使用。之后，隆玖柒将其办理的 9 张银行卡的账号、密码等信息提供给对方，其中 6 张银行卡被对方用于接收电信网络诈骗等犯罪资金，隆玖柒获利共计 5000 余元。

（二）裁判结果

本案由重庆市丰都县人民法院一审。现已发生法律效力。

法院认为，被告人隆玖柒明知他人利用信息网络实施犯罪，为他人提供帮助，其行为已构成帮助信息网络犯罪活动罪。隆玖柒经公安人员电话通知到案，如实供述自己的罪行，构成自首，且自愿认罪认罚并积极退赃，依法予以从轻处罚。根据被告人的犯罪事实、犯罪性质、情节和社会危害程度，以帮助信息网络犯罪活动罪判处被告人隆玖柒有期徒刑一年十个月，并处罚金人民币四千元。

（三）典型意义

非法交易银行卡、手机卡即“两卡”现象泛滥，大量“两卡”被用于犯罪，是电信网络诈骗犯罪持续高发多发的重要推手之一。加强对电信网络诈骗犯罪的源头治理，必须依法打击涉“两卡”犯罪。“两高一部”《关于办理电信网络诈骗等刑事案件适用法律若干问题的意见（二）》规定，为他人利用信息网络实施犯罪而收购、出售、出租信用卡（银行账户、非银行支付账户、具有支付结算功能的互联网账号密码、网络支付接口、网上银行数字证书）5 张（个）以上，或者手机卡（流量卡、物联网卡）20 张以上的，以帮助信息网络犯罪活动罪追究刑事责任。本案准确适用这一规定，对被告人隆玖柒依法定罪处罚。本案警示大家，千万不要因贪图蝇头小利而触犯法

律底线,以免给自己和家人造成无可挽回的后果。

十、被告人薛双帮助信息网络犯罪活动案

(一)基本案情

2020年9月初,被告人薛双从淘宝上以13000元的价格购买了一套“多卡宝”设备,并通过其亲朋办理或购买电话卡26张。后薛双通过聊天软件联系他人租用“多卡宝”设备,并约定租金和支付渠道。2020年9月8日至11日,薛双先后在湖北省襄阳市襄城区、樊城区等地架设“多卡宝”设备供他人拨打网络电话,非法获利28310元。不法分子利用薛双架设的“多卡宝”设备,实施电信网络诈骗犯罪6起,诈骗财物共计16万余元。

(二)裁判结果

本案由湖北省老河口市人民法院一审。现已发生法律效力。

法院认为,被告人薛双明知他人利用信息网络实施犯罪,为他人犯罪提供通讯传输等技术支持和帮助,情节严重,其行为已构成帮助信息网络犯罪活动罪。薛双到案后自愿认罪认罚,并退赔全部违法所得,依法予以从轻处罚。根据被告人的犯罪事实、犯罪性质、情节和社会危害程度,以帮助信息网络犯罪活动罪判处被告人薛双有期徒刑九个月,并处罚金人民币五千元。

(三)典型意义

由于电信网络诈骗犯罪的分工日益精细化,催生了大量为不法分子实施诈骗提供帮助并从中获利的黑灰产业,此类黑灰产业又反向作用,成为电信网络诈骗犯罪多发高发的重要推手。打击电信网络诈骗犯罪,必须依法惩处其上下游关联犯罪,斩断电信网络诈骗犯罪的帮助链条,铲除其赖以滋生的土壤,实现打击治理同步推进。“两高一部”《关于办理电信网络诈骗等刑事案件适用法律若干问题的意见》和《关于办理电信网络诈骗等刑事案件适用法律若干问题的意见(二)》对于惩处电信网络诈骗犯罪的关联犯罪作出了明确规定。本案中,被告人薛双为电信网络诈骗犯罪提供技术支持,对其以帮助信息网络犯罪活动罪定罪处罚,体现了人民法院全面惩处电信网络诈骗关联犯罪的立场。

人民法院重点打击六类养老诈骗犯罪典型案例

（发布时间:2022 年 8 月 24 日）

编者按:党的十八大以来,以习近平同志为核心的党中央高度重视养老事业,对老年人特别关心爱护。经党中央批准,由平安建设协调小组牵头,在全国范围组织开展为期半年的打击整治养老诈骗专项行动。这次专项行动的打击范围是以“养老”为名、通过欺骗手段侵害老年人合法权益的各类犯罪,重点打击以提供“养老服务”、投资“养老项目”、销售“养老产品”、宣称“以房养老”、代办“养老保险”、开展“养老帮扶”等为名侵害老年人合法权益的六类犯罪。为依法有效推进打击整治养老诈骗专项行动,最高人民法院今天发布 6 件养老诈骗犯罪典型案例,进一步明确六类重点打击犯罪的表现形式,揭露养老诈骗“套路”手段及其危害,帮助老年人提高法治意识和识骗防骗能力,最大限度挤压“行骗空间”。这些案例充分体现了宽严相济的刑事政策,表明了人民法院依法从严惩处养老诈骗犯罪的态度和立场,展现了人民法院以实际行动维护老年人合法权益,促进老年事业产业健康发展,维护政治社会环境安全稳定的责任与担当。

人民法院重点打击六类养老诈骗犯罪典型案例目录

案例一

肖开俊、陈荣集资诈骗案

——以提供“养老服务”为名实施非法集资犯罪

一、基本案情

被告人肖开俊,男,汉族,1981年11月1日出生。

被告人陈荣,男,汉族,1971年1月6日出生。

2016年6月,被告人肖开俊、陈荣与蔡新(已判刑)共谋以开展养老服务之名实施非法集资,先后成立自贡益寿园养老服务有限公司、四川归然养老服务有限公司,并在自贡市、内江市、攀枝花市等地设立分公司或营业网点。三人明知公司无融资资质,“养老基地”不可能建成使用,仍安排融资团队以养老服务名义,采取打电话、发传单、推介会、口口相传等方式,辅以发礼品、参观“养老基地”等手段,在自贡市等地公开集资,承诺支付每月1% -3%的固定收益、享有养老基地优先居住权和折扣及期满后返还本金,与集资参与人签订《预存消费协议》《预存合同》等,收取预存消费款,共吸收189名老年人562万余元。融资团队从集资款中提成45% -50%,其余除用于公司运转外,被肖开俊、陈荣和蔡新等人分赃。

二、裁判结果

本案由四川省自贡市自流井区人民法院一审,四川省自贡市中级人民法院二审。

法院认为,被告人肖开俊、陈荣伙同他人以非法占有为目的,以诈骗方法非法集资,数额特别巨大,其行为均已构成集资诈骗罪。肖开俊、陈荣在共同犯罪中起主要作用,系主犯,应当按照其所参与的或者组织、指挥的全部犯罪处罚。二人归案后如实供述主要犯罪事实,依法可以从轻处罚。据此,以集资诈骗罪判处肖开俊有期徒刑十三年,并处罚金人民币二十万元;判处陈荣有期徒刑十二年六个月,并处罚金人民币二十万元;责令肖开俊、陈荣退赔集资参与人经济损失。

三、典型意义

本案是以提供“养老服务”为名侵害老年人合法权益的典型犯罪案件,该类犯罪主要表现为以预售养老床位、虚构养老服务项目等名义,通过办理会员卡、明显超过床位供给能力承诺服务、预交养老服务费用等手段，诈骗老年人钱财。被告人肖开俊、陈荣利用老年人寻求养老保障的心理，承诺高息回报、享受床位优先居住权、入住打折等，诱骗老年人大额预存消费投资，实施非法集资。二被告人明知“养老基地”不可能建成使用，将集资款的45% -50%用于融资团队提成，并按比例分赃，集资款未用于投资建设“养老基地”，具有明显的非法占有目的。一、二审法院以集资诈骗罪对二被告人定罪处罚，于法有据。人民法院提示广大老年人选择具有正规资质的养老服务机构，发现犯罪分子以“养老服务”进行非法集资的，要不听、不信、不参与，并及时向有关部门提供线索。同时，相关部门要规范养老服务行业准入，加强行业监管，保障养老服务行业健康发展，为广大老年人安享幸福晚年营造良好环境。

案例二

鲁鹏非法吸收公众存款案

——以投资“养老项目”为名实施非法集资犯罪

一、基本案情

被告人鲁鹏，男，汉族，1993年1月13日出生。

2016年4月，被告人鲁鹏和鲁光明（另案处理）注册成立乐平市太阳山老年事业发展有限公司（以下简称“太阳山老年公司”），鲁鹏为法定代表人。2016年8月至2017年11月，鲁鹏未经有关部门批准，借用太阳山老年公司名义，通过发放宣传单、召开推介会等方式，公开宣传交费后可以享受老年公寓住房优惠，并承诺以高额福利消费卡、货币等方式返本付息，非法吸收51名老年人165万余元。所吸收资金被鲁鹏、鲁光明用于消费支出、提现支取或挪作他用。案发后，涉案公司账上余款、委托其他公司代管资金及老年公寓内物品折价转让费共56万余元退还集资参与人。

二、裁判结果

本案由江西省乐平市人民法院一审，江西省景德镇市中级人民法院二审。

法院认为，被告人鲁鹏违反国家金融管理法律规定，通过发宣传单、开推介会等途径公开宣传，并承诺在一定期限内还本付息，向社会不特定老年对象吸收资金，数额巨大，其行为已构成非法吸收公众存款罪。鲁鹏如实供述所犯罪行，愿意接受处罚,可以从轻处罚。案发后退缴了部分赃款,可作为量刑情节酌情考虑。据此,依法以非法吸收公众存款罪判处鲁鹏有期徒刑四年,并处罚金人民币五万元;继续追缴鲁鹏尚未足额退赔的违法所得,退赔各集资参与人。

三、典型意义

本案是以投资“养老项目”为名侵害老年人合法权益的典型犯罪案件,该类犯罪主要表现为以开办养老院、购买养老公寓、入股养生基地等为由,以售后定期返点、高额分红为诱饵,诱骗老年人参与投资。开办养老院、养老公寓等“养老项目”关系到老年人晚年幸福生活,国家出台政策予以扶持,但一些“养老项目”监管还存在滞后,犯罪分子打着投资养老公寓、入股养生基地等幌子,诱骗老年人投资,骗取老年人钱财。被告人鲁鹏以承诺高额福利消费卡、货币等返本付息为幌子,引诱老年人投资太阳山老年公司“养老公寓”项目,实施非法集资,最终造成51名老年人的“养老钱”遭受损失,部分老年人因基本生活无法得到保障而经常懊恼自责,诱发了各种疾病,身心健康受到极大摧残,破坏家庭和谐、社会稳定。人民法院针对发现的行业监管漏洞和风险隐患,向当地市场监督管理部门发送司法建议书,建议加强营业执照办理和企业日常经营活动监管,有力促进行业源头治理。人民法院提示老年人要谨慎投资高额返利项目,多与子女沟通商量,投资“养老项目”时要“三看一抵制”:一看“养老项目”是否有登记、备案,二看“养老项目”是否真实合法,三看“养老项目”收益是否符合市场规律;抵制高利诱惑,拒绝非法集资,捂紧“钱袋子”。

案例三

徐正等人诈骗案

——以销售“养老产品”为名实施诈骗犯罪

一、基本案情

被告人徐正,男,汉族,1981年10月21日出生。

被告人周金鹏,男,汉族,1988年5月8日出生。

(其他被告人身份情况略)

2018年初,被告人徐正、周金鹏与他人购买富乾汇文化传播有限公司,徐正、周金鹏安排沈燕娟等14人,在公司销售所谓的纪念币(章)、玉石、书画作品等“藏品”，派发传单进行广告宣传，赠送小礼品等方式吸引不特定人到公司后，虚假宣传公司系国有企业授权销售方，谎称购买“藏品”可享有国家补贴，虚构“藏品”系限量供应、在市场上具有稀缺性、具有较高的价值及短期升值空间、“藏品”升值后由公司提供途径帮助销售实现盈利等事实，隐瞒纪念币（章）、玉石、书画作品等“藏品”实际价值及并无稀缺性的真相，欺骗被害人购买纪念币（章）、玉石、书画作品等“藏品”，向被害人开具虚假“收藏品全国统一专用收藏票”。截至案发，徐正等人骗取46名被害人（大部分为老年人）379万余元。

二、裁判结果

本案由江苏省常州市新北区人民法院一审，江苏省常州市中级人民法院二审。

法院认为，被告人徐正、周金鹏等人以非法占有为目的，通过虚构事实、隐瞒真相的手段，骗取他人财物，数额特别巨大，其行为均已构成诈骗罪。徐正、周金鹏在共同犯罪中起主要作用，系主犯，应当按照其所参与的全部犯罪处罚。周金鹏如实供述所犯罪行，可从轻处罚。据此，依法以诈骗罪判处徐正有期徒刑十二年，并处罚金人民币二十万元；判处周金鹏有期徒刑十年六个月，并处罚金人民币十五万元。（其他判项略）

三、典型意义

本案是以销售“养老产品”为名侵害老年人合法权益的典型犯罪案件，该类犯罪主要表现为通过提供免费或低价旅游观光、情感陪护、虚假宣传等手段，采取免费发放礼品、商品回购、寄存代售、消费返利、会议营销、养生讲座等方式，诱骗老年人购买价格虚高的保健品、食品、药品、医疗器械、收藏品或者假冒伪劣产品等。我国老龄人口规模不断增长，已步入中度老龄化社会，犯罪分子瞄准规模庞大的老年群体实施养老诈骗。被告人徐正等人谎称公司系国有企业授权销售方，获取老年人信任，抓住老年人识别鉴定能力较弱的特点，鼓吹收藏品增值空间大、投资利润丰厚，使老年人相信收藏品投资能够提供养老保障、消除养老后顾之忧，诱骗老年人高价购买廉价批发的收藏品，骗取钱财。人民法院提示老年人投资消费要冷静，绷紧防范意识这根弦，不轻信电话、网络、电视推销，认准正规的收藏投资渠道，特别是要谨防所谓“高额返利”“高价回购”等宣传，防止陷入骗子的套路，守护好自己的“养老钱”。

案例四

沈移平集资诈骗、顾乃祥非法吸收公众存款案

——以宣称“以房养老”为名实施非法集资犯罪

一、基本案情

被告人沈移平,男,汉族,1967年3月9日出生。

被告人顾乃祥,男,汉族,1958年7月25日出生。

2015年1月至2017年11月,被告人沈移平先后成立、收购上海俐煜金融服务信息有限公司(以下简称“俐煜公司”)、上海灿宏融资租赁有限公司(以下简称“灿宏公司”),以投资经营德国米拉山奶粉、长青发公司等项目为幌子,以承诺高息回报为诱饵,通过借款方式向社会公众募集资金。2016年下半年,沈移平推出“以房养老”项目,引诱投资客户将房产抵押给小额贷款公司获取抵押款,再将抵押款转投灿宏公司。被告人顾乃祥为获取好处费,明知沈移平通过俐煜公司、灿宏公司向社会不特定公众吸收资金,而引诱并帮助老年客户将房产抵押给小额贷款公司获取抵押款,再将抵押款转借给沈移平。截至案发,沈移平共计吸收资金2.98亿余元,造成集资参与人经济损失1.68亿余元。顾乃祥参与房产抵押17套,帮助沈移平吸收资金5450万元,未兑付总额5006万余元。顾乃祥投案后家属退缴2954万余元。

二、裁判结果

被告人沈移平集资诈骗案由上海市第二中级人民法院一审,宣判后,在法定期限内没有上诉、抗诉,原判已发生法律效力。被告人顾乃祥非法吸收公众存款案由上海市静安区人民法院一审,上海市第二中级人民法院二审。

法院认为,被告人沈移平与他人结伙以非法占有为目的,以诈骗方法非法集资,数额特别巨大,其行为已构成集资诈骗罪。被告人顾乃祥违反国家金融管理法律规定,非法吸收公众存款,数额巨大,其行为已构成非法吸收公众存款罪。顾乃祥在共同犯罪中起次要作用,系从犯,应从轻处罚。顾乃祥虽自动投案,但未如实供述所犯罪行,不构成自首。顾乃祥家属退出2954万余元,可对顾乃祥从轻处罚。据此,依法以集资诈骗罪判处沈移平无期徒刑,剥夺政治权利终身,并处没收个人全部财产;违法所得予以追缴,不足部分责令继续退赔。以非法吸收公众存款罪判处顾乃祥有期徒刑三年四个月,并处罚金人民币五万元;责令顾乃祥退赔违法所得,

连同已冻结的钱款,按比例发还各集资参与人。

三、典型意义

本案是以宣称"以房养老"为名侵害老年人合法权益的典型犯罪案件,该类犯罪主要表现为以"房本在家无用""不耽误自住或出租"等类似话术为借口,诱骗老年人签订房产抵押担保的借贷合同或相关协议,将抵押房屋获得的资金购买其推介的所谓理财产品,借助诉讼、仲裁、公证等手段,非法占有老年人房屋。"以房养老"作为解决人口老龄化问题,缓解社会及家庭养老压力的可行方式,引起了社会广泛关注。然而,很多不法分子打着国家政策的旗号,营造"养老恐慌",利用老年人金融防范意识较差的特点,恶意设套,借"以房养老"实施非法集资。被告人沈移平、顾乃祥诱使老年人抵押房屋以获得资金,再购买所谓高收益理财产品,最终因理财公司资金链断裂,房屋被行使抵押权,老年人落得"钱房两空"。人民法院根据案件事实、情节以及二人在共同犯罪中的地位和作用,分别以集资诈骗罪、非法吸收公众存款罪对沈移平、顾乃祥定罪处罚,充分体现了宽严相济的刑事政策,罚当其罪。人民法院提示老年人增强金融风险防范意识,投资理财时不要盲目被高收益诱惑,同时子女也要关心、照顾老人,国家、社会、家庭和个人联动起来,最大限度挤压犯罪分子"行骗空间",让养老诈骗无处遁形,守护老年人幸福晚年。

案例五

李晓雷诈骗案

——以代办"养老保险"为名实施诈骗犯罪

一、基本案情

被告人李晓雷,男,汉族,1988年9月12日出生。

被告人李晓雷原系乡镇社保部门临时工作人员,后被开除。2018年,李晓雷结识王飞(另案处理),王飞得知李晓雷曾在社保部门工作,提出帮忙办理城镇职工养老保险的请求。李晓雷明知无能力帮助他人办理补交职工养老保险,仍谎称可通过挂靠企业的方式办理,并通过王飞介绍,以帮助他人办理职工养老保险、可领取职工养老保险金等为名,先后骗取包括多名老年人在内的8名被害人107万余元,所骗钱款除极少数为被害人缴纳灵活就业保险以获取被害人信任外,其余均用于个人挥霍。案发后,王飞退赔部分被害人经济损失。

二、裁判结果

本案由山东省青州市人民法院一审。宣判后,在法定期限内没有上诉、抗诉,原判已发生法律效力。

法院认为,被告人李晓雷以非法占有为目的,采用虚构事实、隐瞒真相方法骗取他人财物,数额特别巨大,其行为已构成诈骗罪,应予惩处。李晓雷如实供述主要犯罪事实,可从轻处罚;当庭认罪认罚,可从宽处罚。部分被害人损失已得到挽回,可酌情从轻处罚。据此,依法以诈骗罪判处李晓雷有期徒刑十一年,并处罚金人民币十万元;责令李晓雷继续退赔各被害人的经济损失。

三、典型意义

本案是以代办"养老保险"为名侵害老年人合法权益的典型犯罪案件,该类犯罪主要表现为谎称认识社保局等部门工作人员或者冒充银行、保险机构工作人员,可以代办"提前退休""养老保险"等,骗取老年人的保险费、材料费、好处费等。职工基本养老保险是符合我国国情,保障社会保险制度健康持续发展和实现"老有所养"的重要制度。一些犯罪分子利用老年人不了解相关政策规定,以有关系代办、违规办理"养老保险"为名,对老年人实施诈骗犯罪。本案中,被害人本应通过当地人社部门咨询了解相关办理城镇职工养老保险的政策条件,但其认为"找关系"更加顺利和省钱,将保险费交由被告人代办,最终导致钱款被骗、个人养老保险断缴的后果。人民法院在审理中发现,相关部门在养老保险政策宣传以及业务办理等方面存在薄弱环节,先后向当地相关部门发送司法建议,建议加大社会保障政策的宣传力度,加强和完善社会保险代缴业务管理。人民法院提示老年人在办理养老、医疗保险时,应通过相关部门、网站、社区、村委会等了解国家和当地政策规定,到相关部门按照程序依规办理,不要轻易相信他人能代办养老保险而把费用交给他人;明知不符合办理条件的不要企图通过"找关系""走后门"方式违规办理,不要轻信通过熟人可以省钱等谎言,避免让犯罪分子有机可乘。

案例六

李建涛诈骗案

——以开展“养老帮扶”为名实施诈骗犯罪

一、基本案情

被告人李建涛,男,汉族,1972 年 8 月 17 日出生。

2017 年 2 月底至 10 月,被告人李建涛以其担任法定代表人的北京天康通健心脑血管疾病研究所有限公司为依托,伙同杨琳、贾文山、王伟、张玫、苏秀荣等人(均另案处理)为实施诈骗组成较为固定的犯罪组织,在北京市石景山区、丰台区等地,引诱老年人参加“健康讲座、免费健康咨询”活动,谎称贾文山、张玫、苏秀荣为中国人民解放军总医院、空军总医院、北京医院、北京协和医院等知名医院的专家,骗取被害人信任,并以现场看病、开药的方式,将低价购进的保健品“百邦牌天元胶囊”“百邦牌银杏丹葛胶囊”当作特效药品高价销售给被害人。杨琳、贾文山、王伟等人通过上述方式,骗取翟宝才等 124 名被害人 93.74 万元。李建涛家属代为退缴 40 万元。

二、裁判结果

本案由北京市石景山区人民法院一审,北京市第一中级人民法院二审。

法院认为,被告人李建涛以非法占有为目的,伙同他人通过虚构事实、隐瞒真相的手段,骗取多名被害人财物,数额特别巨大,其行为已构成诈骗罪,应依法惩处。李建涛伙同杨琳、贾文山、王伟、张玫等十余人,为实施犯罪而组成较为固定的犯罪组织,是犯罪集团。李建涛系组织、领导犯罪集团的首要分子,应按照集团所犯的全部罪行处罚。李建涛等人诈骗老年人的财物,酌情从重处罚;李建涛主动退缴部分赃款,可酌情从轻处罚。据此,依法以诈骗罪判处李建涛有期徒刑十二年,剥夺政治权利二年,并处罚金人民币十二万元;在案扣押的人民币四十万元,按比例分别发还各被害人;责令李建涛继续退赔各被害人经济损失。

三、典型意义

本案是以开展“养老帮扶”为名侵害老年人合法权益的典型犯罪案件,该类犯罪主要表现为假借义务诊疗、心理关爱、直播陪护、慈善捐助、志愿服务、组织文化活动等形式获得老年人的信任,对老年人实施诈骗。被告人李建涛等人为实施犯罪专门成立公司,在互联网低价购进保健品,招募大量业务员,以免费医疗咨询、义务诊疗等噱头拉拢老年人参加讲座,冒充知名三甲医院的名医在讲座中为老年人"号脉""看病"等,将通过拉家常、聊天方式提前了解老年人身体状况及病情记录,伪装成通过"号脉"得知,获取老年人信任后夸大病情、虚构保健品为特效药品,高价出售给老年人,骗取老年人钱款。该犯罪集团流窜作案,犯罪时间长、手段隐蔽,社会危害巨大,部分老年人因听信所谓名医建议中断原本服用的正常药物,延误正常治疗,造成严重后果。李建涛系犯罪集团首要分子,该犯罪集团针对老年人实施犯罪,人民法院按照犯罪集团所犯全部罪行对李建涛从重处罚,充分体现了从严惩处养老诈骗犯罪的精神。人民法院提示老年人就医需到正规医院,切莫病急乱投医,不要轻信所谓免费讲座、免费诊疗,更不要高价购买非正规药品、保健品,避免上当受骗。

重点打击六类养老诈骗犯罪
依法维护老年人合法权益

——最高人民法院刑三庭负责人就发布人民法院重点打击六类养老诈骗犯罪典型案例答记者问

(发布时间:2022年8月24日)

今天,最高人民法院发布人民法院重点打击六类养老诈骗犯罪典型案例。最高人民法院刑三庭负责人就全国法院开展打击整治养老诈骗专项行动及案例发布相关问题回答了记者提问。

问:自4月开展全国打击整治养老诈骗专项行动以来,目前已进入打击整治关键环节,人民法院采取了哪些措施,成效如何?

答:自全国打击整治养老诈骗专项行动以来,最高人民法院高度重视,切实贯彻落实中央领导同志重要指示精神和全国专项行动部署要求,制定全国法院专项行动实施方案,成立全国法院专项行动办公室,召开全国法院专项行动推进会,配合全国专项办开展专项行动督导,认真组织全国法院深入开展专项行动。全国各级人民法院深入贯彻全国专项行动和最高人民法院部署要求,切实提高政治站位,切实加强组织领导,持续高位推动,及时出台细化方案,建立完善有关工作机制,采取有力措施,精心组织实施,不断推动专项行动走深走实,依法打击工作取得重要阶段性成效。

一是明确打击目标任务。全国法院专项行动实施方案明确了专项行动总体要求、打击范围以及目标任务，在此基础上，“两高一部”* 进一步明确打击范围、打击重点，健全完善办案机制，重点打击以提供“养老服务”、投资“养老项目”、销售“养老产品”、宣称“以房养老”、代办“养老保险”、开展“养老帮扶”等为名实施侵害老年人合法权益的各类诈骗犯罪，确保专项行动精准把握、依法打击。

二是有序推进案件审理。专项行动以来截至7月底，全国法院受理养老诈骗刑事案件共1394件（含专项行动以来已审结案件），其中一审案件1164件，二审案件230件；从案件类型看，非法集资案件906件，诈骗案件455件，其他类型案件33件；全国法院开庭审理养老诈骗一审刑事案件693件，宣判一审刑事案件603件1579人、二审案件122件377人。各地人民法院进一步加快办案节奏，加大惩处力度，组织集中开庭审理、公开宣判了一批社会影响大、关注度高的案件，掀起打击养老诈骗犯罪强大攻势。

三是大力加强追赃挽损。综合运用各种手段，做好涉案财物清运、财产变现、资金归集、清退等工作，最大限度挽回受害群众经济损失，最大限度维护老年人合法权益。专项行动以来，全国法院执行养老诈骗案件财产20亿余元。湖南法院已审结养老诈骗案件执行到位金额1.35亿余元。四川法院审理的“桂森苑”养老公寓非法集资案兑现1100余名集资参与人1.04亿余元，兑现率100%。江西南昌“老庆祥”案，法院多措并举，通过打包拍卖、线上线下双轨登记等措施，破解集资参与人众多、涉案财物复杂等难题，执行到位2.69亿余元，清退比例达50%以上。

四是着力推动整治规范。坚持边打边治边建，建立健全预防治理和保障老年人权益的长效机制。各地法院结合办案，深入分析研判养老诈骗案件发生背后的原因，查找发现养老领域存在的管理漏洞和风险隐患，以案促治、以案促建，促进依法完善监管。截至7月底，各级人民法院共发送司法建议400余份。湖南法院着力延伸审判职能，向民政、市场监管、金融监管等部门发出60余份司法建议书；广西法院积极运用司法建议，对办案中发现的普遍性、倾向性、趋势性问题提出治理建议，积极推动标本兼治、长效常治。

五是持续深入宣传发动。各地法院积极探索创新宣传形式、丰富宣传内容，构建“传统宣传＋新媒体平台”集成发力，“线上＋线下”“大屏＋小屏”“手机屏＋户外屏＋电视屏”矩阵联动，全方位立体式多角度宣传，持续掀起打击整治宣传热潮，深刻揭露养老诈骗“套路”手法，提升老年群体法治意识和识骗防骗能力，发动人民群众揭露、举报养老诈骗违法犯罪线索，着力在全社会形成“不敢骗、不能骗、骗不了”的良好态势。山西三级法院集中开展专项行动宣传活动，全省1935名法官、干

---

* 最高人民法院、最高人民检察院、公安部。——编者注

警参与宣传,发放宣传资料10.76万份,张贴宣传海报14277份,接受群众现场咨询14952人次,让反诈宣传深入人心。

问:从办理的养老诈骗犯罪案件看,这类犯罪有什么新特点、新态势?

答:这次专项行动打击的养老诈骗犯罪,主要是以"养老"为名、采取欺骗手段侵害老年人合法权益的各类犯罪。从近年办理养老诈骗案件的情况看,该类案件在全部刑事案件中数量并不多,但呈现逐年增长态势,在诈骗手段及方式方面呈现一些新情况、新特点:一是涉及多个罪名、但主要集中在非法集资。养老诈骗犯罪涉及诈骗,非法吸收公众存款,集资诈骗,合同诈骗,组织、领导传销活动,生产、销售伪劣产品,生产、销售、提供假药,生产、销售、提供劣药,虚假广告等罪名,但主要集中在诈骗罪、非法吸收公众存款罪、集资诈骗罪三个罪名,其中非法吸收公众存款罪和集资诈骗罪约占80%。二是犯罪手段精细化、专业化。一些犯罪分子以响应国家政策、投资老龄事业等所谓"合法"名义掩饰非法之实,与传统的"点对点""一对一"直接诈骗不同,这类犯罪往往形成较为固定的犯罪团伙,从一般业务员、部门团队经理、财务负责人到实际控制人,各层级界限清晰、分工明确,有的案件中还存在专门负责资金转移、隐匿的人员。不少犯罪团伙有专门的话术、专业培训、专门套路,有的还邀请明星、"专家"站台,老年人对此难辨真假,大量老年人"养老钱"被骗。三是呈现跨区域、涉众化趋势。养老诈骗案件在全部刑事案件中总体占比不高,但其性质恶劣、侵害对象特殊、社会危害性很大,严重影响老年人身心健康、家庭和睦。有的涉养老领域的非法集资案件,涉及地域范围广,集资参与人众多,涉案金额巨大,往往给受害老年人造成严重经济损失,极易引发群体性事件,严重影响社会大局稳定。

问:最高人民法院这次发布养老诈骗犯罪典型案例,主要基于什么考虑?这批案例有什么特点?

答:为依法有效推进打击整治养老诈骗专项行动,这批案例主要集中在重点打击的六类养老诈骗犯罪。案例一,被告人以提供"养老服务"为名,以承诺高息回报、享受床位优先居住权、入住打折等方式诱骗老年人大额预存消费投资,实施非法集资。案例二,被告人以投资"养老项目"为名,以承诺高额福利消费卡、货币分红等为幌子,引诱老年人投资"养老公寓"项目,致使老年人钱财遭受损失。案例三,被告人以销售"养老产品"为名,利用虚假宣传获取老年人信任,鼓吹投资收藏品能够获得高额利润,骗取老年人高价购买廉价批发的收藏品,收藏"艺术品"变成高价购买赝品。案例四,被告人以宣称"以房养老"为名,诱骗老年人抵押房屋获得资金,再购买所谓高收益的理财产品,行非法集资之实。案例五,被告人以代办"养老保险"为名,谎称有能力代办"养老保险",骗取老年人钱财。案例六,被告人以开展“养老帮扶”为名，以义务诊疗、免费医疗咨询等获得老年人信任后，夸大病情、虚构保健品为“特效”药品，诱骗老年人高价购买保健品。6个案例从不同角度揭露了养老诈骗“套路”手段及其危害，帮助老年人提高法治意识和识骗防骗能力，有利于最大限度挤压“行骗空间”。

通过6个案例，人民法院提示广大老年群体选择“养老服务”时，要选择具有正规资质的养老企业、养老机构。投资“养老项目”和购买“养老产品”时要多思多虑，多与子女商量，不要轻信所谓“高额返利”“高价回购”等宣传，自觉抵制高利诱惑，时刻绷紧防范意识这根弦，时刻保持理性投资、理性消费。办理“养老保险”时，要通过政府网站、居委会、村委会等有关部门详细了解国家和地方政策，依法依规办理，不要轻信所谓“有关系”“找后门”可以低价办理等。看病就医时要到医院，不要被所谓免费讲座、免费诊疗等蒙蔽，更不要听信“神医”“神药”“包治百病”等。广大老年人要多参与有关部门组织的养老诈骗宣传教育，充分了解犯罪分子惯用“套路”手法，踊跃举报养老诈骗犯罪线索，牢牢守住“养老钱”。

人民法院依法惩处盗采矿产资源犯罪典型案例

(发布时间:2022年7月8日)

党的十八大以来,以习近平同志为核心的党中央把生态文明建设作为关系中华民族永续发展的根本大计,高度重视和持续推进环境资源保护工作。矿产资源是在漫长地质年代中形成的不可再生的富集物,是山水林田湖草沙生命共同体的重要组成部分,是人民群众生产、生活的物质基础和国家的宝贵财富。习近平总书记指出,要加强矿产资源勘查、保护、合理开发,提高矿产资源勘查合理开采和综合利用水平。盗采矿产资源犯罪不仅严重破坏矿产资源,妨害社会管理秩序和矿业健康发展,也极易破坏生态环境,给生态文明建设带来严峻挑战。

近年来,各级人民法院坚持以习近平生态文明思想和习近平法治思想为指引,坚持以人民为中心,完整、准确、全面贯彻新发展理念,把依法惩治盗采矿产资源犯罪、维护矿产资源和生态环境安全作为忠实履行法定职责的重要方面,依法审理了一批盗采矿产资源刑事案件和刑事附带民事公益诉讼案件,为经济社会高质量发展、生态文明建设提供了有力司法服务和保障。为进一步提升人民法院依法惩处盗采矿产资源犯罪的力度和效果,最高人民法院于近日印发《关于充分发挥环境资源审判职能作用 依法惩处盗采矿产资源犯罪的意见》。为指导各级人民法院准确理解和把握该司法文件精神和要求,提升全社会环境资源保护法治意识,现配套发布10件人民法院依法惩处盗采矿产资源犯罪典型案例。此批案例的主要内容和特点如下:

一是坚持服务大局,维护国家矿产资源安全与合理开发。本次发布的案例覆盖了我国东部、中部、西部、东北等各经济区域,涉及多种类型矿产资源保护。惩处的盗采犯罪行为,既有发生在江河海洋、矿山林场的,也有发生在村镇周边、百姓身边的;既有针对稀土等战略性稀缺性矿产资源的,也有针对砂石等常见矿产资源的;既有破坏生态环境、毁坏耕地的,也有危害防洪安全、妨害历史文化保护的。案例涉及长江保护法实施、黑土地保护、国家海洋战略、能源和战略性资源安全等多项全局性问题,体现了人民法院紧紧围绕党和国家工作大局,加强对矿产资源全面保护的坚定意志和显著成效。如案例5缪某林、郭某晶非法开采稀土案，是人民法院加强对战略性矿产资源司法保护的代表性案例。犯罪分子跨区域非法探矿，与当地人员“内外”勾结，在江西黎川某山场盗采国家规定实行保护性开采的离子型稀土。人民法院综合考量涉案矿产资源和生态环境因素，依法追究缪某林、郭某晶刑事责任，准确认定共同犯罪。案例8王某章、康某川等人非法采砂案，是人民法院以司法审判护航海洋生态文明建设的代表性案例。犯罪分子精心组织、策划，专门改造船舶、雇佣人员，采取连续作业方式，在福建闽江口和西犬岛附近海域盗采海砂。人民法院依法认定和区分主犯与受雇人员的责任并予以相应的刑事处罚，依法认定和处理用于犯罪的专门工具船舶。案例7王某等人非法开采泥炭土案，是人民法院加强对黑土地司法保护的代表性案例。犯罪分子在黑龙江尚志、五常租用他人耕地盗采泥炭土，不仅对珍稀矿产资源造成不可恢复的损害，也严重破坏了黑土地的土壤结构和大面积基本农田。人民法院坚持上下游犯罪一并惩治、从严惩处，以法治强力保护黑土地这一耕地中的“大熊猫”。

二是坚持最严法治观，提升生态环境司法保护水平。人民法院依法严惩在划定生态保护红线区域、大江大河流域以及在禁采区、禁采期实施的盗采矿产资源犯罪，注重贯彻落实民法典绿色原则及损害担责、全面赔偿原则，依法合理认定盗采行为人的民事责任；探索运用预防性恢复性司法规则，激励盗采行为人积极修复生态环境、赔偿损失，用最严格制度、最严密法治守护绿水青山。如案例1张某山等人非法采砂案，是人民法院结合长江保护法贯彻实施，强化对长江流域生态环境系统保护和一体保护的代表性案例。犯罪分子在长江保护法施行之后顶风作案，在长江安徽铜陵段淡水豚国家级自然保护区盗采江砂，对长江生态环境、渔业资源等造成严重损害。人民法院依法追究各被告人刑事责任，同时认定各被告构成共同侵权，判令其承担相应民事责任，其中二名被告要承担惩罚性赔偿责任，执行到位的生态环境损害赔偿金也将交由当地法院组织实施长江生态环境修复工作。案例4谢某俊等人非法开采砂金案，是人民法院加强对青藏高原和黄河流域环境资源司法保护的代表性案例。犯罪分子超出采砂许可范围，在青海门源其经营的砂石料场内盗采国家实行保护性开采的砂金，严重破坏特种矿产资源和当地生态环境。人民法院积极运用恢复性司法规则，在依法严惩谢某俊非法采矿犯罪行为的同时，引导其主动履行生态修复义务，依法支持附带民事公益诉讼双方达成调解协议。

三是坚持宽严相济刑事政策，准确把握依法严惩要求和重点。人民法院审理盗采矿产资源犯罪案件，依法用足、用好从严与从宽两种政策手段，做到宽严有据、宽严适度、宽严相济、罚当其罪。对于盗采行为人主观恶性深、人身危险性大，盗采犯罪情节恶劣、后果严重的，坚决重拳出击、形成震慑。坚持“全要素、全环节、全链条”标准,依法惩处盗采、运输、销赃等各环节犯罪行为。结合“扫黑除恶”斗争,依法严惩“沙霸”“矿霸”,斩断其利益链条、铲除其滋生土壤。如案例2山西某能源投资集团有限公司、陈某志等人非法采煤案,是人民法院依法将严惩盗采矿产资源犯罪与依法严惩“涉黑”犯罪相结合的代表性案例。针对该案“以矿养黑”、破坏可采煤炭资源总量特别巨大等特点,人民法院依法加大罚金刑适用力度,以非法采矿罪判处被告单位罚金30亿元,判处陈某志有期徒刑六年,并处罚金1000万元,与其他犯罪并罚。裁判生效后,人民法院加强财产刑执行力度,保障了罚金效果。案例3张某胜等人非法开采石料案,是人民法院将依法严惩盗采矿产资源犯罪与依法严惩“涉恶”犯罪相结合的代表性案例。该案恶势力团伙在山东东平从黄河岸边山体盗采石料,破坏黄河流域生态环境,危害黄河防洪安全。人民法院依法追究犯罪分子的刑事责任,严惩“矿霸”,并在判决生效后加大财产刑执行力度,依法铲除其违法犯罪的经济基础。案例10严某洋、严某虎非法开采鹅卵石案,是人民法院依法落实从宽政策、注重发挥案件警示教育作用、推动矿产资源与“绿水青山”“红色文化”“民俗历史”一体保护的代表性案例。犯罪分子未经许可擅自有组织、大规模在贵州兴义泥溪河段盗采鹅卵石,破坏了矿产资源、河滩地貌和生态环境,妨害人文历史资源和红色教育资源保护。人民法院严格依法定性,警示盗采鹅卵石与日常“捡鹅卵石”的本质区别,在严格依法认定二被告人构成犯罪的同时,根据其自首情节及认罪悔罪表现总体从宽处理。

四是坚持多元共治理念,推动完善协作配合和源头治理制度机制。依法惩处和有效预防盗采矿产资源犯罪,整治矿产资源领域存在的突出问题,需要全社会共同行动。人民法院通过审理相关案件,助力构建现代化环境资源治理体系,形成依法打击盗采矿产资源犯罪的有效合力。如案例6宋某友非法采砂案,是河南濮阳纪检监察机关移送司法机关处理的非法采矿系列案件之一,体现了人民法院与纪检监察、检察机关、公安机关协同联动、多元共治的工作成效。案例9新疆奇台县某服务部、林某斌非法开采金矿案,人民法院在审理中发现行政主管机关存在“一罚了之”“以罚代管”等问题,并在确定被告人的刑事责任时予以了充分考虑。

依法严惩盗采矿产资源犯罪、保护环境资源、建设生态文明任重道远,需要全社会共同参与、坚持不懈。人民法院将坚定不移以习近平新时代中国特色社会主义思想为指导,深入贯彻习近平生态文明思想和习近平法治思想,紧紧围绕党和国家工作大局,聚焦人民群众反映的突出问题,努力用最严格制度、最严密法治筑牢维护矿产资源和生态环境安全的司法屏障,充分发挥司法的规则引领与价值导向功能,引导全社会不断提升环境资源保护法治意识,共建天蓝、地绿、水清的美丽家园。

人民法院依法惩处盗采矿产资源犯罪典型案例目录

一、张某山等人非法采砂案

［基本案情］

2021年3月至7月，被告人张某山、章某晨、李某、丁某等人出资，被告人洪某武、王某宏等人提供采砂船，被告人章某伟、凌某华等人提供运砂船，在未取得采砂许可证的情况下，以采运一体方式，共同在长江安徽铜陵段淡水豚国家级自然保护区河段（长江禁采区）非法采运江砂，共计46765吨、价值2893129元。被告人马某玉明知是盗采的江砂，仍收购1700吨并予以出售。经评估，张某山等人非法采砂造成长江生态环境损害价值5157476.86元。

检察机关提起附带民事公益诉讼。

［裁判结果］

江苏省东台市人民法院认为，张某山等32名被告人违反矿产资源法的规定，未取得河道采砂许可证，在长江禁采期、禁采区从事采砂活动，均构成非法采矿罪；被告人马某玉明知江砂系盗采而收购，构成掩饰、隐瞒犯罪所得罪。张某山等14名被告构成共同侵权，应在各自参与非法采砂数量范围内承担连带赔偿长江生态环境损害的民事责任，其对受损的长江生态环境、渔业资源等直接恢复不具有可行性，可承担生态环境损害费用。张某山曾因犯非法采矿罪被判处刑罚，鲍某文在涉嫌非法采矿犯罪取保候审期间又实施非法采矿，应当承担惩罚性赔偿责任。分别判处张某山等32人有期徒刑四年六个月至一年,并处罚金20万元至1.5万元;判处马某玉有期徒刑一年六个月,缓刑二年,并处罚金2万元;没收各被告人退出的违法所得178600元至300元不等,没收江砂变卖款734757元;张某山等14人按照各自参与犯罪部分,对造成的长江生态环境损害5157476.86元承担连带赔偿责任,并在国家级媒体上公开赔礼道歉;张某山、鲍某文对造成的长江生态环境损害,分别承担135445.02元、12688.88元惩罚性赔偿责任。该判决已生效。

[典型意义]

长江是中华民族的母亲河,是中华民族发展的重要支撑。盗采江砂不仅破坏长江矿产资源和生态环境,还影响长江水势稳定、防洪和通航安全,具有严重危害性。2021年3月1日长江保护法施行,张某山等人"顶风作案",在长江安徽铜陵段淡水豚国家级自然保护区河段有组织地盗采江砂。该案案情重大、复杂,公安部指定江苏公安机关侦办,最高人民检察院督办,最高人民法院依法指定江苏省东台市人民法院审理。在长江保护法施行一周年之际,东台市人民法院在其黄海湿地环境资源法庭公开开庭审理该案并当庭宣判,各被告人均服判。该案审判贯彻最严法治观,落实宽严相济刑事司法政策和损害担责、全面赔偿原则,依法协调张某山等人应当承担的刑事责任和民事责任,取得了较好的审判效果,体现了江苏法院环境资源"9+1"跨区域审判机制改革成果和专业化审判特色。按照《长三角环境资源司法协作框架协议》约定,江苏法院要将执行到位的生态环境损害赔偿金移交安徽法院,由安徽法院组织实施长江生态环境修复工作。该案是人民法院充分发挥环境资源审判职能作用,结合长江保护法贯彻实施,强化对长江流域生态环境系统保护和一体保护的代表性案例。

二、山西某能源投资集团有限公司、陈某志等人非法采煤案

[基本案情]

2015年上半年至2018年7月,被告单位山西某能源投资集团有限公司作为黑社会性质组织首要分子被告人陈某志的控制企业,在陈某志的指使下,安排集团下属企业和集团子公司越界进入他人矿区范围开采煤炭,并统一洗选、销售谋取非法利益,为陈某志黑社会性质组织犯罪提供了巨额经济支持。经山西省自然资源厅认定,本案非法越界开采破坏可采煤炭资源总量655.31万吨,价值423679.35万元。

［裁判结果］

山西省长治市中级人民法院认为，被告单位山西某能源投资集团有限公司、被告人陈某志违反矿产资源法的规定，擅自进入他人矿区范围采矿，均构成非法采矿罪，情节特别严重，判处山西某能源投资集团有限公司罚金30亿元；判处陈某志有期徒刑六年，并处罚金1000万元，与其他犯罪并罚；追缴、没收违法所得及其收益。宣判后，山西某能源投资集团有限公司、陈某志提出上诉。山西省高级人民法院裁定驳回上诉，维持原判。

［典型意义］

煤炭是18世纪以来的主要能源之一，被誉为"黑色金子""工业食粮"，是关乎国民经济发展、国家能源安全的重要矿产资源。陈某志组织、领导的黑社会性质组织"以矿养黑"，以被告单位为依托越界盗采煤炭，造成矿产资源破坏的价值特别巨大，严重扰乱煤炭市场秩序和社会生活秩序。人民法院针对本案特点，充分考虑罚金刑在增强刑事处罚效果、提高犯罪成本、弥补矿产资源损失等方面的功能，依法从重对被告单位判处罚金、对陈某志等被告人判处自由刑和财产刑。裁判生效后，全案执行财产评估价累计193亿余元，保障了罚金刑执行效果。该案体现了人民法院依法用足从严，坚决惩治"越界开采""私挖乱采"、彻底"扫黑除恶""打财断血"的决心和成效，对能源矿产行业规范生产经营亦具有警示教育作用。

三、张某胜等人非法采石案

［基本案情］

2011年至2016年，以被告人张某胜为首的恶势力团伙为垄断山东省东平县银山镇某村黄河岸堤山体的山石资源，以当地土地复垦项目为幌子，通过挖路、堵路、损毁设备等方式妨碍他人经营，并使用殴打、制造交通事故等手段打压其他经营者，迫使其他经营者向其转让经营权。2014年至2018年，张某胜等人未按项目要求的层高和范围进行土地复垦，在未取得采矿许可证的情况下，使用汽炮、挖掘机开采山石向外销售。其间，张某胜等人对抗执法部门检查，多次随意殴打、恐吓、滋扰表达诉求的群众。经山东省地质矿产勘查开发局核查和东平县价格认证中心认定，张某胜等人非法开采山石共计1149565吨、价值28571125元。经山东黄河水利工程质量检测中心认定，张某胜等人非法采石已经危害到黄河防洪安全。

［裁判结果］

山东省东平县人民法院认为,被告人张某胜等未取得采矿许可证擅自采矿,均构成非法采矿罪,情节特别严重。分别判处张某胜等人有期徒刑五年至四年,并处罚金300万元至10万元,所犯数罪依法并罚;追缴违法所得28571125元。该判决已生效。

［典型意义］

黄河岸堤是黄河防洪的天然屏障,也是黄河流域生态环境的重要组成部分。张某胜等人结成恶势力团伙,以土地复垦项目为幌子,在黄河岸边山体盗采石料,危害黄河防洪安全,破坏黄河流域生态环境。人民法院贯彻落实"扫黑除恶"专项斗争的部署要求,依法严惩"矿霸"、坚持"打财断血",从严追究张某胜等人的刑事责任,并在判决生效后加大财产刑执行力度,全面调查、依法处置该恶势力团伙及其成员的财产,铲除其违法犯罪的经济基础。该案也是人民法院加强黄河流域环境资源保护的代表性案例,对惩戒和预防破坏沿黄山体的违法犯罪行为、保护黄河生态环境和行洪安全具有重要意义。

四、谢某俊等人非法开采砂金案

［基本案情］

2011年3月,被告人谢某俊之兄谢某有(另案处理)以给石头峡水电站等地提供砂石料为由,成立了门源县石头峡水电站扎麻图大红沟砂石料场,获得了河道采砂许可证及相关手续,谢某俊为该砂石料场法定代表人。同年5月起,谢某有、谢某俊购置帐篷等物品,租赁机械设备,雇佣冶某某、谢某新、谢某云、谢某硕、马某贵,以采砂石料为幌子,擅自在该砂石料场内采挖国家规定实行保护性开采的砂金,共计170余千克,并将砂金以每克290元至300元的价格,分多次出售给马某元。马某元将砂金价款转入谢某有、谢某俊、谢某录的银行账户,共计44599340元。

检察机关提起附带民事公益诉讼,在法院主持下,公益诉讼双方当事人达成调解协议。谢某俊承诺根据非法开采地矿山地质环境综合治理方案的要求履行生态修复义务,并登报向当地牧民赔礼道歉;若不能按期按要求恢复治理,则赔偿治理费用1040668元。

［裁判结果］

青海省门源县人民法院认为，被告人谢某俊违反矿产资源法的规定，以开采砂石料为名擅自采挖砂金，构成非法采矿罪，情节特别严重，判处有期徒刑五年六个月，并处罚金300万元；依法追缴全部违法所得。宣判后，谢某俊提出上诉。青海省海北藏族自治州中级人民法院裁定驳回上诉，维持原判。

［典型意义］

该案盗采地点位于青藏高原东北部边缘，属祁连山国家公园青海省片区。祁连山是黄河流域和河西内陆河流域重要水源产流地，是我国西部重要生态安全屏障，也是我国生物多样性保护优先区域。谢某俊等人以合法的砂石料场和采砂许可证为掩饰，超出许可范围盗采国家实行保护性开采的砂金，不仅给特种矿产资源造成严重损失，也给生态环境造成严重损害。人民法院充分发挥环境资源审判职能作用，加强青藏高原和黄河流域环境资源司法保护，依法严惩谢某俊非法采矿犯罪行为，同时积极运用恢复性司法规则，支持谢某俊主动承担生态修复责任，对引导当地群众增强环境资源保护意识具有重要意义。

五、缪某林、郭某晶非法开采稀土案

［基本案情］

2015年初，被告人缪某林从江西赣州带探矿工人与周某生、张某光一起到江西省黎川县德胜镇某山场探矿，达成了在该山场共同开采稀土矿的口头协议，并约定了赣州股东与黎川股东的分工。周某生、张某光又邀请了朱某清、潘某根参与开采。在没有取得采矿许可证的情况下，缪某林、周某生、张某光等人在该山场擅自开采稀土矿，直到2016年初才停止，产出的稀土绝大部分被缪某林等人出售。其间，被告人郭某晶到该山场负责矿山工人出工记数、发放工资、稀土产出及运出记数等管理性事务，每月领取5000元固定工资。案发前，该非法采矿点被政府有关部门先后捣毁二次。经储量调查和估算，该非法开采区属轻稀土，矿床离子相平均品位0.037%，开采区范围内破坏稀土资源储量（SRE2O3）氧化物27吨。经鉴定，矿产资源破坏价值为337.5万元（含税）。案发后，郭某晶到公安机关投案。

案件审理过程中，缪某林、郭某晶为修复生态环境，分别委托黎川县樟村生态林场在丰戈分场造林约10亩，并抚育三年，确保造林成活率90%以上。

[裁判结果]

江西省黎川县人民法院认为,被告人缪某林、郭某晶违反矿产资源法的规定,未取得采矿许可证擅自开采国家规定实行保护性开采的特定矿种,均构成非法采矿罪,情节特别严重。在共同犯罪中,缪某林系主犯,但自愿认罪,可酌情从轻处罚;郭某晶虽受雇佣为盗采稀土犯罪提供劳务,但领取高额固定工资,系从犯,且构成自首,依法减轻处罚。缪某林、郭某晶均能委托造林,主动承担替代性修复生态环境责任,亦可酌情从轻处罚。判处缪某林有期徒刑四年,并处罚金5万元;判处郭某晶有期徒刑一年六个月,缓刑二年,并处罚金3万元。该判决已生效。周某生、张某光、朱某清、潘某根均已另案判刑。

[典型意义]

稀土是重要的战略性矿产资源,广泛运用于高新技术制造和国防军工产品研发、生产,被称为"工业黄金"。国务院于1991年将离子型稀土列为国家实行保护性开采的特定矿种之一。依法严惩盗采稀土犯罪,既是保护矿业生产管理秩序的需要,更是维护国家战略性矿产资源安全的需要。本案属于跨行政区划非法探矿、采矿,多名犯罪分子内外勾结、分工明确,情节特别严重。人民法院综合考量案件矿产资源和生态环境因素,严格依法追究缪某林、郭某晶的刑事责任,正确落实宽严相济刑事政策,积极贯彻保护优先、损害担责原则,探索运用恢复性司法规则,教育引导二被告人主动承担生态环境修复责任,取得较好的审判效果。

六、宋某友非法采砂案

[基本案情]

2018年12月,被告人宋某友以售砂获利为目的,承包河南省濮阳市经济技术开发区某村15户村民的集体土地。2019年1月至11月,在未取得采砂许可证的情况下,宋某友在承包的土地内挖砂,通过胡某、靳某龙等人销售获利。经鉴定,宋某友非法采砂19955.37立方米,造成矿产资源破坏价值518840元。其间,濮阳市国土资源局经济技术开发区分局对宋某友非法采砂行为进行了查处,给予罚款65997元的行政处罚。2020年12月,宋某友到公安机关投案,主动退缴违法所得3万元。经评估,涉案土地复垦费用为342816.72元,宋某友已缴纳该款项。

检察机关提起附带民事公益诉讼。

[裁判结果]

河南省南乐县人民法院认为，被告人宋某友违反矿产资源法的规定，未取得采矿许可证擅自采砂，情节严重，构成非法采矿罪。宋某友构成自首，依法可以从轻或者减轻处罚。其自愿认罪认罚，主动缴纳生态环境修复费用，依法可以酌情从轻处罚。宋某友被行政主管机关处罚，与本案系同一事实，行政罚款65997元予以折抵罚金。宋某友非法采矿破坏生态环境，损害国家和社会公共利益，应当承担民事赔偿责任。判处宋某友有期徒刑一年，并处罚金6万元；没收退缴的违法所得3万元；赔偿生态修复费用342816.72元（已缴纳）。该判决已生效。

[典型意义]

农村土地承包经营应当遵守法律、法规，保护土地资源的合理开发和可持续利用。宋某友承包村民集体土地非法采砂，破坏矿产资源和生态环境。人民法院贯彻落实宽严相济刑事政策、最严法治观和全面追责原则，依法追究宋某友非法采矿刑事责任，依法认定其造成生态环境损害的民事责任，将其主动履行民事责任情形作为刑事处罚酌情从轻情节，明确以其就同一事实缴纳的行政罚款折抵罚金，统筹协调了刑事、民事、行政三种责任。据悉，该案是由河南省濮阳市纪检监察机关移送司法机关处理的非法采矿系列案件之一，在该系列案中，有12人被移送司法机关，3人受到党政纪处分，体现了人民法院与纪检监察机关、检察机关、公安机关协同联动、多元共治的工作成效。

七、王某等人非法开采泥炭土案

[基本案情]

2018年，被告人王某租用黑龙江省尚志市老街基乡某村村民家耕地83亩。2019年3月起，王某在未向有关部门申请批准的情况下，雇佣挖掘机在租用的耕地里开采泥炭土。同年7月，王某雇佣被告人李某森为其晾晒、看管非法开采的泥炭土，李某森明知泥炭土“来路不正”仍帮王某销售。至2020年3月，王某共销售泥炭土301车、金额2399785元，其中，李某森销售泥炭土12车、金额95000元。尚未销售的3618.6立方米泥炭土被查获。经评估，回填资产价值为86846.40元。

2021年，被告人王某伙同被告人马某坤、许某刚、李某森，在黑龙江省五常市沙河子镇某村，租用土地非法开采泥炭土。马某坤、王某共同预谋，四被告人分工配合，于当年2月20日至3月8日，采挖黑土78890.28平方米，获得泥炭土34464立方米、价值718920元。经评估,回填及道路修复资产价值为1898140.80元。

黑龙江省尚志市自然资源局、黑龙江省五常市自然资源局提起附带民事诉讼。

[裁判结果]

黑龙江省五常市人民法院认为,被告人王某、马某坤、许某刚、李某森违反矿产资源法的规定,未取得采矿许可擅自开采泥炭土,均构成非法采矿罪,情节特别严重,分别判处有期徒刑七年至五年,并处罚金50万元至15万元;李某森明知泥炭土是犯罪所得而代为销售,又构成掩饰、隐瞒犯罪所得罪,依法并罚;追缴王某、许某刚违法所得;王某等4名被告共同赔偿五常市自然资源局经济损失1898140.80元,王某赔偿尚志市自然资源局经济损失86846.40元。宣判后,王某等人提出上诉。黑龙江省哈尔滨市中级人民法院裁定驳回上诉,维持原判。

[典型意义]

黑土地是珍贵的土壤资源,黑土耕地是重要的农业资源和生产要素。王某等人租用他人耕地盗采泥炭土,不仅对珍贵矿产资源造成不可恢复的损害,也严重破坏了黑土地的土壤结构和大面积基本农田,且容易诱发同类犯罪、加剧弃耕现象。人民法院贯彻落实习近平总书记关于"采取有效措施切实把黑土地这个'耕地中的大熊猫'保护好、利用好"的重要指示精神,坚持上下游犯罪一并惩治,综合运用刑事、民事法律手段,依法从严追究王某等人的刑事责任,依法判决其赔偿经济损失,对震慑盗采黑土犯罪、引导人民群众提高黑土地保护意识具有重要意义。

八、王某章、康某川等人非法采砂案

[基本案情]

被告人王某章、康某川商定盗采海砂,将共有船舶改装成采砂船,另购买船舶改装成具备屯砂、出砂功能的过驳船;雇佣被告人康某杰为船长,被告人康某河、康某强、姜某、康某滨等人为船员,并商定采砂超过30船,每多采一船,船员就可以多拿到1550元的奖金补贴,拿到的奖金按工资比例划分。2018年5月至2019年1月,王某章、康某川等人多次驾乘采砂船,到闽江口和西犬岛附近海域盗采海砂,以每吨6元至25元的价格出售给沙场或海上运砂船。经统计,王某章、康某川等人盗采海砂共计30余万吨,除3000余吨被公安机关查扣外,均被销售,造成矿产资源破坏价值319.5万元。

［裁判结果］

福建省连江县人民法院认为，被告人王某章、康某川等人违反矿产资源法的规定，未取得采矿许可证擅自开采海砂，均构成非法采矿罪，情节特别严重。在共同犯罪中，王某章、康某川系主犯，分别判处有期徒刑四年并处罚金 15 万元、有期徒刑三年四个月并处罚金 10 万元；其他被告人虽受雇佣为盗采海砂犯罪提供劳务，但参与利润分成，系从犯，分别判处有期徒刑一年四个月至十一个月，并处罚金 1 万元至 2000 元；没收犯罪所用的船舶。宣判后，王某章、康某川提出上诉。福建省福州市中级人民法院裁定驳回上诉，维持原判。

［典型意义］

海砂在我国分布广泛，是仅次于石油天然气的第二大海洋资源。近年来，建筑市场对砂石需求旺盛，受利益驱使，沿海省份盗采海砂现象日益突出，严重威胁海洋地形地貌和海洋生态。王某章、康某川经精心组织、策划，为盗采海砂而专门改造船舶、雇佣人员，采取连续作业方式，在闽江口等海域盗采海砂，严重破坏海砂资源和海洋生态。人民法院依法认定和区分主犯与受雇人员的责任并予以相应的刑事处罚，依法认定和处理用于犯罪的专门工具船舶，保障了依法严惩盗采矿产资源犯罪的总体效果，落实了宽严相济的刑事政策，体现了人民法院围绕国家海洋战略、以司法审判护航海洋生态文明建设的立场和导向。

九、奇台县某服务部、林某斌非法开采金矿案

［基本案情］

2008 年，被告人林某斌收购奇台县某服务部，该服务部名下有青河县喀腊马依勒金矿探矿许可证，林某斌一直在申请办理探矿权的延续手续，但未办理采矿许可证。2015 年至 2017 年，林某斌雇佣杨某启在矿区进行打钻作业，青河县某爆公司进行爆破作业，董某强及其他工人将爆破、破碎后的矿石加工提炼成合质金。林某斌将非法开采、提炼的合质金出售给河南洛阳某黄金冶炼公司，销售金额共计 15309083.64 元。其间，新疆维吾尔自治区青河县国土资源局于 2015 年 5 月 27 日、2016 年 6 月 16 日、2017 年 6 月 14 日三次对奇台县某服务部作出行政处罚决定，分别罚款 6 万元、5 万元、2 万元。

[裁判结果]

新疆维吾尔自治区青河县人民法院认为,被告单位奇台县某服务部违反矿产资源法的规定,未取得采矿许可证擅自开采黄金;被告人林某斌作为该单位的法定代表人和直接负责的主管人员,具体实施了上述非法开采行为,均构成非法采矿罪,情节特别严重。判处奇台县某服务部罚金 50 万元;判处林某斌有期徒刑四年六个月,并处罚金 15 万元;追缴林某斌的违法所得 15309083.64 元;没收喀腊马依勒金矿矿部电解车间及附属四合院。该判决已生效。

[典型意义]

探矿权与采矿权具有不同的权利属性,从事探矿、采矿活动应分别申办许可证。该案被告单位名下虽有青河县喀腊马依勒金矿探矿许可证,但未申请办理采矿许可证,其在该矿区开采黄金,仍属于"无证开采"。人民法院依法对该被告单位及其主管人员予以刑事处罚,并依法追缴违法所得、依法没收供犯罪所用的单位财产。本案还反映出,虽然行政主管机关多次对被告单位非法采矿行为予以罚款,但未采取进一步管理措施,既未督促其依法申请办理采矿许可证,也未对其整顿、关停、治理,而是简单地"一罚了之","以罚代管"问题较为突出。对于被告单位并未缴纳的行政罚款,原审判决在罚金中未予抵扣。该案是人民法院依法惩处盗采矿产资源单位犯罪的代表性案例,在维护当地矿产资源可持续开发利用、督促有关行政主管机关纠正"以罚代管"问题、引导人民群众增强法治意识等方面,均具有重要意义。

十、严某洋、严某虎非法开采鹅卵石案

[基本案情]

2017 年 4 月至 12 月,被告人严某洋、严某虎在未取得采矿许可证也未经水务行政部门批准的情况下,擅自在贵州省兴义市清水河镇联丰村泥溪河段开采鹅卵石。由严某洋负责召集、联系买主并雇用挖机、货车,由严某虎负责找工人及现场生产、管理、登记等事宜。二被告人将采出的鹅卵石运送至安龙县木咱镇,卖给徐某某用于铺设人工河道,严某洋与徐某某商定以每立方米 200 元的价格进行结算。二被告人非法开采的鹅卵石共计 1146 立方米,收到徐某某支付的款项 115000 元。案发后,二被告人到公安机关投案,严某洋退缴赃款 115000 元。

［裁判结果］

贵州省兴义市人民法院认为，被告人严某洋、严某虎违反矿产资源法的规定，未取得采矿许可证擅自开采鹅卵石，情节严重，均构成非法采矿罪。二被告人在共同犯罪中分工、合作，均为主犯。二被告人均构成自首，依法可以从轻或者减轻处罚。严某洋犯罪情节较轻，有悔罪表现，依法可以宣告缓刑。判处严某洋有期徒刑十个月，缓刑一年六个月，并处罚金2万元；判处严某虎有期徒刑八个月，并处罚金1.5万元，与其他犯罪并罚；没收违法所得11.5万元。该判决已生效。

［典型意义］

鹅卵石属于非金属矿产，与老百姓一般认识中的“捡鹅卵石”等行为不同，未经许可擅自有组织、大规模地盗采鹅卵石属于犯罪行为，不仅侵犯了国家矿产资源管理制度，导致矿产资源被破坏和无序利用，而且会对河滩地貌产生不利影响，造成地质结构和生态环境被破坏等后果。该案盗采地点位于贵州省兴义市清水河镇泥溪河段、国家级风景区马岭河峡谷旁，当地保留有布依族百年老屋和石板小道，民俗文化特征明显，留存有红军长征品甸战斗、泥溪河战斗革命遗迹，与马岭河峡谷景区自然景观浑然一体，是独具特色的人文历史资源、红色教育资源和绿色生态资源。人民法院坚持“像保护眼睛一样保护生态资源”理念和宽严相济刑事政策，在严格依法认定二被告人构成犯罪的同时，根据案情总体从宽处理，取得较好效果，在警示非法开采鹅卵石行为、引导当地群众增强法治意识和环保意识、推动矿产资源与“绿水青山”“红色文化”“民俗历史”一体保护等方面，均具有重要意义。

最高人民法院发布2022年十大毒品(涉毒)犯罪典型案例

(发布时间:2022年6月25日)

编者按:在第35个"6·26"国际禁毒日到来之际,为进一步震慑犯罪分子,增强全民识毒、防毒、拒毒意识,最高人民法院相关部门收集、整理了2021年以来各地法院审结的10件毒品和涉毒犯罪典型案例。此次发布案例的主要特点:一是犯罪类型代表性强。毒品犯罪中既涵盖了走私、制造、大宗贩卖毒品和非法生产、买卖制毒物品等源头性犯罪,也包括"零包"贩卖毒品、容留他人吸毒等末端犯罪;涉毒犯罪则选取了毒品犯罪分子"自洗钱"以及因吸毒诱发的严重暴力犯罪。二是涉案毒品"三代并存"。除传统毒品海洛因和合成毒品甲基苯丙胺外,增加了新型毒品犯罪的占比,特别是涉合成大麻素、氟胺酮等新列管物质和泰勒宁等滥用麻精药品案件。三是情节典型手段多样。涉及暴力抗拒检查情节严重、引诱、教唆未成年人吸毒、通过贿买手段获取立功线索等情节以及"互联网+物流寄递"非接触式犯罪手段,且多名被告人均具有累犯、毒品再犯等法定从重处罚情节。这些案例从不同角度反映了当前我国毒品犯罪的特点,阐释了毒品犯罪案件的法律适用标准,昭示了人民法院依法从严惩处毒品犯罪的一贯政策立场。

目　录

5. 万昊能等贩卖毒品、洗钱案——贩卖含有合成大麻素成分的电子烟油并“自洗钱”,依法数罪并罚
6. 古亮引诱、教唆他人吸毒、容留他人吸毒案——引诱、教唆、容留未成年人吸毒,且系累犯,依法严惩
7. 梁宇立走私、贩卖毒品案——多次走私大麻入境,并向多名吸毒人员贩卖,情节严重
8. 周洪伟贩卖、运输毒品案——利用“互联网+物流寄递”手段多次向吸毒人员贩卖麻精药品,情节严重
9. 何启安贩卖毒品案——向吸毒人员贩卖氟胺酮,且系累犯,依法严惩
10. 郑波故意杀人案——吸毒致幻后杀死父母,罪行极其严重

案例1

梁玉景、黎国都制造毒品案

——纠集多人制造毒品,数量特别巨大,罪行极其严重

一、基本案情

被告人梁玉景,男,壮族,1976年8月2日出生,无业。2010年1月8日因犯故意伤害罪被判处有期徒刑三年,缓刑五年。

被告人黎国都,男,壮族,1983年7月10日出生,农民。

2016年底,被告人梁玉景、黎国都商定共同制造甲基苯丙胺(冰毒)。后黎国都伙同郑力纯(同案被告人,已判刑)租赁制毒场地,并与郑力纯、陈元武(同案被告人,已判刑)共同完成制毒前期准备工作;梁玉景购买制毒原材料,安排黄炳鹏(同案被告人,已判刑)检修制毒工具反应釜。2017年4月底至5月初,梁玉景安排黎国都收集部分制毒出资,其中黎国都出资70万元,陈元武、梁玉升(二审期间因病死亡)夫妇出资90万元,零岸(同案被告人,已判刑)出资15万元。零骏良、凌晨(均系同案被告人,已判刑)等人在梁玉景、黎国都指使下,前往广东省东莞市将毒资交给梁玉景,将制毒辅料运至广西壮族自治区南宁市,又从广东省梅州市将梁玉景组织购买的氯麻黄碱运至南宁市,由陈元武驾车运至制毒场地。同年5月28日,梁玉景先后安排农多想、黄炳贵(均系同案被告人,已判刑)前往位于南宁市经开区那洪街道古思村的制毒场地,与黎国都、陈元武、郑力纯共同制造甲基苯丙胺。同月31日,公安人员在制毒场地抓获黎国都等人,当场查获甲基苯丙胺419.2千克、含甲基苯丙胺成分的固液混合物143.92千克及氯麻黄碱148.42千克、反应釜等。

二、裁判结果

本案由广西壮族自治区南宁市中级人民法院一审,广西壮族自治区高级人民法院二审。最高人民法院对本案进行了死刑复核。

法院认为,被告人梁玉景、黎国都伙同他人制造甲基苯丙胺,其行为均已构成制造毒品罪。梁玉景、黎国都共谋制造毒品,梁玉景纠集多人参与,管理毒资,购买制毒原料,黎国都大额出资,租赁制毒场地,直接参与制造,二人在制造毒品共同犯罪中均起主要作用,系主犯,罪责突出。梁玉景、黎国都制造甲基苯丙胺,数量特别巨大,社会危害大,罪行极其严重。据此,依法对被告人梁玉景、黎国都均判处并核准死刑,剥夺政治权利终身,并处没收个人全部财产。

罪犯梁玉景、黎国都已于2022年6月15日被依法执行死刑。

三、典型意义

制造毒品属于源头性毒品犯罪,历来是我国禁毒斗争的打击重点。近年来,广东等地的规模化制毒活动在持续严厉打击和有效治理之下,逐步得到遏制,但制毒活动出现了向周边省市转移的现象,国内其他地区分散、零星制毒犯罪仍时有发生,且犯罪手段呈现分段式、隐秘化等特点。本案是一起发生在广西的家族式重大制毒犯罪,参与人数多、制毒规模大,涉案人员大多具有亲属关系。同案人在梁玉景、黎国都指挥下实施制毒犯罪,从广东购入制毒原料,跨省运输至广西农村地区进行制造。案发时在制毒场地查获甲基苯丙胺晶体419.2千克、含甲基苯丙胺成分的固液混合物143.92千克及制毒物品氯麻黄碱148.42千克,毒品数量特别巨大。梁玉景、黎国都系该制毒团伙中罪责最为突出的主犯,罪行极其严重。人民法院依法对二人适用死刑,体现了突出打击重点、严惩源头性毒品犯罪的严正立场。

案例2

冯志国运输毒品案

——暴力抗拒检查,持刀捅刺致执法人员重伤,
且系累犯,罪行极其严重

一、基本案情

被告人冯志国,男,汉族,1987年5月6日出生,农民。2012年12月26日因犯

拐卖妇女罪被判处有期徒刑五年，并处罚金人民币三千元，2017 年 3 月 9 日刑满释放。

2017 年 4 月、5 月，被告人冯志国与同村村民李复生、周明（均另案处理）先后从贵州省来到云南省镇康县南伞镇，共谋实施毒品犯罪。同年 6 月 1 日，三人携带毒品驾乘摩托车由镇康县南伞镇前往云南省保山市，23 时许途经镇康县勐堆乡铜厂北路时发现前方设卡检查，冯志国遂将毒品丢弃在路边。执法人员经检查，发现三人形迹可疑，遂沿三人驶来方向搜查，在约 30 米远路边处查获海洛因 1777 克。冯志国见罪行败露，即持刀捅刺追捕的执法人员昝某后逃跑，致昝某肠破裂，构成重伤二级。2018 年 1 月 10 日，冯志国在贵州省贵阳市被抓获。

二、裁判结果

本案由云南省临沧市中级人民法院一审，云南省高级人民法院二审。最高人民法院对本案进行了死刑复核。

法院认为，被告人冯志国明知是毒品而伙同他人进行运输，其行为已构成运输毒品罪。冯志国从贵州省到云南省边境地区实施毒品犯罪，与另案被告人李复生、周明分工配合，共同运输毒品，应依法按照其所参与的全部犯罪处罚。冯志国运输海洛因数量大，并暴力抗拒检查，情节严重，社会危害大，罪行极其严重。冯志国曾因犯拐卖妇女罪被判处有期徒刑，刑罚执行完毕后五年内又实施本案犯罪，系累犯，应依法从重处罚。据此，依法对被告人冯志国判处并核准死刑，剥夺政治权利终身，并处没收个人全部财产。

罪犯冯志国已于 2021 年 9 月 9 日被依法执行死刑。

三、典型意义

近年来，部分毒品犯罪分子为逃避法律制裁，不惜铤而走险，采用暴力手段抗拒检查、抓捕，增加了执法人员查缉毒品犯罪的风险，也对社会治安和人民群众的生命财产安全构成威胁。根据刑法第三百四十七条第二款的规定，走私、贩卖、运输、制造毒品，并具有以暴力抗拒检查、拘留、逮捕，情节严重情形的，处十五年有期徒刑、无期徒刑或者死刑。《最高人民法院关于审理毒品犯罪案件适用法律若干问题的解释》第三条第二款规定，以暴力抗拒检查、拘留、逮捕，情节严重，是指造成执法人员死亡、重伤、多人轻伤等情形。本案中，被告人冯志国在罪行被执法人员察觉后，为逃跑持刀连续捅刺执法人员致其重伤，属于暴力抗拒检查情节严重的情形。冯志国曾因犯拐卖妇女罪被判刑，刑满释放后短期内即再次实施本案犯罪，系累犯。冯志国对抗执法权威的行为及其前科情节，均反映出其较深的主观恶性和较大的人身危险性,依法应在法定量刑幅度内从重处罚。人民法院对其依法严惩并适用死刑,警示妄图以暴力对抗手段逃避法律追究的毒品犯罪分子,切勿心存侥幸。

案例3

邱山喜贩卖、运输毒品案

——通过非法手段获取他人犯罪线索并检举,不构成立功,且系毒品再犯,罪行极其严重

一、基本案情

被告人邱山喜,曾用名邱三喜,男,汉族,1976年5月5日出生,农民。2004年1月12日因犯走私毒品罪被判处有期徒刑七年,并处罚金人民币五万元。

2013年6、7月,被告人邱山喜欲从广东省广州市一名毒贩(身份不明)处购买毒品进行贩卖,并将此事告知元海银(同案被告人,已判刑),让元海银为其准备30万元现金。元海银同意,并提出从中购买一块毒品。同年7月13日,邱山喜携带元海银提供的30万元毒资,前往广州市交易毒品。后邱山喜将购得的毒品藏匿于其驾驶的丰田汽车后排座椅内,驾车返回安徽省临泉县,途中被公安人员抓获,当场查获海洛因3481.4克。邱山喜被抓获后,其亲属通过贿买手段获取范某某贩卖毒品犯罪线索,交由其检举揭发。

二、裁判结果

安徽省阜阳市中级人民法院一审根据公安机关出具的立功材料,错误认定被告人邱山喜检举揭发他人犯罪属实,具有重大立功表现,据此从轻判处邱山喜无期徒刑。安徽省高级人民法院二审维持原判。裁判发生法律效力后,安徽省高级人民法院发现原审裁判认定事实和适用法律确有错误,经再审改判邱山喜死刑。最高人民法院对本案进行了死刑复核。

法院认为,被告人邱山喜明知是海洛因而伙同他人贩卖、运输,其行为已构成贩卖、运输毒品罪。在共同犯罪中,邱山喜提起犯意,纠集他人参与出资,自行完成购买、运输毒品行为,起主要作用,系主犯。邱山喜贩卖、运输毒品数量大,社会危害大,罪行极其严重,且其曾因犯走私毒品罪被判处刑罚,系毒品再犯,应依法从重处罚。邱山喜检举范某某贩卖毒品的线索系通过贿买的非法手段获取,根据《最高人

民法院关于处理自首和立功若干具体问题的意见》(以下简称《自首立功意见》)第四条的规定,不能认定为具有立功表现。据此,依法对被告人邱山喜改判并核准死刑,剥夺政治权利终身,并处没收个人全部财产。

罪犯邱山喜已于2022年6月15日被依法执行死刑。

三、典型意义

刑法设立立功制度,主要目的在于通过对犯罪分子承诺并兑现从宽处罚,换取其积极揭露他人罪行,以便司法机关及时发现、查处犯罪,节约司法资源。同时,检举揭发他人犯罪也在一定程度上反映出犯罪分子弃恶从善的愿望,有利于促成其悔过自新。但是,构成立功要求犯罪分子检举线索的来源必须合法,否则就背离了立功制度创设的初衷和价值取向,且违反相关法律法规,破坏公序良俗。《自首立功意见》第四条规定,犯罪分子通过贿买、暴力、胁迫等非法手段,获取他人犯罪线索并"检举揭发"的,不能认定为有立功表现。本案中,被告人邱山喜携款向上家求购大量毒品并跨省长途运输,罪行极其严重,且系毒品再犯,论罪应处死刑。邱山喜到案后检举揭发范某某贩卖毒品线索,公安机关据此侦破范某某贩毒一案,范某某被判处无期徒刑以上刑罚。经再审查明,上述检举线索系邱山喜亲属通过贿买的非法手段获取后交由邱山喜检举揭发,根据《自首立功意见》的规定,即便检举线索查证属实,邱山喜的行为也不构成立功。人民法院依法启动再审,对邱山喜改判死刑,彰显了对严重毒品犯罪决不姑息的态度和实事求是、有错必纠的决心。

案例4

郑保涛等制造毒品、非法生产、买卖制毒物品案

——明知他人制造甲卡西酮而向其提供制毒原料;
非法生产、买卖制毒物品,情节特别严重

一、基本案情

被告人郑保涛,曾用名郑俊杰,男,汉族,1987年11月11日出生,农民。

被告人焦绪波,男,汉族,1975年2月5日出生,个体经营者。

被告人李晓龙,曾用名李龙,男,汉族,1994年1月2日出生,无业。

被告人金学,男,汉族,1992年2月27日出生,农民。

被告人房晓帅,男,汉族,1983年4月6日出生,无业。

被告人郑营,男,汉族,1979年3月18日出生,农民。

被告人郑保涛明知张新明、宋书斌(均另案处理)等购买溴代苯丙酮、苯丙酮等用于制造毒品,自2019年3月至10月间,在山东省滨州市、高青县、桓台县等地,多次向张新明等介绍购买或者贩卖溴代苯丙酮、苯丙酮等制毒原料,并介绍李勇(另案处理)加入张新明等制毒、贩毒团伙。张新明等利用从郑保涛处购买的制毒原料生产甲卡西酮至少28.23千克。

2019年8月至11月,被告人郑保涛、金学、郑营在桓台县非法生产溴代苯丙酮、苯丙酮,并将生产的溴代苯丙酮分两次贩卖给陈云飞、王成毅(均另案处理)。2019年10月至2020年4月,被告人焦绪波、李晓龙、郑保涛、金学在山东省潍坊市非法生产溴代苯丙酮、苯丙酮,并交叉结伙多次向被告人房晓帅和陈云飞、王成毅、韦冰冰(另案处理)非法贩卖。其中,焦绪波共计非法生产溴代苯丙酮1428千克、苯丙酮3700千克,李晓龙共计非法生产溴代苯丙酮1428千克、苯丙酮2100千克,郑保涛共计非法生产、买卖溴代苯丙酮127.6千克,金学共计非法生产、买卖溴代苯丙酮54.2千克、苯丙酮21千克,郑营共计非法生产、买卖溴代苯丙酮17千克、苯丙酮21千克,房晓帅共计非法买卖溴代苯丙酮24.3千克。

二、裁判结果

本案由山东省桓台县人民法院一审,山东省淄博市中级人民法院二审。

法院认为,被告人郑保涛明知他人制造毒品而提供用于制造毒品的原料,其行为已构成制造毒品罪;郑保涛伙同被告人焦绪波、李晓龙、金学非法生产、买卖用于制造毒品的原料,情节特别严重,被告人郑营非法生产、买卖用于制造毒品的原料,情节严重,其行为均已构成非法生产、买卖制毒物品罪;被告人房晓帅非法买卖用于制造毒品的原料,情节严重,其行为已构成非法买卖制毒物品罪。对郑保涛所犯数罪,应依法并罚。在非法生产、买卖制毒物品共同犯罪中,郑保涛起主要作用,系主犯;金学、郑营起次要作用,系从犯,应依法减轻处罚。郑保涛、焦绪波、李晓龙、房晓帅买卖溴代苯丙酮部分事实系犯罪未遂,可比照既遂犯从轻处罚。郑保涛到案后协助抓获房晓帅,构成立功;焦绪波、李晓龙、郑营、金学到案后如实供述主要犯罪事实,均可依法从轻处罚。焦绪波、李晓龙、金学、郑营、房晓帅自愿认罪认罚,可依法从宽处理。据此,依法对被告人郑保涛以制造毒品罪判处有期徒刑十五年,并处没收个人财产人民币二十万元,以非法生产、买卖制毒物品罪判处有期徒刑七年,并处罚金人民币十万元,决定执行有期徒刑十九年,并处没收个人财产人民币二十万元、罚金人民币十万元;对被告人焦绪波、李晓龙、金学、房晓帅、郑营分别判处有期徒刑九年六个月、九年、五年、三年、一年九个月,并处数额不等罚金。

淄博市中级人民法院于2021年8月3日作出二审刑事裁定，现已发生法律效力。

三、典型意义

近年来，以制毒物品为原料，采用化学合成方法制造甲卡西酮等新型毒品的犯罪呈上升趋势。加大对制毒物品犯罪的打击力度，是从源头上遏制制造新型毒品犯罪的重要手段。本案是一起非法制造、买卖制毒物品，同时构成制造毒品共犯的典型案例。溴代苯丙酮、苯丙酮属于国家严格管控的制毒物品，被告人郑保涛等多次、大量非法生产、买卖溴代苯丙酮、苯丙酮等制毒物品，根据《最高人民法院关于审理毒品犯罪案件适用法律若干问题的解释》第八条第二款的规定，属于情节特别严重情形，人民法院依法对其判处七年以上有期徒刑。同时，当前制造毒品犯罪日益呈现团伙作案、分工精细、分段进行等特点，有必要予以全链条、全方位打击处理。明知他人制造毒品而向其提供制毒原料的，构成制造毒品罪的共犯，依法应予严惩。人民法院以制造毒品罪与非法生产、买卖制毒物品罪对郑保涛数罪并罚，决定执行有期徒刑十九年，并处以高额财产刑，体现了坚决遏制毒品来源、严厉惩治此类犯罪的一贯立场。同时，人民法院对本案中犯罪情节较轻，或者具有从犯、立功、坦白等法定从宽处罚情节的被告人依法从轻、减轻处罚，全面贯彻了宽严相济刑事政策。

案例5

万昊能等贩卖毒品、洗钱案

——贩卖含有合成大麻素成分的电子烟油
并“自洗钱”，依法数罪并罚

一、基本案情

被告人万昊能，男，汉族，1998年1月2日出生，无业。

被告人黄云，男，汉族，2000年10月4日出生，无业。

被告人刘智勇，男，汉族，2001年8月14日出生，无业。

2021年7月1日至8月21日，被告人万昊能在明知合成大麻素类物质已被列管的情况下，为牟取非法利益，通过微信兜售含有合成大麻素成分的电子烟油，先后六次采用雇请他人送货或者发送快递的方式向多人贩卖，得款共计4900元。被告人黄云两次帮助万昊能贩卖共计600元含有合成大麻素成分的电子烟油，被告人

刘智勇帮助万昊能贩卖300元含有合成大麻素成分的电子烟油。为掩饰、隐瞒上述犯罪所得的来源和性质,万昊能收买他人微信账号并使用他人身份认证,收取毒资后转至自己的微信账号,再将犯罪所得提取至银行卡用于消费等。同年8月23日,公安人员在万昊能住处将其抓获,当场查获电子烟油15瓶,共计净重111.67克。次日,公安人员在万昊能租赁的仓库内查获电子烟油94瓶,共计净重838.36克。经鉴定,上述烟油中均检出ADB-BUTINACA和MDMB-4en-PINACA合成大麻素成分。万昊能、黄云到案后,分别协助公安机关抓捕吴某某(另案处理)、刘智勇。

二、裁判结果

本案由江西省南昌市西湖区人民法院一审,南昌市中级人民法院二审。

法院认为,被告人万昊能、黄云、刘智勇向他人贩卖含有合成大麻素成分的电子烟油,其行为均已构成贩卖毒品罪。万昊能为掩饰、隐瞒毒品犯罪所得的来源和性质,采取收买他人微信账号收取毒资后转至自己账号的支付结算方式转移资金,其行为又构成洗钱罪。对万昊能所犯数罪,应依法并罚。万昊能贩卖含有合成大麻素成分的电子烟油,数量大,社会危害大。万昊能、黄云、刘智勇到案后如实供述自己的罪行,万昊能、黄云协助抓捕其他犯罪嫌疑人,有立功表现,黄云、刘智勇自愿认罪认罚,均可依法从轻处罚。据此,依法对被告人万昊能以贩卖毒品罪判处有期徒刑十五年,并处没收个人财产人民币六万元,以洗钱罪判处有期徒刑十个月,并处罚金人民币五万元,决定执行有期徒刑十五年,并处没收个人财产人民币六万元、罚金人民币五万元;对被告人黄云、刘智勇均判处有期徒刑八个月,并处罚金人民币一万元。

南昌市中级人民法院于2022年6月2日作出二审刑事裁定,现已发生法律效力。

三、典型意义

合成大麻素类物质是人工合成的化学物质,相较天然大麻能产生更为强烈的兴奋、致幻等效果。吸食合成大麻素类物质后,会出现头晕、呕吐、精神恍惚等反应,过量吸食会出现休克、窒息甚至猝死等情况,社会危害极大。2021年7月1日起,合成大麻素类物质被列入《非药用类麻醉药品和精神药品管制品种增补目录》进行整类列管,以实现对此类新型毒品犯罪的严厉打击。合成大麻素类物质往往被不法分子添加入电子烟油中或喷涂于烟丝等介质表面,冠以“上头电子烟”之名在娱乐场所等进行贩卖,因其外表与普通电子烟相似,故具有较强迷惑性,不易被发现和查处，严重破坏毒品管制秩序，危害公民身体健康。本案被告人万昊能六次向他人出售含有合成大麻素成分的电子烟油，被抓获时又从其住所等处查获大量用于贩卖的电子烟油。人民法院根据其贩卖毒品的数量、情节和对社会的危害程度，对其依法从严适用刑罚，同时警示社会公众自觉抵制新型毒品诱惑，切莫以身试毒。

毒品犯罪是洗钱犯罪的上游犯罪之一。洗钱活动在为毒品犯罪清洗毒资的同时，也为扩大毒品犯罪规模提供了资金支持，助长了毒品犯罪的蔓延。《中华人民共和国刑法修正案（十一）》将"自洗钱"行为规定为犯罪，加大了对从洗钱犯罪中获益最大的上游犯罪本犯的惩罚力度。本案中，被告人万昊能通过收购的微信账号等支付结算方式，转移自身贩卖毒品所获毒资，掩饰、隐瞒贩毒违法所得的来源和性质，妄图"洗白"毒资和隐匿毒资来源。人民法院对其以贩卖毒品罪、洗钱罪数罪并罚，以同步惩治上下游犯罪，斩断毒品犯罪的资金链条，摧毁毒品犯罪分子再犯罪的经济基础。

案例 6

古亮引诱、教唆他人吸毒、容留他人吸毒案

——引诱、教唆、容留未成年人吸毒，且系累犯，依法严惩

一、基本案情

被告人古亮，男，汉族，1996 年 4 月 16 日出生，无业。2016 年 12 月 20 日因犯引诱、教唆他人吸毒罪被判处有期徒刑四年，并处罚金人民币五千元，2019 年 2 月 28 日刑满释放。

2020 年 10 月，被告人古亮与严某某、李某某（均系未成年人）在四川省宜宾市南溪区罗龙镇严某某母亲家中居住，古亮明知严某某、李某某没有吸毒史，在二人面前制作吸毒工具，询问二人是否愿意尝试吸毒，并示范吸毒方法，讲述吸毒后的体验，引诱、教唆二人吸食毒品，先后和严某某、李某某一起吸食了其提供的甲基苯丙胺（冰毒）。同年 11 月，古亮多次在宜宾市南溪区南山一品二期其租住的房间内容留吸毒人员及严某某、李某某吸食甲基苯丙胺。

二、裁判结果

本案由四川省宜宾市南溪区人民法院一审，宜宾市中级人民法院二审。

法院认为，被告人古亮通过向他人宣扬吸食毒品后的感受等方法，诱使、教唆

他人吸食毒品,其行为已构成引诱、教唆他人吸毒罪。古亮多次提供场所容留吸毒人员及未成年人严某某、李某某吸食毒品,其行为已构成容留他人吸毒罪。对古亮所犯数罪,应依法并罚。古亮引诱、教唆未成年人吸毒,且其曾因犯引诱、教唆他人吸毒罪被判处有期徒刑,刑满释放后五年内又实施本案犯罪,系累犯,应依法从重处罚。古亮到案后如实供述自己的主要犯罪事实,可依法从轻处罚。据此,依法对被告人古亮以引诱、教唆他人吸毒罪判处有期徒刑二年六个月,并处罚金人民币三千元;以容留他人吸毒罪判处有期徒刑一年一个月,并处罚金人民币三千元,决定执行有期徒刑三年四个月,并处罚金人民币六千元。

宜宾市中级人民法院于2021年9月18日作出二审刑事裁定,现已发生法律效力。

三、典型意义

毒品具有较强的致瘾癖性,一旦沾染,极易造成身体和心理的双重依赖。未成年人好奇心强,心智发育尚不成熟,欠缺自我保护能力,更易遭受毒品危害。人民法院始终坚持将犯罪对象为未成年人以及组织、利用未成年人实施的毒品犯罪作为打击重点。本案是一起典型的引诱、教唆、容留未成年人吸毒案件。被告人古亮在未成年人面前实施言语诱导、传授吸毒方法、宣扬吸毒感受的行为,造成两名本无吸毒意愿的未成年人吸食毒品的后果,且其多次提供场所容留未成年人吸毒,社会危害大。古亮曾因引诱、教唆他人吸毒犯罪情节严重被判处有期徒刑四年,仍不思悔改,刑满释放不足一年又再次实施同类犯罪,系累犯,主观恶性深,人身危险性大。人民法院根据其犯罪事实、性质、情节和危害后果,依法对其从重处罚,贯彻了加大对末端毒品犯罪惩处力度的刑事政策,体现了对侵害未成年人毒品犯罪予以严惩的坚定立场。在通过刑罚手段阻断毒品危害殃及未成年人的同时,人民法院也呼吁广大青少年深刻认识毒品危害,守住心理防线,慎重交友,远离易染毒环境和人群。

案例7

梁宇立走私、贩卖毒品案

——多次走私大麻入境,并向多名吸毒人员贩卖,情节严重

一、基本案情

被告人梁宇立,男,汉族,1990年4月19日出生,公司职员。

自2021年3月起，被告人梁宇立多次以每克50元至70元不等的价格，在网上向境外人员购买大麻，并通过国际邮包寄递入境。梁宇立收到大麻后，以每克150元至180元不等的价格贩卖给吸毒人员朱某、何某某、梁某某、郑某某等人（均另案处理）。同年8月11日，梁宇立准备向吸毒人员朱某等人贩卖大麻时，在其位于广东省广州市海珠区海康街的住处被抓获。公安人员当场查获梁宇立用于贩卖的大麻361.43克及作案工具电子秤、包装袋等。

二、裁判结果

本案由广东省广州市荔湾区人民法院审理。

法院认为，被告人梁宇立违反国家对毒品的管制规定，从境外购买大麻非法寄递入境，并贩卖给他人，其行为已构成走私、贩卖毒品罪。梁宇立多次走私毒品并向多人贩卖，根据《最高人民法院关于审理毒品犯罪案件适用法律若干问题的解释》第四条第（一）项的规定，应认定为刑法第三百四十七条第四款规定的“情节严重”。梁宇立到案后如实供述自己的罪行，可依法从轻处罚；自愿认罪认罚，可依法从宽处理。据此，依法对被告人梁宇立判处有期徒刑三年六个月，并处罚金人民币五万元。

荔湾区人民法院于2022年2月22日作出刑事判决。宣判后，在法定期限内没有上诉、抗诉。判决现已发生法律效力。

三、典型意义

大麻类毒品包括大麻植物干品、大麻树脂、大麻油等，最主要的活性成分为四氢大麻酚，对人体有麻醉、致幻等作用。大麻具有成瘾性，长期滥用可导致呼吸系统、免疫系统问题或精神疾病。我国将大麻类物质和四氢大麻酚分别列为麻醉药品和一类精神药品进行严格管制。近年来，受境外部分国家大麻“合法化”的影响，一些留学生、海外归国人员、文娱从业人员产生大麻类毒品成瘾性低、危害性小的错误认知，出于猎奇心理或追求感官刺激而吸食大麻。随着国内管制不断加强，犯罪分子利用互联网从境外购买大麻，通过国际邮包少量、多次、分散寄递入境后，贩卖给滥用群体。本案是一起典型的与境外卖家勾连交易，通过国际快递走私大麻入境后在国内贩卖的案件。被告人梁宇立为牟取高额利润，多次走私大麻入境，并向多名吸毒人员贩卖，既系源头性犯罪，又直接导致毒品进入消费环节，情节严重，社会危害大。人民法院依法对其从严惩处，体现了厉行禁毒的坚定立场，同时也提醒广大群众，特别是青少年群体充分认识大麻危害，提高对毒品的防范意识和鉴别能力。

案例8

周洪伟贩卖、运输毒品案

——利用"互联网+物流寄递"手段多次向吸毒人员贩卖麻精药品,情节严重

一、基本案情

被告人周洪伟,男,汉族,1993年5月22日出生,务工人员。

2021年3月,被告人周洪伟明知艾司唑仑片、泰勒宁(氨酚羟考酮片)等系国家管制的精神药品,仍以牟利为目的,在微信、抖音、百度贴吧等网络社交平台寻找买家,通过闲鱼APP三次向吸毒人员贩卖,共计贩卖艾司唑仑片1盒(20片)、泰勒宁7盒(70片),并通过快递寄送上述精神药品。后公安人员将周洪伟抓获,并从其租住处查获艾司唑仑片、酒石酸唑吡坦片、劳拉西泮片、佐匹克隆片等数百片。

二、裁判结果

本案由福建省石狮市人民法院审理。

法院认为,被告人周洪伟明知是国家管制的能够使人形成瘾癖的精神药品仍向吸毒人员贩卖、运输,其行为已构成贩卖、运输毒品罪。周洪伟多次贩卖毒品,根据《最高人民法院关于审理毒品犯罪案件适用法律若干问题的解释》第四条第(一)项的规定,应认定为刑法第三百四十七条第四款规定的"情节严重"。周洪伟到案后如实供述自己的罪行,可依法从轻处罚。据此,依法对被告人周洪伟判处有期徒刑三年,并处罚金人民币三千元。

石狮市人民法院于2021年9月24日作出刑事判决。宣判后,在法定期限内没有上诉、抗诉。判决现已发生法律效力。

三、典型意义

近年来,随着我国对海洛因、甲基苯丙胺等毒品犯罪的打击力度不断加强,部分常见毒品逐渐较难获得,一些吸毒人员转而通过非法手段获取处方麻精药品作为替代物滥用,以满足吸毒瘾癖,具有医疗用途的麻精药品流入非法渠道的情况时有发生。为加大监管力度,有关职能部门联合印发《关于将含羟考酮复方制剂等品种列入精神药品管理的公告》,规定自2019年9月1日起将含羟考酮的复方制剂(含泰勒宁)列入精神药品管理。《全国法院毒品犯罪审判工作座谈会纪要》明确规

定，向吸食、注射毒品的人员贩卖国家规定管制的能够使人形成瘾癖的麻醉药品或者精神药品的，以贩卖毒品罪定罪处罚。同时，随着互联网技术、物流业的快速发展，犯罪分子依托互联网联络毒品交易并收取毒资、通过快递物流渠道交付毒品的现象日益突出。信息网络的跨地域性、匿名性特点，使得毒品犯罪手段愈趋隐蔽化、多样化，监管、打击难度不断加大。本案就是犯罪分子利用"互联网＋物流寄递"手段向吸毒人员贩卖国家规定管制的处方麻精药品的典型案例。被告人周洪伟在微信、抖音、百度贴吧等网络社交平台寻找联系买家，明知买家购买麻精药品作为成瘾替代物，仍通过闲鱼交易平台下单结算，再通过物流方式向各地买家寄送，犯罪手段隐蔽，社会危害性大。周洪伟多次向吸毒人员贩卖毒品，情节严重。除已售出的麻精药品外，公安人员还从周洪伟租住处查获大量国家管制的精神药品。人民法院对周洪伟依法适用刑罚，体现了对利用信息网络实施非法贩卖麻精药品犯罪的严厉打击。

案例 9

何启安贩卖毒品案

——向吸毒人员贩卖氟胺酮，且系累犯，依法严惩

一、基本案情

被告人何启安，男，汉族，1974 年 6 月 27 日出生，务工人员。2018 年 6 月 20 日因犯盗窃罪被判处有期徒刑二年二个月，并处罚金人民币五千元，同年 7 月 17 日刑满释放。

2021 年 9 月 2 日，被告人何启安在江西省萍乡市火车站一麻将馆内，以 5000 元的价格从"狗鸭"（身份不明）处购得约 5 克氟胺酮，后为增重将"消炎粉"掺杂到所购氟胺酮内形成混合物。次日，何启安在湖南省株洲市芦淞区将 15 克上述氟胺酮混合物贩卖给吸毒人员刘某、陈某，得款 7500 元。同月 6 日，何启安在萍乡市区密码酒店附近将约 11 克上述氟胺酮混合物贩卖给陈某，得款 5500 元。

二、裁判结果

本案由湖南省攸县人民法院审理。

法院认为，被告人何启安明知氟胺酮是国家管制的能够使人形成瘾癖的麻精药品仍贩卖给他人，其行为已构成贩卖毒品罪。何启安曾因犯盗窃罪被判处有期

徒刑,在刑罚执行完毕后五年内又实施本案犯罪,系累犯,应依法从重处罚。何启安到案后如实供述自己的罪行,可依法从轻处罚;自愿认罪认罚,可依法从宽处理。据此,依法对被告人何启安判处有期徒刑一年九个月,并处罚金人民币一万元。

攸县人民法院于2021年11月25日作出刑事判决。宣判后,在法定期限内没有上诉、抗诉。判决现已发生法律效力。

三、典型意义

氟胺酮是对氯胺酮(俗称"K粉")进行化学结构修饰得到的类似物,从外观看两者同为白色结晶粉末状,具有相似的麻醉、致幻等效果,长期吸食氟胺酮会引发对人体脏器的永久损害,滥用过量甚至会导致死亡。近年来,随着国家对涉氯胺酮犯罪的打击力度不断加大,不法分子逐渐将目标转向氟胺酮,将其作为氯胺酮的替代物非法吸食、贩卖,以逃避法律制裁。为防范氟胺酮等新精神活性物质蔓延,有关职能部门联合发布《关于将合成大麻素类物质和氟胺酮等18种物质列入〈非药用类麻醉药品和精神药品管制品种增补目录〉的公告》,决定从2021年7月1日起正式将氟胺酮纳入列管范围。该公告的施行为打击氟胺酮等新型毒品犯罪提供了依据。本案系一起典型的涉氟胺酮犯罪案件。被告人何启安曾因犯盗窃罪被判处刑罚,刑满释放后不思悔改,又两次向吸毒人员贩卖氟胺酮,系累犯,主观恶性深,人身危险性大。人民法院根据何启安的犯罪事实、性质、情节和对社会的危害程度,对其依法从严惩处,彰显了人民法院坚决打击新型毒品犯罪的严正立场。

案例10

郑波故意杀人案

——吸毒致幻后杀死父母,罪行极其严重

一、基本案情

被告人郑波,男,汉族,1981年7月12日出生,无业。

被告人郑波系吸毒人员。2019年10月4日,郑波在家中吸食了甲基苯丙胺(冰毒)。次日1时许,郑波无端怀疑妻子陈某有外遇,与其妻发生争执。4时许,郑波来到父母卧室称其欲离婚,遭到其母范某某(被害人,殁年66岁)责骂,即持随身携带的仿制军刀捅刺范的头面部、颈部等处数刀,后又持刀捅刺瘫痪在床的其父郑某某(被害人,殁年76岁)颈部等处数刀。陈某劝阻郑波,郑持刀威胁陈下跪。后郑波见范某某未死,遂脚踢范某某头部,并再次捅刺范某某、郑某某数刀,致二人死亡。

二、裁判结果

本案由四川省成都市中级人民法院一审,四川省高级人民法院二审。最高人民法院对本案进行了死刑复核。

法院认为,被告人郑波故意非法剥夺他人生命,其行为已构成故意杀人罪。郑波吸食毒品产生幻觉,持刀捅刺父母数刀,将二人杀死,杀人犯意坚决,犯罪情节恶劣,手段残忍,后果和罪行极其严重,应依法惩处。据此,依法对被告人郑波判处并核准死刑,剥夺政治权利终身。

罪犯郑波已于2022年5月24日被依法执行死刑。

三、典型意义

吸食毒品不仅给吸毒者本人造成难以逆转的身心损害,还容易诱发各类次生犯罪。长期吸食毒品花费大量钱财,吸毒者可能迫于经济压力“以贩养吸”,或者实施盗窃、抢劫等侵财犯罪。同时,因毒品具有中枢神经兴奋、抑制或者致幻作用,会导致吸毒者狂躁、抑郁甚至出现被害妄想、幻视幻听症状,进而肇事肇祸,严重危害社会治安和公共安全。本案中,被告人郑波自述长期吸毒,平时吸食冰毒、“摇头丸”等多种毒品,其曾因吸食毒品被行政拘留、社区戒毒,但仍不思悔改,又继续吸食毒品,致幻后无端怀疑妻子出轨,认为劝阻其离婚的母亲系“恶魔”,持刀杀死母亲和瘫痪在床的父亲,罪行令人发指。本案充分反映出毒品给吸食者本人、家庭和社会带来的严重危害。人民法院在严惩郑波罪行的同时,也告诫每一位公民自觉防范、抵制毒品,远离这一摧毁人性的真正“恶魔”。

最高人民法院发布生物多样性司法保护典型案例

(发布时间:2022年12月5日)

为全面展示人民法院生物多样性司法保护工作情况,最高人民法院近日遴选发布了15个生物多样性司法保护专题典型案例。

该批案例涉及环境资源刑事、民事、行政及公益诉讼等不同诉讼类型,涵盖物种多样性、遗传多样性和生态系统多样性保护等生物多样性保护核心领域,保护对象包括斑海豹、藏羚羊、大白鲨、红豆杉、荷叶铁线蕨等珍稀、濒危野生动植物物种,以及森林、草原、湿地、河湖、海洋等多种自然生态系统,所涉生态要素多、保护范围广、复合程度高、创新意识强,集中体现了人民法院环境资源审判的鲜明特色、专业要求和职能作用。

据了解,本次发布的生物多样性司法保护典型案例,与最高人民法院2021年发布的生物多样性保护专题指导性案例相互呼应、相互补充,有利于进一步指导全国法院统一审判理念和裁判尺度,依法公正高效审理生物多样性保护案件,全面加强生物多样性司法保护工作,更好发挥人民法院服务保障生态文明建设职能作用,切实维护生态环境国家利益、社会公共利益和人民群众环境权益,让人民群众对优美生态环境的获得感、幸福感、安全感更加充实、更有保障、更可持续。

生物多样性司法保护典型案例目录

七、吝某富、颜某高妨害动植物防疫、检疫案
八、泽某甲失火案
九、上海市人民检察院第三分院诉蒋某成等六人生态破坏民事公益诉讼案
十、山东省青岛市人民检察院诉青岛市崂山区某艺术鉴赏中心生态破坏民事公益诉讼案
十一、湖南省株洲市人民检察院诉陈某云、罗某酃生态破坏民事公益诉讼案
十二、北京市丰台区源头爱好者环境研究所诉石柱土家族自治县某港经济开发有限公司等生态破坏民事公益诉讼案
十三、陶某高诉张某、付某顺林木买卖合同纠纷案
十四、顾某宏诉防城港市渔政支队渔业行政处罚决定案
十五、贵阳市乌当区人民检察院诉贵阳市某自然资源局怠于履行行政管理职责行政公益诉讼案

案例一

翟某涛等十一人非法收购、运输、出售珍贵野生动物案

【基本案情】

2016 年至 2018 年期间，被告人翟某涛在大连长兴岛地区，多次收购渔民（均另案处理）非法猎捕的国家二级保护野生动物斑海豹幼崽 50 余只并出售。2018 年至 2019 年期间，翟某涛指使被告人翟某凯、王某民、刘某辉、刘某权、刘某国、曲某良、宋某有、邢某强、李某义等人，多次在大连长兴岛地区海边收购渔民（均另案处理）非法猎捕的斑海豹幼崽 100 余只。2019 年 2 月，被告人翟某堃帮助他人非法收购斑海豹幼崽 10 只。案发时，40 余只斑海豹幼崽已被非法运输并出售给多地的海洋馆或个人（均另案处理），70 余只准备出售的斑海豹幼崽被公安机关当场查获。

【裁判结果】

辽宁省大连长兴岛经济技术开发区人民法院一审认为，被告人翟某涛纠集被告人翟某凯、王某民、刘某辉、刘某权、曲某良、刘某国、宋某有、邢某强、李某义非法收购、运输、出售斑海豹幼崽，被告人翟某堃非法收购斑海豹幼崽，违反国家野生动物保护法规，侵犯国家重点保护野生动物管理制度，已分别构成非法收购、运输、出

售珍贵野生动物罪。根据各被告人犯罪的事实、性质、情节、认罪认罚和对社会的危害程度,分别判处有期徒刑14年至2年3个月不等,并处罚金500万元至5万元不等。部分被告人提出上诉,辽宁省大连市中级人民法院二审裁定驳回上诉,维持原判。

【典型意义】

辽东湾是中国渤海三大海湾之一,地处北纬39度,是中国纬度最高的海湾,也是北半球纬度最低的大面积结冰海域,具有独特的海洋生态系统,是斑海豹、黑嘴鸥等珍贵濒危物种的栖息地。斑海豹是唯一能在中国海域进行繁殖的鳍足类海洋哺乳动物,是我国渤海和黄海的旗舰物种。遗传学和生态学研究显示,辽东湾繁殖区的斑海豹属于世界范围内斑海豹独立进化的一个分支,有自己独特的遗传基因。2021年2月公布的《国家重点保护野生动物名录》已将斑海豹调整为国家一级保护野生动物。本案中,人民法院依法严惩危害珍贵、濒危野生动物犯罪,对危害斑海豹犯罪行为实行全链条打击,彰显以最严格制度最严密法治保护生态环境的司法理念。同时,积极协调相关部门对查获的斑海豹进行野化训练并放归海洋,助力大连斑海豹国家级自然保护区建设,践行我国坚决履行生物多样性保护国际条约义务的庄严承诺。

案例二

戴某走私珍贵动物制品案

【基本案情】

被告人戴某明知象牙系国家禁止进出口的珍贵动物制品,仍与外国人"阿南"协商,由"阿南"安排人员分两次将象牙绕关偷运入境。其中,2018年12月"阿南"安排人员将共计36段、重约291千克的象牙,绕关偷运至戴某处,戴某将之销售牟利。2019年2月,"阿南"安排人员利用同样方式,将共计34段、重约272千克的象牙偷运入境至戴某处,后被公安机关当场查获并扣押。经鉴定,该34段象牙均为现生象(非洲象或亚洲象)象牙。戴某归案后,如实供述自己的犯罪事实。其走私象牙共计70段、重约563千克,价值23473520元。

【裁判结果】

江苏省南京市中级人民法院一审认为,被告人戴某明知象牙系国家禁止进出口的珍贵动物制品,仍自境外购买,并运输入境后销售牟利,构成走私珍贵动物制品罪,且情节特别严重。鉴于戴某归案后主动坦白,认罪认罚,故判处其有期徒刑11年6个月,并处没收个人财产50万元,违法所得予以追缴,扣押在案的象牙等物品予以没收。宣判后,各方未上诉、抗诉,一审判决已发生法律效力。

【典型意义】

长期以来,国际象牙贸易猖獗,走私象牙犯罪活动屡禁不止。疯狂的盗猎导致野生象群数量持续锐减,在部分区域已呈濒危状态,野生象面临几十年内功能性灭绝之虞。我国是《生物多样性公约》缔约方,严厉打击象牙走私犯罪,全面停止商业性加工销售象牙及制品活动是我国对全世界作出的庄严承诺。本案中,被告人戴某将大量象牙绕关入境,既严重破坏国家对外贸易管制秩序,又对全球生物多样性构成极大威胁。人民法院通过依法惩治涉野生动物犯罪,斩断走私珍贵野生动物制品非法链条,充分展现我国在维护全球生物多样性和生态安全方面的大国担当。同时教育引导社会公众增强珍贵野生动物保护意识,摒弃购买、使用珍贵野生动物制品的行为,共同维护全球生态系统,守护我们赖以生存的地球家园。

案例三

孙某炎危害珍贵、濒危野生动物案

【基本案情】

2014年以来,被告人孙某炎未经野生动植物主管部门批准,未取得水生野生动物经营利用许可,非法低价收购包含大白鲨、柠檬鲨、鲭鲨、虎鲨在内的各类鲨鱼牙齿,加工后通过网络平台向国内外不特定买家销售牟利。2020年10月,孙某炎为进一步确定其收购和销售的大白鲨牙齿的物种属性以及保护级别,自行委托鉴定中心进行鉴定,鉴定结果为板鳃亚纲鼠鲨目鼠鲨科噬人鲨。此后孙某炎继续销售包含大白鲨牙齿在内的各类鲨鱼牙齿及其相关制品,直至2021年4月被抓获。经鉴定,该案涉及国家二级保护野生动物噬人鲨牙齿6389颗,价值319.45万元,及噬人鲨颌骨价值8.5万元,合计327.95万元。

【裁判结果】

福建省厦门市同安区人民法院一审认为,被告人孙某炎违反国家野生动物保护法规,非法收购、出售珍贵、濒危野生动物噬人鲨制品,价值达327.95万元,已构成危害珍贵、濒危野生动物罪。考虑到孙某炎不具有从重处罚情节,未造成动物死亡或者动物、动物制品无法追回,归案后如实供述、认罪认罚,且涉案大部分赃物已被追缴等情节,判处孙某炎有期徒刑6年7个月,并处罚金15万元,退缴在案的违法所得及扣押的噬人鲨牙齿等物品予以没收。一审判决已发生法律效力。

【典型意义】

噬人鲨别名“大白鲨”,属于《濒危野生动植物种国际贸易公约》附录二濒危野生动物及我国《国家重点保护野生动物名录》中二级保护野生动物。噬人鲨是海洋中的“伞护种”,其生境需求能够涵盖其他物种的生境需求,通过保护噬人鲨可以同时为海洋里的其他物种提供保护,有利于维护海洋生物多样性平衡。本案中,人民法院依法适用破坏野生动物资源刑事案件新司法解释,既以价值作为基本定罪量刑标准,又全面考虑案件有关情节,综合评估社会危害性,阐释了依法惩治犯罪与宽严相济的刑事司法理念。通过严厉打击危害珍贵、濒危野生动物及其制品犯罪,充分展现了我国履行国际环境条约义务、保护濒危野生动物的大国担当。本案宣判得到多家媒体报道,推动社会公众了解大白鲨这一凶猛而又脆弱的大型水生野生物种,对于引导人民群众树立正确的生态文明观,推动生物多样性保护全民行动具有积极意义。

案例四

沈某发危害珍贵、濒危野生动物案

【基本案情】

2019年8月以来,被告人沈某发经营文玩店时,在未取得水生野生动物经营许可且营业执照过期的情况下,将17件收购所得的野生红珊瑚制品摆放在店内销售。经鉴定,该17件珊瑚制品均属于国家一级保护水生野生动物红珊瑚的制品,净重至少0.2806千克,价值至少112240元。案件审理中,沈某发自费印制保护红珊瑚倡议书在厦门古玩市场发放,现身说法倡导保护红珊瑚,同时预缴1.2万元用于执行罚金刑,自愿缴纳生态修复赔偿金2万元。

【裁判结果】

福建省厦门市同安区人民法院一审认为,被告人沈某发非法收购珍贵、濒危水生野生动物红珊瑚制品,已构成危害珍贵、濒危野生动物罪。鉴于沈某发归案后如实供述、认罪认罚,且非法出售的红珊瑚制品已全部追缴等情节,于2021年11月16日判处沈某发有期徒刑8个月,缓刑1年,并处罚金1.2万元;暂扣的17件红珊瑚制品予以没收;暂扣的生态修复赔偿金2万元依法上缴国库。宣判后,各方未上诉、抗诉,一审判决已发生法律效力。

【典型意义】

珊瑚礁被称为"海洋中的热带雨林",系生物多样性最为丰富、生产力最高的典型生态系统之一,非法捕捞、开采珊瑚将严重破坏海洋生态。红珊瑚系国家一级保护水生野生动物,无证捕捞、收购、出售、运输红珊瑚及其制品均可能触犯刑律。人民法院在本案审理中,本着"判处一案,挽救一人,教育一片"的目的,结合被告人年龄较大、身体状况不佳、家庭经济困难但时间充裕等因素,动员被告人及其家属自愿缴纳部分生态修复金,印制红珊瑚保护倡议资料,联系古玩市场管理方在市场内大规模发放,现身说法倡导红珊瑚保护。通过探索创新符合案件实际情况的生态修复模式,有效杜绝了该古玩市场售卖珊瑚制品的现象,增强公众对珊瑚等海洋生物的保护意识,取得良好法律效果和社会效果。

案例五

马某么非法捕杀国家重点保护的珍贵、濒危野生动物案

【基本案情】

1993年12月至1994年1月期间,被告人马某么在马某元纠集下与马某某尼、二某、海某等12人潜入可可西里地区,非法猎杀国家重点保护的珍贵、濒危野生动物藏羚羊。1994年1月16日,青海省玉树藏族自治州治多县西部工作委员会工作组赴可可西里将上述人员及在可可西里地区非法捕杀藏羚羊的王某某买、韩某某曰等另外8人抓获,并收缴藏羚羊皮1200余张、小口径步枪6支、半自动子弹3000余发及东风卡车3辆、北京吉普车1辆。同年1月18日,上述人员被押往格尔木途中,韩某明、马某孝等人组织反抗。马某么趁乱潜逃,直至2020年9月10日被青海省玉树藏族自治州公安局拘传到案。青海省玉树市人民检察院于2021年5月31日,以马某么涉嫌非法捕杀国家重点保护的珍贵、濒危野生动物罪,提起公诉。

【裁判结果】

青海省玉树市人民法院一审认为,被告人马某么非法捕杀国家重点保护的珍贵、濒危野生动物,依据其行为时适用的1988年11月8日《全国人民代表大会常务委员会关于惩治捕杀国家重点保护的珍贵、濒危野生动物犯罪的补充规定》*,应当以非法捕杀国家重点保护的珍贵、濒危野生动物罪追究刑事责任。同时,其在1994年1月18日押解途中趁乱潜逃,直至2020年9月10日被抓获,依法不受追诉期限的限制。鉴于马某么系从犯且认罪认罚,判处其有期徒刑6年,并处罚金2000元。宣判后,各方未上诉、抗诉,一审判决已发生法律效力。

【典型意义】

可可西里国家级自然保护区位于青藏高原西北部,总面积4.5万平方公里,平均海拔4600米以上,被誉为"青藏高原野生动物基因库",2017年被列入世界自然遗产名录,是青藏高原特有珍稀物种的栖息地。本案中被猎捕杀害的国家一级保护野生动物藏羚羊,是青藏高原基础物种和动物区系典型代表,支撑着一个完整的生物链系统,对维持青藏高原生态平衡和生物多样性发挥着重要作用。1994年1月18日,可可西里自然保护区发生特大藏羚羊盗猎枪杀案,"环保卫士"杰桑·索南达杰与盗猎者展开殊死搏斗,不幸中枪牺牲。天网恢恢疏而不漏,被告人马某么作为从犯,潜逃近30年后被抓获归案接受法律制裁,告慰了烈士英灵。本案的依法审理充分彰显人民法院牢记"国之大者"使命要求,运用司法手段全面保护青藏高原生灵草木、万水千山的决心。

案例六

田某阳、沈某贤危害国家重点保护植物案

【基本案情】

2021年6月28日,被告人田某阳、沈某贤在神农架林区红坪镇某废弃采石场附近的山林中非法采挖红豆杉24株、小叶黄杨13株,并将上述树苗临时存放在一栋未完工房屋。同年6月30日,沈某贤、田某阳运输上述树苗返回巴东县途中,被公安机关查获。经鉴定,送检的红豆杉为《国家重点保护野生植物名录》中的一级

---

* 现已失效。——编者注

保护植物。案涉树苗被移送进行专业栽植，并经林业技术人员确定全部处于成活状态。

【裁判结果】

湖北省神农架林区人民法院一审认为，被告人田某阳、沈某贤违法擅自采挖国家一级保护植物红豆杉24株，情节严重，已构成危害国家重点保护植物罪。考虑二被告人具有坦白、认罪认罚等情节，分别判处有期徒刑3年，缓刑4年，并处罚金3000元。宣判后，各方未上诉、抗诉，一审判决已发生法律效力。

【典型意义】

神农架是全球生物多样性保护永久性示范基地和国家重要生态功能区，拥有各种动物1060种，各类植物3700多种，是名副其实的“物种基因库”。红豆杉作为国家一级保护植物，是第四纪冰川期遗留下来的濒危珍稀植物，被誉为“植物大熊猫”，具有重要的医药价值、生态价值和经济价值。本案中，人民法院考虑到被告人犯罪动机是基于红豆杉的特殊药用价值，非为牟利，认罪认罚，且案涉树苗经过专业移栽后已全部成活，得到了最大限度保护，故对其依法适用缓刑，体现了人民法院积极贯彻宽严相济刑事政策，在助力神农架生态环境高水平保护的同时，传递司法的力度和温度。

案例七

吝某富、颜某高妨害动植物防疫、检疫案

【基本案情】

2018年5月22日、6月9日，被告人吝某富明知被告人颜某高未取得木材运输证和植物检疫证书，仍向其采购自四川省宜宾市松材线虫病疫区运来的松木原木20余吨，堆放于彭州市桂花镇某竹木材加工厂场内准备加工。同年7月13日，彭州市森林病虫防治检疫站工作人员在检查过程中发现该批松木原木携带松材线虫，遂扣押并移送侦查。二被告人案发后自首，涉疫松木已按规定销毁。

【裁判结果】

四川省彭州市人民法院一审认为，被告人颜某高、吝某富违反有关动植物防疫、检疫的国家规定，非法调运、经营感染重大植物检疫性有害生物的森林植物产

品，有引起重大动植物疫情的危险，情节严重，均构成妨害动植物防疫、检疫罪，分别判处有期徒刑10个月，缓刑1年，并处罚金5000元。宣判后，各方未上诉、抗诉，一审判决已发生法律效力。

【典型意义】

森林生态系统的质量和稳定性对于维护生物多样性具有重要意义。松材线虫病是世界上最具危险性和毁灭性的森林病害，具有传播途径广、致死速度快、防治难、成本高等特点，松树染病后极易造成大面积死亡，破坏自然生态系统的完整性、原真性。为此，我国专门划定松材线虫疫区，对松材的运输和使用实行严格管理。本案中，二被告人违反有关动植物防疫、检疫规定，明知当地已被划为松材线虫疫区，仍非法购买、运输该区域内松材。人民法院依法予以惩处，警醒相关从业者提高法律意识和生态环境保护意识，防止埋下"生态炸弹"，切实维护森林生态安全。

案例八

泽某甲失火案

【基本案情】

2020年2月12日，被告人泽某甲吸烟后对烟头处理不当，导致红原县瓦切镇发生草原大火，后经当地群众及应急管理部门组织，于2020年2月14日扑灭。经林业和草原部门认定，此次大火造成草原过火面积2119公顷。

【裁判结果】

四川省红原县人民法院一审认为，被告人泽某甲过失引起Ⅲ级草原火灾，过火面积达2119公顷，造成严重后果，危害公共安全，其行为构成失火罪，判处有期徒刑3年。宣判后，各方未上诉、抗诉，一审判决已发生法律效力。

【典型意义】

红原大草原是黄河上游的重要水源涵养地和动植物物种资源库，孕育了喜马拉雅山旱獭、藏狐、斑羚、猞猁等珍稀动物200余种，广产贝母、甘松、大黄、羌活、虫草等500余种中药材，被联合国教科文组织授予"中国湿地保护区"。维护草原生态平衡，对于坚持山水林田湖草沙一体化保护和系统治理具有重要意义。本案系因扔烟头引发的大面积草原火灾，对公共安全和生态环境造成了较为严重的后果。

人民法院依法惩处危害草原防火安全的犯罪行为,坚守高原公平,维护云端正义,为提高全民防火意识,守护"中华水塔"生态环境,筑牢长江、黄河上游生态屏障,维护区域生物多样性提供了有力司法保障。

案例九

上海市人民检察院第三分院诉蒋某成等六人生态破坏民事公益诉讼案

【基本案情】

2020 年 4 月至 5 月,蒋某成、周某华联系蒋某平等三人在长江流域重点水域以及水产种质资源保护区内进行非法捕捞作业,由蒋某成、周某华统一收购渔获物,蒋某成还雇佣夏某军接驳搬运渔获物并协助销售。上海铁路运输法院就此作出生效刑事判决,认定案涉六人非法捕捞长江刀鱼及凤尾鱼共计 1470.9 公斤,价值 101673.7 元,均构成非法捕捞水产品罪。经鉴定,该非法捕捞行为造成的渔业资源直接损失为 101673.7 元,渔业资源恢复费用为 305021.1 元,环境敏感区附加损失为 406694.8 元,共计 813389.6 元。上海市人民检察院第三分院提起民事公益诉讼,请求六被告连带赔偿生态环境损害及鉴定费用,并公开向社会赔礼道歉。

【裁判结果】

上海海事法院一审认为,六被告在禁渔期、禁渔区使用禁用渔具从事非法捕捞,对长江天然渔业资源和水生生态环境造成损害,构成共同侵权,应依法承担连带责任。经鉴定,本案非法捕捞造成的生态环境损害包括天然渔业资源直接损失、渔业资源恢复费用,以及环境敏感区附加损失。遂判决六被告连带赔偿生态环境损害 813389.6 元和鉴定费用 4000 元,并公开向社会赔礼道歉。宣判后,当事人均未上诉,一审判决已发生法律效力。

【典型意义】

长江系中华民族的母亲河,拥有独特的生态系统,是我国重要的生态宝库。依法惩治长江流域重点水域非法捕捞,加大对生物种群及其生存环境的保护,是人民法院贯彻落实《中华人民共和国长江保护法》的重要举措之一。本案非法捕捞地点位于长江刀鲚水产种质资源保护区,属于上海市生态保护红线范围,为生态环境敏感脆弱区域。在该区域实施非法捕捞,受损渔业资源恢复难度更大,更易引发生物链结构受损及生态系统功能退化。人民法院依法判令侵权人承担环境敏感区附加损失,旨在保护具有较高经济价值和遗传育种价值的水产种质资源的生长繁育区域水生生态,警示和震慑长江保护区内非法捕捞行为,对于引导社会公众增强水生野生动物保护意识,筑牢长江流域生态安全屏障,服务保障长江经济带生态优先、绿色发展具有示范意义。

案例十

山东省青岛市人民检察院诉青岛市崂山区某艺术鉴赏中心生态破坏民事公益诉讼案

【基本案情】

餐饮服务经营者[青岛市崂山区某艺术鉴赏中心(以下简称某艺术中心)]系经营餐饮服务的个体工商户,2017年至2018年在未依法取得收购、出售野生动物行政许可的情况下,先后购入大王蛇3条、穿山甲1只、熊掌4只,并将部分野生动物做成菜品销售。经鉴定,大王蛇为孟加拉眼镜蛇,属于《国家保护的有重要生态、科学、社会价值的陆生野生动物名录》中的"三有"保护动物;熊掌为棕熊熊掌,棕熊属于《国家重点保护野生动物名录》中的国家二级保护野生动物;穿山甲于2020年6月被确定为国家一级保护野生动物。2020年10月,某艺术中心负责人吴某霞因犯非法收购、出售珍贵、濒危野生动物罪,被判处有期徒刑3年,缓刑3年,并处罚金6万元。后山东省青岛市人民检察院提起民事公益诉讼,经评估,某艺术中心破坏生态行为造成野生动物损失8.3万元、生态环境服务功能损失90.75万元。

【裁判结果】

山东省青岛市中级人民法院一审认为,某艺术中心违法收购珍贵、濒危野生动物,将其做成菜品销售,造成野生动物及其生态价值损失近百万元,除应承担生态环境侵权赔偿责任外,还应依法承担惩罚性赔偿责任。某艺术中心在本案审理过程中悔改态度较好,申请以劳务代偿方式承担部分惩罚性赔偿责任,予以准许。遂判决某艺术中心赔偿野生动物损失、生态环境服务功能损失及惩罚性赔偿共计108余万元,其中惩罚性赔偿99050元中的24924元以某艺术中心指定两人、每人提供60日生态环境公益劳动的方式承担,由法院指定当地司法局作为协助执行单位管理和指导,最迟于2022年1月28日前完成。宣判后,当事人均未上诉,一审判决已发生法律效力。

【典型意义】

餐饮服务经营者违法收购珍贵、濒危野生动物,将其做成菜品销售,为非法猎捕、杀害野生动物提供了市场和动机。《中华人民共和国民法典》第一千二百三十二条规定了生态环境侵权惩罚性赔偿责任,加大对严重违法行为的处罚力度。本案中,被告故意侵权行为造成野生动物及其生态价值损失近百万元,人民法院依法判令其承担生态环境损害赔偿责任,并适用惩罚性赔偿,同时根据案件具体情况允许被告以提供有益于生态环境保护的公益劳务方式替代履行部分惩罚性赔偿责任。宣判后,被告在协助执行单位组织下,参与向当地餐饮企业宣讲野生动物保护知识和发放宣传单等活动,取得良好社会效果。本案处理充分体现人民法院严厉惩治非法交易、经营野生动物的行为,革除滥食野生动物陋习,切实保障人民群众生命健康安全的坚定立场。

案例十一

湖南省株洲市人民检察院诉陈某云、罗某鄢生态破坏民事公益诉讼案

【基本案情】

2018年7月31日,湖南省人民政府发布《湖南省人民政府关于禁止猎捕野生动物的通告》,明确规定自2018年8月1日起至2023年7月31日止,全省行政区域范围内禁止猎(捕)列入《国家重点保护野生动物名录》《湖南省地方重点保护野生动物名录》和《国家保护的有重要生态、科学、社会价值的陆生野生动物名录》的野生动物。2019年9月,陈某云在未办理相关狩猎手续的情况下,非法捕捉昭觉林蛙、黑斑蛙共3.5公斤约280只,全部出售给罗某鄢经营的水产店。同年10月,炎陵县森林公安局在该水产店查获并追回昭觉林蛙、黑斑蛙共220只,送检完毕后予以放生。湖南省株洲市人民检察院以陈某云、罗某鄢的行为破坏自然资源和生态环境、损害社会公共利益为由,提起环境民事公益诉讼。经评估,陈某云、罗某鄢造成国家野生动物资源损失6000元(100元/只×60只)。

【裁判结果】

湖南省炎陵县人民法院一审认为,陈某云未取得狩猎证,在湖南省禁猎区、禁猎期期间非法猎捕昭觉林蛙、黑斑蛙并出售;罗某鄗从陈某云处收购、出售、宰杀昭觉林蛙、黑斑蛙,前述行为破坏国家野生动物资源,危及猎捕地的生物多样性和生态平衡,损害了社会公共利益。遂判决陈某云、罗某鄗共同赔偿国家野生动物资源损失6000元,在株洲市级以上媒体向社会公众赔礼道歉,并以植树造林、设立野生动物保护牌的方式修复生态环境。宣判后,当事人均未上诉,一审判决已发生法律效力。

【典型意义】

《中华人民共和国野生动物保护法》规定,依法保护“有重要生态、科学、社会价值的陆生野生动物”。案涉昭觉林蛙、黑斑蛙属于《国家保护的有重要生态、科学、社会价值的陆生野生动物名录》规定保护的“三有”动物及《湖南省重点保护野生动物名录》保护动物,因其系食、药两用的珍贵蛙种,经常成为非法捕捉、食用的对象。根据湖南省野生动物救护繁殖中心出具的专家评估意见,在长期进化中,每只昭觉林蛙、黑斑蛙都携带着本种群的基础基因以及个体的特殊基因,由此构成该种群的生物遗传多样性,其复杂的基因结构是世上独一无二的,一旦消失,相应的生态价值、科研价值和经济价值损失无法挽回。本案通过依法判令非法捕猎、收购、出售、宰杀者承担生态环境损害赔偿责任,责令其采取替代性修复方式,对查获的昭觉林蛙、黑斑蛙及时放生,教育和引导广大群众对滥捕滥食野生动物的违法行为说“不”,将生物多样性保护理念融入生态文明法治建设全过程。

案例十二

北京市丰台区源头爱好者环境研究所诉石柱土家族自治县某港经济开发有限公司等生态破坏民事公益诉讼案

【基本案情】

水磨溪湿地自然保护区于2009年建立,位于重庆市石柱县西沱镇长江干流岸边,属于内陆湿地县级自然保护区,主要保护湿地生态系统和以国家一级保护植物、三峡库区特有种荷叶铁线蕨为代表的野生动植物资源。2011 年 6 月起，石柱土家族自治县某港经济开发有限公司（以下简称某港开发公司）擅自占用该保护区兴建移民生态工业园基础设施，导致该保护区湿地生态系统遭到严重破坏。2013 年，某港开发公司整体合并至石柱土家族自治县某盛经济发展有限公司（以下简称某盛开发公司），但该公司并未注销。2018 年 5 月起，石柱县人民政府启动水磨溪湿地自然保护区环境问题整改，并委托专业机构制定了生态修复方案。同年 10 月，北京市丰台区源头爱好者环境研究所提起公益诉讼，请求判令某港开发公司、某盛开发公司等停止侵权、恢复原状并赔偿生态服务功能损失。诉讼过程中，某港开发公司、某盛开发公司根据前述生态修复方案进行了整改，自然保护区内生态环境基本恢复。

【裁判结果】

重庆市第四中级人民法院一审认为，某港开发公司、某盛开发公司在水磨溪湿地自然保护区内修建工业园区，严重损害湿地生态环境，应当承担侵权责任。虽然两公司在诉讼过程中已按照生态修复方案对受损生态进行了基本修复，但生态环境受到损害至其恢复原状期间的服务功能损失客观存在，侵权人仍应予以赔偿。结合生态破坏的范围和程度、生态环境的稀缺性、生态环境恢复的难易程度等因素，判令某港开发公司、某盛开发公司赔偿生态服务功能损失 300 万元并支付合理诉讼费用。宣判后，当事人均未上诉，一审判决已发生法律效力。

【典型意义】

湿地被誉为“地球之肾”“物种宝库”，在保护生物多样性、涵养水源、调节气候、改善水质等方面发挥着不可替代的重要作用。我国正在加快建立以国家公园为主体的自然保护地体系，确保重要自然生态系统、自然遗迹、自然景观和生物多样性得到系统保护，提升生态产品供给能力，维护国家生态安全。本案系侵权人在长江上游干流附近的湿地自然保护区内修建工业园区破坏湿地生态系统引发的环境民事公益诉讼，案涉地区物种丰富，有三峡库区特有濒危植物荷叶铁线蕨，属于《世界自然保护联盟濒危物种红色名录》中的极危物种。侵权人在自然保护区内违法开发建设，严重破坏受保护的湿地生态系统。人民法院贯彻损害担责、全面赔偿原则，在侵权人停止侵权、修复生态的基础上，依法判令其承担修复期间生态服务功能损失，为加强自然保护地生物多样性及生态环境保护，维护国家生态安全提供了有力司法保障。

案例十三

陶某高诉张某、付某顺林木买卖合同纠纷案

【基本案情】

被告张某、付某顺受让云南省景谷县民乐镇某村民小组名下位于“大干箐”集体林的18公分以上林木后，于2007年11月与原告陶某高达成口头买卖协议，将“大干箐”集体林木销售给陶某高，陶某高为此向张某、付某顺支付了林木转让款48万元。“大干箐”集体林于2014年12月进行林权登记。后因案涉林地属于天然林，无法办理采伐许可证，至今未能采伐。陶某高与张某、付某顺协商未果，形成本案诉讼。

【裁判结果】

云南省景谷傣族彝族自治县人民法院一审支持了陶某高的诉讼请求，判决解除合同，由张某、付某顺返还林木转让款48万元。宣判后，张某、付某顺提出上诉。云南省普洱市中级人民法院二审认为，双方口头达成的林木买卖协议合法有效，案涉收条载明购买18公分以上林木，而对林木进行合法采伐是取得林木的必要条件。双方虽未以书面形式约定林木采伐许可手续应由哪方办理，但张某、付某顺作为出卖人，依法负有向买受人交付标的物或者提取标的物的单证，并转移标的物所有权的义务。而案涉林木属天然林，现已无法办理采伐手续，合同目的不能实现，应予解除。遂判决驳回上诉，维持原判。

【典型意义】

天然林是森林生态系统的重要组成部分，其结构稳定、生物多样性丰富，是维护国家生态安全的重要生态屏障。我国实行天然林全面保护制度，严格限制天然林采伐。坚持森林资源开发利用的生态优先、保护优先、保育结合、可持续发展原则，是践行绿色发展理念的制度之基。《中华人民共和国民法典》明确：“当事人在履行合同过程中，应当避免浪费资源、污染环境和破坏生态。”森林资源的民事纠纷案件处理，在尊重契约精神、促进统一市场和公平竞争的同时，应当注重对森林资源保护管理制度的维护，兼顾森林资源的生态效益、经济效益和社会效益。本案涉及天然林活立木交易，而林木采伐须取得相应行政许可。人民法院结合合同目的，依法认定办理林木采伐许可手续系林木转让方全面履行合同的从义务，引导民商事主体在交易中恪守绿色原则，为促进森林资源的保护和可持续利用提供了有益司法样本。

案例十四

顾某宏诉防城港市渔政支队渔业行政处罚决定案

【基本案情】

2018 年 2 月 4 日，顾某宏驾驶渔船在广西壮族自治区防城港市西湾海域进行抽螺捕捞作业。次日，被防城港市渔政支队执法人员查获。经查，该船系无船名船号、无船籍港、无船舶证书的“三无”渔船，船上安装有国家明令禁止使用的拖曳泵吸耙刺抽螺捕捞作业设备 1 套、用网袋包装的渔获物螺苗、贝苗（带沙）65 包共计 1950 千克。防城港市渔政支队认为顾某宏的行为违反了渔业相关法律法规，于 2018 年 5 月 2 日作出行政处罚决定，没收顾某宏的案涉渔船。顾某宏不服，向北海海事法院提起行政诉讼，请求撤销该行政处罚决定。

【裁判结果】

北海海事法院一审认为，案涉船舶是顾某宏未经相关部门审批，私自请人建造的“三无”渔业船舶。“三无”渔业船舶在渔港和海上航行或者停泊的，渔业行政主管部门依法应予以没收。顾某宏在该船上违法安装禁用渔具拖曳泵吸耙刺，在海上非法捕捞菲律宾蛤仔苗的事实清楚，证据充分。防城港市渔政支队作出的行政处罚决定适用法律正确，符合法定程序，判决驳回顾某宏的诉讼请求。宣判后当事人未上诉，一审判决已发生法律效力，包括顾某宏在内的 11 名系列案原告均服判息诉。

【典型意义】

人与自然是生命共同体，无止境地向自然索取甚至破坏自然必然会遭到大自然的报复。本案非法捕捞海洋贝类资源的案发地位于广西北部湾海域，该海域不仅是著名渔场，也是我国海洋生物多样性最丰富的区域之一，拥有施氏獭蛤、织锦巴非蛤、钝缀锦蛤、大竹蛏等特有珍稀贝类品种，是重要的海洋贝类基因库。违法行为人使用的禁用渔具拖曳泵吸耙刺俗称“吸蛤泵”“吸蛤耙”“抽螺机”，通过渔船水泵将所经海域的一切底栖生物连泥带砂全部吸起，是一种毁灭性的捕捞方式。这种掠夺式利用自然资源行为，极大破坏了海洋资源和生态平衡，严重损害生物多样性和渔业资源的可持续开发利用。人民法院通过依法支持渔业行政管理机关取缔“三无”渔船和禁用渔具，充分彰显了司法守护海洋生物资源及其生存环境，维护海洋生物多样性的坚定决心。

案例十五

贵阳市乌当区人民检察院诉贵阳市某自然资源局怠于履行行政管理职责行政公益诉讼案

【基本案情】

2020年9月,贵阳市乌当区人民检察院在调查辖区古树保护情况时发现,东风镇高穴村养猪大寨的一棵百年以上的古柏树未得到有效保护,其树干基部区域被水泥硬化,树干中部钉有输电线支架,违反了《贵州省古树名木大树保护条例》规定。该古柏树长势衰弱,出现明显枯枝,部分树皮缺失,树干暴露,且电线杂乱其间,存在火灾隐患。检察机关向贵阳市某自然资源局发出检察建议,建议对该古树履行监管职责,但未收到该局回复。2021年5月,检察机关现场查看发现该古树仍未得到保护,遂提起行政公益诉讼。

【裁判结果】

贵州省清镇市人民法院一审认为,贵阳市某自然资源局作为该地区林业主管部门,对辖区古树负有保护、管理和监督职责。该局收到检察建议直至本案一审开庭前,始终未有效解决案涉古树被破坏的问题,存在未依法履行职责情形。遂判决其依法履行法定职责,对东风镇高穴村养猪大寨的古树采取相应的保护措施等。宣判后,当事人均未上诉,一审判决已发生法律效力。

【典型意义】

古树是大自然和前人留下的自然遗产、文化遗产,弥足珍贵且不可再生。古树饱经沧桑,记录了自然变迁,承载着乡愁情思,是一个村庄、一个乡镇、一座城市悠久历史的见证者,是人与自然和谐共生的生动写照,具有重要的历史、文化、生态、科研、景观等价值,被誉为“绿色文物”“活的化石”。《中华人民共和国森林法》明确国家保护古树名木和珍贵树木,禁止破坏古树名木和珍贵树木及其生存的自然环境。案涉古树及其生长环境遭受严重破坏,长势衰弱,而行政主管部门未依法及时进行管护。人民法院通过本案审理,判决行政机关履行法定职责,对于督促行政机关依法履行古树管护责任,提升社会公众古树保护意识具有积极意义。

人民法院、检察机关依法惩治危害生产安全犯罪典型案例

（发布时间：2022年12月15日）

“一个案例胜过一打文件”。为充分发挥典型案例对办理危害生产安全刑事案件的指导作用，进一步明确相关法律适用问题，最高人民法院、最高人民检察院在总结以往司法办案的经验做法基础上，发布6件危害生产安全犯罪典型案例，分别是：杨某锵等重大责任事故、伪造国家机关证件、行贿案，李某、王某华、焦某东等强令违章冒险作业、重大责任事故案，江苏天某安全技术公司、柏某等提供虚假证明文件案，高某海等危险作业案，李某远危险作业案，赵某宽、赵某龙危险作业不起诉案。

杨某锵等重大责任事故、伪造国家机关证件、行贿案明确，要从严惩治建筑施工过程中存在的无证施工、违法改扩建、随意加层、擅自改变建筑物功能结构布局等违法违规行为，特别是对于导致建筑物倒塌、坍塌事故的发生负有首要责任的行为人，该顶格处刑的要在法定量刑幅度范围内顶格判处刑罚，充分体现从严惩治危害生产安全犯罪的政策导向。李某、王某华、焦某东等强令违章冒险作业、重大责任事故案进一步明确了强令违章冒险作业罪的定罪量刑标准，对生产、作业负有组织、指挥、管理职责的人员虽未采取威逼、胁迫、恐吓等手段，但利用自己的组织、指挥、管理职权强制他人违章作业的，可以构成强令违章冒险作业罪；对于受他人强令违章冒险作业的一线生产、作业人员，应当综合考虑其所受到强令的程度、各自行为对引发事故所起作用大小，依法确定刑事责任。江苏天某安全技术公司、柏某等提供虚假证明文件案明确，中介组织弄虚作假，提供虚假证明文件，导致事故企业重大风险和事故隐患未被及时发现，干扰、误导相关部门的监管工作的，依法构成提供虚假证明文件罪；在对中介组织及其工作人员裁量刑罚时，应当综合考虑其行为手段、主观过错程度、对安全事故的发生所起作用大小以及获利情况、一贯表现等各方面因素，综合评估社会危害性，依照刑法规定妥当裁量刑罚，确保罪责刑

相适应。

此外,为明确危险作业罪中"具有发生重大伤亡事故或者其他严重后果的现实危险"的认定标准问题,为司法办案提供指引,此次还专门选取了高某海等危险作业案、李某远危险作业案和赵某宽、赵某龙危险作业不起诉案3件危险作业罪典型案例予以发布,进一步明确司法实践中危化品经营、矿山开采等较为常见的生产作业活动中"具有发生重大伤亡事故或者其他严重后果的现实危险"的具体判断标准。一方面,要依法惩治危险作业犯罪,做到该严则严,切实维护生产安全和人民群众生命财产安全;另一方面,又要贯彻宽严相济刑事政策,全面准确规范落实少捕慎诉慎押刑事司法政策,做到当宽则宽,对于行为人认罪认罚,犯罪情节轻微不需要判处刑罚的,可以不起诉或者免予刑事处罚。同时,注意加强与应急管理等行政监管部门的衔接协作,持续推动溯源治理,确保良好办案效果。

人民法院、检察机关依法惩治危害生产安全犯罪典型案例目录

1. 杨某锵等重大责任事故、伪造国家机关证件、行贿案
2. 李某、王某华、焦某东等强令违章冒险作业、重大责任事故案
3. 江苏天某安全技术公司、柏某等提供虚假证明文件案
4. 高某海等危险作业案
5. 李某远危险作业案
6. 赵某宽、赵某龙危险作业不起诉案

案例1

杨某锵等重大责任事故、伪造国家机关证件、行贿案

——依法严惩生产安全事故首要责任人

一、基本案情

被告人杨某锵,男,汉族,1955年2月23日出生,福建省泉州市鲤城区某旅馆经营者、实际控制人。

其他被告人身份情况略。

2012年,杨某锵在未取得相关规划和建设手续的情况下,在福建省泉州市鲤城区开工建设四层钢结构建筑物,其间将项目以包工包料方式发包给无钢结构施工资质人员进行建设施工,并委托他人使用不合格建筑施工图纸和伪造的《建筑工程

施工许可证》骗取了公安机关消防设计备案手续。杨某锵又于2016年下半年在未履行基本建设程序且未取得相关许可的情况下，以包工包料方式将建筑物发包给他人开展钢结构夹层施工，将建筑物违规增加夹层改建为七层。2017年11月，杨某锵将建筑物四层至六层出租给他人用于经营旅馆，并伙同他人采用伪造《消防安全检查合格证》和《不动产权证书》等方法违规办理了旅馆《特种行业许可证》。2020年1月中旬，杨某锵雇佣工人装修建筑物一层店面，工人发现承重钢柱变形并告知杨某锵，杨某锵要求工人不得声张暂停施工，与施工承包人商定了加固方案，但因春节期间找不到工人而未加固，后于同年3月5日雇佣无资质人员违规对建筑物承重钢柱进行焊接加固。3月7日17时45分，旅馆承租人电话告知杨某锵称旅馆大堂玻璃破裂，杨某锵到场查看后离开。当日19时4分和19时6分，旅馆两名承租人先后赶到现场发现旅馆大堂墙面扣板出现裂缝且持续加剧，再次电话告知杨某锵，杨某锵19时11分到达现场查看，旅馆承租人叫人上楼通知疏散，但已错失逃生时机。19时14分建筑物瞬间坍塌，造成29人死亡、50人不同程度受伤，直接经济损失5794万元。经事故调查组调查认定，旅馆等事故单位及其实际控制人杨某锵无视法律法规，违法违规建设施工，弄虚作假骗取行政许可，安全责任长期不落实，是事故发生的主要原因。

另查明，2012年至2019年间，杨某锵在建设旅馆所在建筑物、办理建筑物相关消防备案、申办旅馆《特种行业许可证》等过程中，为谋取不正当利益，单独或者伙同他人给予国家工作人员以财物。

二、处理结果

福建省泉州市丰泽区人民检察院对杨某锵以重大责任事故罪、伪造国家机关证件罪、行贿罪，对其他被告人分别以重大责任事故罪、提供虚假证明文件罪、伪造国家机关证件罪、伪造公司、企业印章罪提起公诉。泉州市丰泽区人民法院经审理认为，杨某锵违反安全管理规定，在无合法建设手续的情况下雇佣无资质人员，违法违规建设、改建钢结构大楼，违法违规组织装修施工和焊接加固作业，导致发生重大伤亡事故，造成严重经济损失，行为已构成重大责任事故罪，情节特别恶劣；单独或者伙同他人共同伪造国家机关证件用于骗取消防备案及特种行业许可证审批，导致违规建设的建筑物安全隐患长期存在，严重侵犯国家机关信誉与公信力，最终造成本案严重后果，行为已构成伪造国家机关证件罪，情节严重；为谋取不正当利益，单独或者伙同他人给予国家工作人员以财物，致涉案建筑物、旅馆违法违规建设经营行为得以长期存在，最终发生坍塌，社会影响恶劣，行为已构成行贿罪，情节严重，应依法数罪并罚。据此，依法对杨某锵以伪造国家机关证件罪判处有期徒刑九年,并处罚金人民币二百万元;以行贿罪判处有期徒刑八年,并处罚金人民币二十万元;以重大责任事故罪判处有期徒刑七年,决定执行有期徒刑二十年,并处罚金人民币二百二十万元。对其他被告人依法判处相应刑罚。一审宣判后,杨某锵等被告人提出上诉。泉州市中级人民法院裁定驳回上诉、维持原判。

三、典型意义

一段时期以来,因为违法违规建设施工导致的用于经营活动的建筑物倒塌、坍塌事故时有发生,部分事故造成重大人员伤亡和高额财产损失,人民群众反映强烈。司法机关要加大对此类违法犯罪行为的打击力度,依法从严惩治建筑施工过程中存在的无证施工、随意改扩建、随意加层、擅自改变建筑物功能结构布局等违法违规行为,对于危及公共安全、构成犯罪的,要依法从严追究刑事责任。特别是对于导致建筑物倒塌、坍塌事故发生负有首要责任、行为构成重大责任事故罪等危害生产安全犯罪罪名的行为人,该顶格处刑的要在法定量刑幅度范围内顶格判处刑罚,充分体现从严惩处危害生产安全犯罪的总体政策,切实保障人民群众生命财产安全。

案例 2

李某、王某华、焦某东等强令违章冒险作业、重大责任事故案

——准确认定强令违章冒险作业罪

一、基本案情

被告人李某,男,汉族,1981 年 2 月 24 日出生,江苏无锡某运输公司实际经营人和负责人。

被告人王某华,男,汉族,1983 年 6 月 13 日出生,江苏无锡某运输公司驾驶员。

被告人焦某东,男,汉族,1972 年 10 月 13 日出生,江苏无锡某运输公司驾驶员。

其他被告人身份情况略。

李某 2014 年 9 月成立江苏无锡某运输公司从事货物运输业务,担任公司实际经营人和负责人,全面负责公司经营管理。王某华 2019 年 4 月应聘成为该运输公司驾驶员,同年 6 月底与李某合伙购买苏 BQ7191 号重型半挂牵引车(牵引苏

BG976 挂号重型平板半挂车），约定利润平分，王某华日常驾驶该车；焦某东 2019 年 5 月底应聘成为运输公司驾驶员，驾驶苏 BX8061 号重型半挂牵引车（牵引苏 BZ030 挂号重型平板半挂车）。李某违反法律法规关于严禁超载的规定，在招聘驾驶员时明确告知对方称公司需要招聘能够“重载”（严重超载）的驾驶员，驾驶员表示能够驾驶超载车辆才同意入职；在公司购买不含轮胎的货车后，通过找专人安装与车辆轮胎登记信息不一致且承重力更好的钢丝胎、加装用于给刹车和轮胎降温的水箱等方式，对公司货运车辆进行非法改装以提高承载力。经营期间，该运输公司车辆曾被运管部门查出多次超载运输，并曾因超载运输被交通运输管理部门约谈警告、因超载运输导致发生交通事故被判决承担民事赔偿责任，李某仍然指挥、管理驾驶员继续严重超载，且在部分驾驶员提出少超载一些货物时作出解聘驾驶员的管理决定。2019 年 10 月 10 日，王某华、焦某东根据公司安排到码头装载货物，焦某东当日下午驾驶苏 BX8061 号重型半挂牵引车牵引苏 BZ030 挂号重型平板半挂车（核载质量 32 吨）装载 7 轧共重 157.985 吨的钢卷先离开码头，王某华随后驾驶苏 BQ7191 号重型半挂牵引车牵引苏 BG976 挂号重型平板半挂车（核载质量 29 吨）装载 6 轧共重 160.855 吨的钢卷离开码头。当日 18 时许，焦某东、王某华驾车先后行驶通过 312 国道某路段上跨桥左侧车道时桥面发生侧翻，将桥下道路阻断。事故发生时焦某东刚驶离上跨桥桥面侧翻段，王某华正驾车通过上跨桥桥面侧翻段，车辆随侧翻桥面侧滑靠至桥面护栏，致王某华受伤。事故造成行驶在侧翻桥面路段上的车辆随桥面滑落，在桥面路段下方道路上行驶的车辆被砸压，导致 3 人死亡、9 辆机动车不同程度损坏。经鉴定，被毁桥梁价值约 2 422 567 元，受损 9 辆车辆损失共计 229 015 元。经事故调查组调查认定，事故直接原因为，两辆重型平板半挂车严重超载、间距较近（荷载分布相对集中），偏心荷载引起的失稳效应远超桥梁上部结构稳定效应，造成桥梁支座系统失效，梁体和墩柱之间产生相对滑动和转动，从而导致梁体侧向滑移倾覆触地。事故发生后，焦某东向公安机关自动投案并如实供述了自己的罪行。

二、处理结果

江苏省无锡市锡山区人民检察院对李某以强令违章冒险作业罪，对王某华、焦某东和其他被告人以重大责任事故罪提起公诉。无锡市锡山区人民法院经审理认为，李某明知存在事故隐患、继续作业存在危险，仍然违反有关安全管理的规定，利用组织、指挥、管理职权强制他人违章作业，因而发生重大伤亡事故，行为已构成强令违章冒险作业罪，情节特别恶劣；王某华、焦某东在生产、作业中违反有关安全管理的规定，因而发生重大伤亡事故，行为均构成重大责任事故罪，情节特别恶劣。李某已经发现事故隐患,经有关部门提出后仍不采取措施,酌情从重处罚;焦某东有自首情节,依法从轻处罚。据此,依照经2006年《中华人民共和国刑法修正案(六)》修正的《中华人民共和国刑法》第134条第2款的规定,以强令违章冒险作业罪判处李某有期徒刑七年;以重大责任事故罪分别判处王某华、焦某东有期徒刑三年六个月和有期徒刑三年三个月。对其他被告人依法判处相应刑罚。一审宣判后,李某、王某华、焦某东提出上诉,后李某、王某华在二审期间申请撤回上诉。无锡市中级人民法院裁定准许李某、王某华撤回上诉,对焦某东驳回上诉、维持原判。

三、典型意义

对生产、作业负有组织、指挥或者管理职责的人员出于追求高额利润等目的,明知存在事故隐患,违背生产、作业人员的主观意愿,强令生产、作业人员违章冒险作业,极易导致发生重大事故,社会危害性大,应当予以从严惩处。《刑法修正案(六)》增设的刑法第134条第2款规定了强令违章冒险作业罪,《最高人民法院、最高人民检察院关于办理危害生产安全刑事案件适用法律若干问题的解释》第5条对强令违章冒险作业罪的行为方式作了列举式规定。《刑法修正案(十一)》对刑法第134条第2款规定的行为进行了扩充,罪名修改为强令、组织他人违章冒险作业罪。实践中,对生产、作业负有组织、指挥或者管理职责的人员虽未采取威逼、胁迫、恐吓等手段,但利用自己的组织、指挥、管理职权强制他人违章作业的,也可以构成强令违章冒险作业罪(强令他人违章冒险作业罪)。对于受他人强令违章冒险作业的一线生产、作业人员,应当综合考虑其所受到强令的程度、各自行为对引发事故所起作用大小,依法确定刑事责任。

案例3

江苏天某安全技术公司、柏某等
提供虚假证明文件案

——依法惩治安全评价中介组织犯罪

一、基本案情

被告单位江苏天某安全技术有限公司(以下简称江苏天某安全技术公司)。

被告人柏某,男,汉族,1982年4月25日出生,江苏天某安全技术公司安全评价师。

其他被告人身份情况略。

江苏响水某化工公司是依法注册成立的化工企业，在生产过程中擅自改变工艺析出废水中的硝化废料，并对析出的硝化废料刻意隐瞒，大量、长期堆放于不具有安全贮存条件的煤棚、旧固废库等场所内。江苏天某安全技术公司具有国家安全评价机构甲级资质，在接受该化工公司委托开展安全评价服务过程中，检查不全面、不深入，仅安排安全评价师柏某一人到公司现场调研甚至不安排任何人员进行现场调研即编制安全评价报告。柏某未对该化工公司提供的硝化工艺流程进行跟踪核查，故意编制虚假报告，项目组其他成员均未实际履行现场调研等职责即在安全评价报告上签名，先后为该化工公司出具2013年和2016年安全评价报告、2016年重大危险源安全评估报告和2018年复产安全评价报告等4份与实际情况严重不符的虚假安全评价报告，共计收取费用17万元，致使该化工公司存在的安全风险隐患未被及时发现和得到整改。2019年3月21日14时48分许，贮存在该化工公司旧固废库内的大量硝化废料因积热自燃发生爆炸，造成78人死亡、76人重伤，640人住院治疗，直接经济损失198 635.07万元。经事故调查组调查认定，中介机构弄虚作假，出具虚假失实文件，导致事故企业硝化废料重大风险和事故隐患未能及时暴露，干扰误导了有关部门的监管工作，是事故发生的重要原因。事故发生后，柏某经电话通知自动到案并如实供述了自己的罪行。

二、处理结果

江苏省阜宁县人民检察院以提供虚假证明文件罪对江苏天某安全技术公司和柏某等被告人提起公诉。阜宁县人民法院经审理认为，江苏天某安全技术公司作为承担安全评价职责的中介组织，故意提供虚假证明文件，情节严重，行为构成提供虚假证明文件罪；柏某作为该公司提供虚假证明文件犯罪的其他直接责任人员，行为亦构成提供虚假证明文件罪。柏某有自首情节，依法从轻处罚。据此，依照1997年修订的《中华人民共和国刑法》第229条第1款的规定，以提供虚假证明文件罪判处江苏天某安全技术公司罚金人民币三十万元；判处柏某有期徒刑三年六个月，并处罚金人民币二万五千元。对其他被告人依法判处相应刑罚。一审宣判后，江苏天某安全技术公司和柏某等被告人提出上诉。江苏省盐城市中级人民法院裁定驳回上诉、维持原判。

三、典型意义

随着市场经济的发展，中介组织发挥着越来越重要的作用。安全评价中介组织接受委托开展安全评价活动、出具安全评价报告，对生产经营单位能否获得安全生产监管部门的批准和许可、能否开展生产经营活动起到关键性作用,应当依法履行职责,出具真实客观的安全评价报告,否则可能承担刑事责任。司法机关对于安全评价中介组织及其工作人员提供虚假证明文件犯罪行为,在裁量刑罚时,应当综合考虑其行为手段、主观过错程度、对安全事故的发生所起作用大小以及获利情况、一贯表现等各方面因素,综合评估社会危害性,依照刑法规定妥当裁量刑罚,确保罪责刑相适应。

案例4

高某海等危险作业案

——贯彻宽严相济刑事政策依法惩处违法经营存储危化品犯罪

一、基本案情

被告人高某海,男,汉族,1984年10月30日出生。

被不起诉人熊某华,男,汉族,1967年9月6日出生。

被不起诉人熊甲,男,汉族,1987年3月19日出生,系熊某华之子。

被不起诉人熊乙,男,汉族,1988年4月14日出生,系熊某华之子。

2021年6月起,高某海为谋取非法利益,在未经相关机关批准的情况下,通过熊某华租用熊乙位于贵州省贵阳市白云区沙文镇扁山村水淹组136号的自建房屋,擅自存储、销售汽油。后熊某华、熊甲和熊乙见有利可图,便购买高某海储存的汽油分装销售,赚取差价。同年12月13日20时许,高某海因操作不当引发汽油燃爆,导致高某海本人面部、四肢多处被烧伤,自有的别克轿车及存储汽油房屋局部被烧毁。

二、处理结果

贵州省贵阳市公安局白云分局以涉嫌危险作业罪对高某海、熊某华、熊甲、熊乙立案侦查,后移送贵阳市白云区人民检察院审查起诉。贵阳市白云区人民检察院经审查认为,高某海、熊某华、熊甲、熊乙违反安全管理规定,在未取得批准、许可的情况下,擅自从事危险物品经营、存储等高度危险的生产作业活动,并已引发事故,具有发生重大伤亡事故的现实危险,行为已符合危险作业罪的构成要件。熊某华、熊甲、熊乙三人参与犯罪时间较短,在犯罪中主要负责提供犯罪场所、协助分装销售汽油,系初犯,具有认罪认罚情节,犯罪情节轻微,对熊某华、熊甲、熊乙作出不起诉决定,以危险作业罪对高某海提起公诉。贵阳市白云区人民法院以危险作业罪判处高某海有期徒刑七个月。宣判后无上诉、抗诉,判决已生效。

三、典型意义

根据《危险化学品目录(2015 版)》规定,汽油属于危险化学品。根据《危险化学品安全管理条例》第 33 条的规定,国家对危险化学品经营实行许可制度,未经许可,任何单位和个人不得经营危险化学品。销售、储存汽油均应取得相应证照,操作人员应当经过专业培训、规范操作,储存汽油应当具备相应条件。司法机关在办理具体案件过程中,对于行为人在未经专业培训、无经营资质、无专业设备、无安全储存条件、无应急处理能力情况下,在居民楼附近擅自从事危险物品生产、经营、储存等高度危险的生产作业活动,并由于不规范操作造成行为人本人重度烧伤、周围物品烧毁的后果的,综合考虑其行为方式、案发地点及危害后果,可以认定为刑法第 134 条之一危险作业罪中“具有发生重大伤亡事故或者其他严重后果的现实危险”。同时,应当注意区别对待,对于其他为行为人提供便利条件、参与分装赚取差价的人员,综合考虑其在共同犯罪中所起作用以及认罪认罚等情节,可以依法作出不起诉决定,体现宽严相济刑事政策。

案例 5

李某远危险作业案

——关闭消防安全设备“现实危险”的把握标准

一、基本案情

被告人李某远,男,汉族,1975 年 10 月 9 日出生,浙江省永康市雅某酒店用品有限公司(以下简称雅某公司)负责人。

2020 年,雅某公司因安全生产需要,在油漆仓库、危废仓库等生产作业区域安装了可燃气体报警器。2021 年 10 月以来,李某远在明知关闭可燃气体报警器会导致无法实时监测生产过程中释放的可燃气体浓度,安全生产存在重大隐患情况下,为节约生产开支而擅自予以关闭。2022 年 5 月 10 日,雅某公司作业区域发生火灾。同年 5 月 16 日至 17 日,消防部门对雅某公司进行检查发现该公司存在擅自停用可燃气体报警装置等影响安全生产问题,且在上述关闭可燃气体报警器区域内发现存放有朗格牌清味底漆固化剂 10 桶、首邦漆 A2 固化剂 16 桶、首邦漆五分哑耐磨爽滑清面漆16桶等大量油漆、稀释剂,遂责令该公司立即整改,并将上述案件线索移送永康市公安局。经检验,上述清面漆、固化剂均系易燃液体,属于危险化学品。

二、处理结果

浙江省永康市人民检察院依托数据应用平台通过大数据筛查发现,消防部门移送公安机关的李某远危险作业案一直未予立案。经进一步调取查阅相关案卷材料,永康市人民检察院认为李某远的行为已经涉嫌危险作业罪,依法要求公安机关说明不立案理由。永康市公安局经重新审查后决定立案侦查,立案次日再次对雅某公司现场检查发现,该公司虽然清理了仓库内的清面漆、固化剂等危险化学品,但可燃气体报警装置仍处于关闭状态。永康市公安局以李某远涉嫌危险作业罪移送永康市人民检察院审查起诉。

永康市人民检察院经审查认为,李某远擅自关闭可燃气体报警器的行为,具有发生重大伤亡事故或其他严重后果的现实危险:一是关闭可燃气体报警装置存在重大安全隐患。《建筑设计防火规范》(2018年版)明确,建筑内可能散发可燃气体、可燃蒸气的场所应设置可燃气体报警装置。本案现场虽按规定设置了可燃气体报警装置,但李某远在得知现场可燃气体浓度超标会引发报警装置报警后,为了节省生产开支,未及时采取措施降低现场可燃气体浓度,而是直接关闭停用报警装置,导致企业的生产安全面临重大隐患。二是"危险"具有现实性。涉案现场不仅堆放了3瓶瓶装液化天然气(其中1瓶处于使用状态),还堆放了大量油漆、固化剂等危险化学品以及数吨油漆渣等危废物,企业的车间喷漆中也会产生大量挥发性可燃气体,一旦遇到明火或者浓度达到一定临界值,将引发火灾或者爆炸事故。三是"危险"具有紧迫性。案发前,涉案厂区曾发生过火灾,客观上已经出现了"小事故",之所以没有发生重大伤亡等严重后果,只是因为在发生重大险情的时段,喷漆车间已经连续几天停止作业,相关区域的可燃气体浓度恰好没有达到临界值,且发现及时得以迅速扑灭,属于由于偶然因素侥幸避免。经消防检查,当即明确提出企业存在"擅自停用可燃气体报警装置"等消防安全隐患,但李某远一直未予整改。永康市人民检察院以危险作业罪对李某远提起公诉。永康市人民法院以危险作业罪判处李某远有期徒刑八个月。宣判后无上诉、抗诉,判决已生效。

三、典型意义

根据刑法第134条之一规定,危险作业罪中"具有发生重大伤亡事故或者其他严重后果的现实危险",是指客观存在的、紧迫的危险,这种危险未及时消除、持续存在,将可能随时导致发生重大伤亡事故或者其他严重后果。司法实践中,是否属于“具有发生重大伤亡事故或者其他严重后果的现实危险”,应当结合行业属性、行为对象、现场环境、违规行为严重程度、纠正整改措施的及时性和有效性等具体因素,进行综合判断。司法机关在办理具体案件过程中要准确把握立法原意,对于行为人关闭、破坏直接关系生产安全的监控、报警、防护、救生设备、设施,已经出现重大险情,或者发生了“小事故”,由于偶然性的客观原因而未造成重大严重后果的情形,可以认定为“具有发生重大伤亡事故或者其他严重后果的现实危险”。

案例 6

赵某宽、赵某龙危险作业不起诉案

——矿山开采危险作业“现实危险”的把握标准

一、基本案情

被不起诉人赵某宽,男,汉族,1992 年 8 月 28 日出生,江西省玉山县某矿负责人。

被不起诉人赵某龙,男,汉族,1975 年 10 月 6 日出生,江西省玉山县某矿管理人员。

2021 年 6 月 4 日,江西省玉山县应急管理局对玉山县某矿开具现场处理措施决定书,收回同年 6 月 6 日到期的安全生产许可证,并责令其 6 月 7 日前封闭所有地表矿洞。6 月 12 日下午,因矿洞水泵在雨季需要维护,为排出积水使矿点不被淹没,赵某龙经赵某宽同意后,安排王某文拆除封闭矿洞的水泥砖。6 月 13 日 16 时许,王某文带领程某兴、张某才至矿深 150 米处维修水泵。因矿洞违规使用木板隔断矿渣,在被水浸泡后木板出现霉变破损,致程某兴在更换水泵过程中被矿渣围困受伤。经鉴定,程某兴伤情评定为轻伤一级。

二、处理结果

江西省玉山县公安局以涉嫌危险作业罪对赵某宽、赵某龙立案侦查,后移送玉山县人民检察院审查起诉。玉山县人民检察院经审查认为,赵某宽、赵某龙的行为“具有发生重大伤亡事故或者其他严重后果的现实危险”,符合刑法第 134 条之一第 3 项之规定,构成危险作业罪。一是本案的“现实危险”具有高度危险性。本案中,涉案企业经营开采矿山作业,与金属冶炼、危险化学品等行业均属高危行业,其生产作业具有高度危险性。企业在安全生产许可证到期并被责令封闭所有地表矿洞的情况下仍强行进入矿洞作业,具有危及人身安全的现实危险。二是本案的“现实危险”具有现实紧迫性。涉案企业所属矿洞因雨季被长期浸泡,现场防护设施不符合规定出现霉变情形,在矿深150米处进行维修水泵的作业过程中,发生隔断木板破损、矿渣掉落致人身体损伤,因为开展及时有效救援,未发生重特大安全事故,具有现实危险。

玉山县人民检察院认真贯彻少捕慎诉慎押刑事司法政策,将依法惩罚犯罪与帮助民营企业挽回和减少损失相结合,在听取被害人及当地基层组织要求从宽处理的意见后,对涉案人员依法适用认罪认罚从宽程序。鉴于赵某宽、赵某龙案发后积极抢救伤员、取得被害人谅解,且具有自首情节,犯罪情节较轻,对二人作出相对不起诉决定。同时,针对该企业在生产经营过程中尚未全面排除的安全隐患,向当地应急管理局、自然资源局制发检察建议,联合有关部门对企业后续整改进行指导,督促企业配备合格的防坠保护装置、防护设施及用品、专业应急救援团队等,确保企业负责人及管理人员安全生产知识和管理能力考核合格。该企业在达到申领条件后重新办理了安全生产许可证。

三、典型意义

司法机关在办理具体案件过程中,对于涉及安全生产的事项未经依法批准或者许可,擅自从事矿山开采、金属冶炼、建筑施工等生产作业活动,已经发生安全事故,因开展有效救援尚未造成重大严重后果的情形,可以认定为刑法第134条之一危险作业罪中“具有发生重大伤亡事故或者其他严重后果的现实危险”。办案中,司法机关应当依法适用认罪认罚从宽制度,全面准确规范落实少捕慎诉慎押刑事司法政策,对于犯罪情节轻微不需要判处刑罚的危险作业犯罪,可以作出不起诉决定。同时,应当注意与应急管理、自然资源等部门加强行刑双向衔接,督促集中排查整治涉案企业风险隐患,推动溯源治理,实现“治罪”与“治理”并重。

【案例论坛】

最高人民法院第26批指导性案例专家点评

第144号指导性案例《张那木拉正当防卫案》点评

陈 璇

《刑法》第二十条第三款规定了特殊防卫权,其中对于"行凶"的内涵和外延,理论和实务上一直存在不同的看法。"两高一部"* 2020年联合制定的《关于依法适用正当防卫制度的指导意见》(以下简称《指导意见》)第十五条明确指出,"使用致命性凶器,严重危及他人人身安全的",以及"未使用凶器或者未使用致命性凶器,但是根据不法侵害的人数、打击部位和力度等情况,确已严重危及他人人身安全的",均应认定为"行凶"。《张那木拉正当防卫案》从两个方面明确了特殊防卫权的行使条件。第一,某一不法侵害是否属于"行凶",需要结合工具的杀伤力以及使用工具的具体方式两个方面综合认定。就本案来说:一方面,周某强等四名不法侵害人所持的器械为长约50厘米的砍刀、铁锨和铁锤,其本身就具有造成重伤、死亡的高度危险性;另一方面,不法侵害人达四人之多,并且在拉拽、扭打的过程中实施了持刀砍击张那木拉后脑部的行为,这种猛烈打击对方要害部位的侵害方式足以引起致命性的后果。结合以上两个方面,可以认定张那木拉所面对的是"行凶"。第二,当防卫人面对多人共同实施严重危及人身安全的暴力侵害时,侵害是否结束取决于暴力袭击是否在整体上已被制止。本案中,尽管陈某2新被刺倒在地,侵害人已经退至屋外,但是暴力袭击并没有结束,张某2仍在殴打张某1,周某强仍向防卫人挥舞砍刀,此时依然可以认定"行凶"正在持续,应当允许防卫人继续进行防卫。该指导性案例在《指导意见》的基础上对特殊防卫权中"行凶"的内涵及其持续时间的判断标准进行了具体化和明确化,对于正确适用《刑法》第二十条第三款具有重要的指导意义。

(作者:陈璇,中国人民大学刑事法律科学研究中心研究员)

---

* 最高人民法院、最高人民检察院、公安部。

第145号指导性案例《张竣杰等非法控制计算机信息系统案》点评

王华伟

在本案中,被告人张竣杰等人为赚取赌博网站广告费用,对存在防护漏洞的目标服务器进行检索、筛查后,向目标服务器植入木马程序进行控制,再使用“菜刀”等软件链接该木马程序,获取目标服务器后台浏览、增加、删除、修改等操作权限,将添加了赌博关键字并设置自动跳转功能的静态网站,上传至目标服务器,提高赌博网站广告被搜索引擎命中概率。裁判要点指出,通过修改、增加计算机信息系统数据,对该计算机信息系统实施非法控制,但未造成系统功能实质性破坏或者不能正常运行的,不应当认定为破坏计算机信息系统罪,符合《刑法》第二百八十五条第二款规定的,应当认定为非法控制计算机信息系统罪。

对此,业内可能认为,该案将在很大程度上扭转过去对“流量劫持”案件的定性和判罚。然而,从目前细节较为有限的案情描述来看,本案虽然在事实上也涉及网络流量问题,但是在作案手法上,似乎更接近于“设置黑链”,而非“流量劫持”。“流量劫持”常常采取修改DNS即域名解析服务器的方法,使对特定域名的访问由原IP地址转入到篡改后的指定IP地址,导致用户无法访问原IP地址对应的网站或访问虚假网站,以此实现对网络流量的“劫持”(当然“流量劫持”并不仅限于这种方法)。而“设置黑链”则手段更为隐秘,通常是指行为人利用木马病毒等手段侵入相关网站,然后在该网站中加入隐藏链接,借助该网站来提升链接网站在搜索引擎中的排名和影响力。“流量劫持”(尤其是DNS劫持)由于具有一定公然性,所以相对较为容易被察觉;而“设置黑链”由于悄然进行,相对难以被发现,受害网站的数量也通常更多。但是,不论是“流量劫持”还是“设置黑链”,在客观行为样态上,一方面实现了对计算机信息系统功能或计算机信息系统中存储、处理、传输数据的“修改”或“增加”;另一方面又产生了对计算机信息系统的“控制”。在此情形下,该行为究竟应该被定性为破坏计算机信息系统罪还是非法控制计算机信息系统罪,便可能出现分歧。

这里的问题一方面在于,“删除、修改、增加、干扰”与“控制”在概念内涵上,本身就可能存在一定重合。另一方面,更重要的问题在于,目前存在对破坏计算机信息系统罪中的“破坏”(“删除、修改、增加、干扰”)行为进行过于形式化理解的趋势。各种各样的网络入侵行为,多多少少会对计算机信息系统的功能造成一定的“删除、修改、增加或干扰”效果。而按照我国《刑法》第二百八十六条第一款的规定，只有这种“删除、修改、增加或干扰”行为，已经达到了“造成计算机信息系统不能正常运行、后果严重”的程度，才构成破坏计算机信息系统罪。同样，就我国《刑法》第二百八十六条第二款的规定而言，对计算机信息系统中存储、处理或者传输的数据和应用程序进行删除、修改、增加的操作，尽管立法没有明文附加“造成计算机信息系统不能正常运行”的要求，但是显然也不能对此仅仅做极为形式化的理解与适用。究其根本原因，破坏计算机信息系统罪乃是“虚拟空间的毁弃型犯罪”，“破坏”行为应当具备实质的法益侵害程度性要求，针对该罪构成要件行为的宽泛字面表述进行目的性限缩解释，乃回归本罪立法“初心”之举。

在“流量劫持”（尤其是 DNS 劫持）的情形中，由于不法行为常常导致原网站无法被正常访问，此时将其评价为“造成计算机信息系统不能正常运行、后果严重”较为容易。而在“设置黑链”的情形中，尽管不法分子针对计算机信息系统功能或计算机信息系统中存储、处理、传输的数据实施了一定的“修改、增加”的行为，给目标网站带来安全隐患，但是，通常情况下，单纯“设置黑链”的行为并不会直接影响目标网站（计算机信息系统）的正常运行。或许正因如此，本案生效裁判意见正确地指出，被告人张竣杰等人虽对目标服务器的数据实施了修改、增加的侵犯行为，但未造成该信息系统功能实质性的破坏，或不能正常运行，也未对该信息系统内有价值的数据进行增加、删改，其行为也不属于破坏计算机信息系统罪中对计算机信息系统中存储、处理或者传输的数据进行修改、删除、增加的行为，应认定为非法控制计算机信息系统罪。

实际上，学界不少同仁已经注意到，破坏计算机信息系统罪已经具有了沦为新型口袋罪名的趋势。主要原因在于，对该罪构成要件仅是进行了形式化、甚至字面化的理解。而第 145 号指导性案例的发布无疑正当其时，它提醒人们应当从破坏计算机信息系统罪的本质属性出发对其进行合理限定适用，并准确把握破坏计算机信息系统罪与非法控制计算机信息系统罪的界限。

（作者：王华伟，北京大学法学院助理教授）

第 146 号指导性案例《陈庆豪、陈淑娟、赵延海开设赌场案》点评

王　钢

网络信息技术的发展为人们的生活带来了极大的便利，但部分不法分子也开始以互联网交易为伪装，利用网络技术手段实施违法犯罪行为。近年来，我国司法

实务中就经常出现以通过网络平台进行所谓的期货或股票交易为名,行犯罪行为之实的案件。在处理这类案件时,需要准确把握不同罪名的保护法益,结合个案的具体情形妥善定罪量刑。一般而言,该类案件可能涉及的罪名为非法经营罪、诈骗罪和开设赌场罪。若行为人违反国家规定通过网络平台经营期货业务,投资者于真实的期货交易中发生盈亏,则行为人的行为主要损害的是国家关于期货交易的经营许可制度,宜认定其构成非法经营罪。若客观上不存在真实的期货交易,行为人却以期货交易为名骗取他人财物,则构成诈骗罪。在本案中,行为人显然不是通过网络平台向投资者提供真正的期货交易服务,也未利用虚假的交易骗取他人财物,而是以投资者买定的期货涨跌方向确定投资盈亏,且盈亏结果与外汇期货的涨跌幅度无关,更未发生于真实的期货交易之中。因此,本案中所谓的期货投资实质上是以外汇期货涨跌这一未来相对不确定的偶然事件决定财产在平台与投资者之间的归属,属于期货交易掩饰下的赌博行为。行为人通过架构网络平台为众多投资者创设了参与该项赌博活动的场所,根据"两高一部"*《关于办理网络赌博犯罪案件适用法律若干问题的意见》,应构成开设赌场罪。

信息网络平台犯罪的涉案行为人往往人数众多,形成了较为复杂的共同犯罪形态。在个案中,认定具体行为人的刑事责任时,要注意结合案件事实谨慎考察行为人是否在共同犯罪中发挥了主要作用,从而合理量刑,实现罪刑均衡。其中最主要的考量因素是:行为人参与犯罪的程度、行为人从犯罪中获利的程度以及行为人是否支配着犯罪的实施三个方面。具体到本案中,陈庆豪虽然受聘为顾问、市场总监,出席"培训会""说明会"并进行宣传,但其并未直接实施创设网络平台、开设赌场的行为,对龙汇网站的运营和业务也不具有实质的控制和支配,故不应认定其在开设赌场的犯罪活动中发挥了主要作用。因此,本案中对其减轻处罚也是正确的。

(作者:王钢,清华大学法学院副教授、博士生导师)

第147号指导性案例《张永明、毛伟明、张鹭故意损毁名胜古迹案》点评

江　溯

《刑法》第三百二十四条第二款规定了故意损毁名胜古迹罪,是指违反文物保护法规,明知是国家保护的名胜古迹而予以损毁,情节严重的行为。根据"两高"**

---

* 最高人民法院、最高人民检察院、公安部。

** 最高人民法院、最高人民检察院。

相关司法解释的规定，风景名胜区的核心景区属于《刑法》第三百二十四条第二款规定的“国家保护的名胜古迹”。本案所涉及的三清山不仅是国务院批准的国家重点风景名胜区，而且被列入世界自然遗产名录和世界地质公园名录。巨蟒峰作为三清山的核心景区，具有重大科学价值、美学价值和经济价值。本案被告人对上述风景名胜区的核心景区实施打岩钉等破坏活动，严重破坏了自然遗产的自然性、原始性、完整性和稳定性，因而构成故意损毁名胜古迹罪。

近年来，由于名胜古迹保护意识淡薄，一些游客在名胜古迹上乱刻乱画甚至实施更加严重破坏行为的事件屡见不鲜，仅仅只是采取警告、罚款或者行政拘留的方式加以处理，无法起到震慑作用。第 147 号指导性案例的发布，不仅对于警示世人不得实施此类损毁名胜古迹的行为具有重要意义，而且对于公众形成正确的名胜古迹保护意识和生态文明观具有重要的引领价值。因此，本案的发布充分体现了司法机关在保护名胜古迹方面的积极担当。

（作者：江溯，北京大学法学院副教授、博士生导师）

对第 144 号、第 145 号指导性案例的点评

蔡　军

一、关于第 144 号指导性案例

我国《刑法》专门规定了特殊防卫制度，对正在进行行凶、杀人、抢劫、强奸、绑架以及其他严重危及人身安全的暴力犯罪，采取防卫行为，造成不法侵害人伤亡的，不属于防卫过当，不负刑事责任。其中，由于“行凶”难以在刑法中找到直接对应的行为，故其认定一直是理论界与实务界争论的焦点。刑法将“行凶”限制为“严重危及人身安全的暴力犯罪”，意味着行凶必须严重侵害公民的器质性身体权利，具有致人重伤、死亡的紧迫危险和现实可能。而在危险判断的角度上，应当以行为时存在的相关事实作为判断依据，站在处于同样情境中、与行为人类似的一般人的立场上，判断在行为时是否存在致人重伤或者死亡的危险。

第 144 号指导性案例《张那木拉正当防卫案》正是对“行凶”进行的准确诠释。本案中，不法侵害人持砍刀等凶器砍击张那木拉的后脑部，综合不法侵害的人数、打击部位和力度等情况，以一般人的认识水平判断，已经达到了危及张那木拉生命安全的程度，应属于“行凶”。面临这种紧迫的危险，张那木拉对不法侵害人采取防卫措施，完全符合刑法关于特殊防卫的规定，不应承担刑事责任。对此，二审法院依法宣告张那木拉无罪，弘扬了社会正气，捍卫了“法不能向不法让步”的法治精神，对类似案件的处理具有良好的指导意义。

二、关于第145号指导性案例

当今社会已经进入了信息时代,5G网络的推广普及,将网络更加彻底融入人们的日常生活。随着物理空间和虚拟空间的深度融合,针对网络的犯罪和将网络作为犯罪工具的犯罪都将大幅增加,网络犯罪的新课题亟须解决,从而更好地维护网络安全、净化网络环境、保护合法权益。非法控制计算机信息系统罪(《刑法》第二百八十五条第二款)与破坏计算机信息系统罪(《刑法》第二百八十六条第二款)在行为方式上具有某些关联和重合,如何对二者进行区分,涉及两个罪名的准确适用,这也一直困扰着理论界和实务界。近期,最高人民法院发布了第26批指导性案例,其中145号指导性案例《张竣杰等非法控制计算机信息系统案》,明确了通过修改、增加计算机信息系统数据,对该计算机信息系统实施非法控制,但未造成系统功能实质性破坏或者不能正常运行的,不应当认定为破坏计算机信息系统罪,应当认定为非法控制计算机信息系统罪。

可见,该案例为两罪的定性提出了更为清晰的判定标准,即"是否造成系统功能实质性破坏或者不能正常运行",是成立破坏计算机信息系统罪的中心要素。该案例的出台,对于如何区分两罪提供了精准的指引,为有效打击网络犯罪提供了强力支撑。

(作者:蔡军,河南大学法学院院长、教授)

最高人民法院第145号指导性案例解读

吴沈括　李　涛

近日,最高人民法院发布了第26批指导性案例,其中145号指导性案例《张竣杰等非法控制计算机信息系统案》无疑具有深远的影响:明确通过修改、增加计算机信息系统数据,对该计算机信息系统实施非法控制,但未造成系统功能实质性破坏或者不能正常运行的,不应当认定为破坏计算机信息系统罪,应当认定为非法控制计算机信息系统罪。

第一,该指导性案例重新明确了《刑法》第二百八十六条第二款之犯罪构成,维护了罪名的统一性、稳定性。在该案例发布之前,司法实践中有观点认为,《刑法》第二百八十六条第二款未在罪状中加入限制性构成要件,因此本条款不要求行为人的犯罪行为必须造成本罪第一款或第三款中所规定的"造成计算机信息系统不能正常运行""影响计算机信息系统正常运行"等结果,而该指导性案例明确否定了该种观点,为统一罪名认识确立了基调。

第二,该指导性案例再次明确了计算机犯罪保护的法益对象,限制了《刑法》第二百八十六条第二款的滥用。在计算机信息技术语境下,数据乃是计算机信息系统构成之基本元素,无论是计算机信息系统还是程序,都是由数据构成。如果不对数据操作行为的性质、造成的后果加以区分,可能会导致本条款成为所有涉计算机类犯罪行为的兜底条款,不当扩大了该条款的适用范围。而该指导性案例的出台,可谓是对这一问题的准确回应,其明确了计算机信息系统功能的完整性和正常运行状态是本罪保护的法益,而数据乃是行为人的犯罪行为客观对象,并非任意操作行为抑或对任意数据实施犯罪行为都可以构成本罪。《刑法》第二百八十六条第二款中,值得被刑法苛责的数据操作行为,应该限定于“增、删、改”,数据的性质应限定为与计算机信息系统完整性、正常运行状态相关的数据。

第三,该指导性案例明确了非法控制计算机信息系统罪与破坏计算机信息系统罪的适用问题。在实践中,多样化的计算机犯罪行为之间存在互相嵌套的可能性,而关于非法控制计算机信息系统罪与破坏计算机信息系统罪的竞合适用问题近年来已经在学界、实务界引发了巨大的争议。该指导性案例的出台,为司法办案实践提供了重要的理论支持和参考,明确了罪名适用的法律规范。不仅有效避免了滥用破坏计算机信息系统罪,也防止了非法控制计算机信息系统罪的空置。正确的罪名适用,也进一步彰显刑法罪责刑相适应原则。

第四,该指导性案例及时回应了网络犯罪热点问题,为打击网络犯罪提供了“利剑”。该指导性案例所呈现的案件事实正是网络“黑灰产”领域常见的流量劫持行为,其主要目的是为其他网络犯罪(如网络赌博、色情网站)提供引流、广告推广等帮助行为。流量劫持行为不仅侵犯了计算机信息系统安全,也为网络犯罪提供了收入来源。该指导性案例详细地展示了犯罪行为样态及刑法应对之策,为准确、有效打击网络犯罪行为提供了良好的参照模板。

综上所述,该指导性案例准确区分了破坏计算机信息系统罪与非法控制计算机信息系统罪的界限,有利于依法打击计算机网络犯罪,维护网络安全秩序。该指导性案例所包含的主旨对深入理解相关罪名立法本意、办理此类案件具有十分重要的指导意义。

(作者:吴沈括,北京师范大学网络法治国际中心执行主任、博导、中国互联网协会研究中心秘书长;李涛,北京师范大学网络法治国际中心研究员)

最高人民法院第31批指导性案例专家点评

最高人民法院指导案例172~174号点评

——贯彻“保护优先、预防为主”原则,统筹协调民刑责任,
落实恢复性司法理念

侯佳儒

近日,最高人民法院发布第31批指导性案例,该批指导性案例的主题为生物多样性保护。这7个生物多样性保护专题指导性案例,不仅体现了人民法院在生物多样性保护和生态文明建设中的保障作用,也有利于指导全国法院正确、统一适用法律,加大对生物多样性的保护力度。

从责任承担方式上看,本批案例不仅涉及生态环境损害救济性责任,也涉及生态环境损害预防性责任,是环境民事公益诉讼填补损害以及预防功能的全方位的展现。指导案例172号《秦家学滥伐林木刑事附带民事公益诉讼案》(以下简称“秦家学案”),为被告滥伐林木后承担刑事责任以及生态修复责任的案件。指导案例173号《北京市朝阳区自然之友环境研究所诉中国水电顾问集团新平开发有限公司、中国电建集团昆明勘测设计研究院有限公司生态环境保护民事公益诉讼案》(以下简称“绿孔雀案”)和174号《中国生物多样性保护与绿色发展基金会诉雅砻江流域水电开发有限公司生态环境保护民事公益诉讼案》(以下简称“五小叶槭案”),分别为全国首例野生动物和野生植物预防性公益诉讼案件。

这三个指导性案例的裁判要点,对人民法院审理环境民事诉讼案件具有指导性意义,主要体现在以下几个方面。

一、统筹协调民刑责任,落实恢复性司法理念

对于破坏生态的违法犯罪行为,不仅要依法追究刑事责任,还要依法追究生态环境损害民事责任。检察机关在审理刑事案件的过程中,在对违法者追究刑事责任的同时,可一并追究其对社会公共利益造成的损失,提起环境刑事附带民事公益

诉讼。“秦家学案”中,湖南省保靖县人民检察院指控被告人秦家学犯滥伐林木罪向保靖县人民法院提起公诉,在诉讼中又以社会公共利益受到损害为由向同一法院提起附带民事公益诉讼,有利于实惩罚与预防犯罪以及填补生态环境损害、修复生态环境的双重目标,提高诉讼效率、节约诉讼成本,提升环境司法裁判的威慑力。本案中,法院在判处被告人刑罚的同时,科以补植复绿、修复生态的义务,践行了恢复性司法理念,既有效地制裁了破坏生态环境犯罪,又充分地发挥了司法修复森林资源、保护生态环境的作用,为生态文明建设与绿色发展提供了坚实的司法保障。同时被告自愿交纳保证金作为履行生态环境修复义务担保的,法院将其作为从轻量刑情节,统筹协调民刑责任,实现了刑责相当,同时激发了侵害人主动承担民事责任的积极性,增强环境公益诉讼的生态保护实效。

二、“保护优先、预防为主”原则的贯彻

与传统人身、财产损害相比,污染环境或破坏生态可能造成巨大损害,常常边际空间广泛且历时弥久,救济成本高昂或难有收效。为此,预防环境损害的发生,防患于未然,是环境损害救济最为理想、最为有效的途径。我国《环境保护法》明确将“保护优先、预防为主”作为一项环境法基本原则予以确立,《最高人民法院关于审理环境民事公益诉讼案件适用法律若干问题的解释》(以下简称《环境民事公益诉讼解释》)也规定了为防止生态环境损害的发生和扩大而由被告承担的预防性责任。由于侵权责任法具有事后救济的本质属性,生态环境侵权责任对生态环境损害的预防缺乏直接影响力。针对“有危害之虞”的行为,生态环境侵权法通过预防性责任承担方式,如停止侵害、排除妨碍、消除危险,虽可间接地预防生态环境损害的发生,但在污染环境或破坏生态行为不会对人身、财产“有危害之虞”,而仅对生态环境可能造成损害时,生态环境侵权责任法则无法适用。预防生态环境损害,私法手段作用有限。相反,生态环境公益诉讼的重要价值就在于实现生态环境损害的预防性司法救济,其相关规则应按照预防和填补生态环境损害的思路展开。“绿孔雀案”和“五小叶槭案”均以“保护优先、预防为主”原则或“风险预防”原则为指引,根据现有证据和科学知识,综合评估涉案项目对濒危野生动植物的潜在风险以及损害后果的严重性和不可逆性,判断被告行为是否可能存在“损害社会公共利益重大风险”的情况,发挥了环境公益诉讼的预防价值,有利于引发我国环境公益诉讼从以损害结果为重心的模式向以预防为中心的模式转变。

三、对相关事实证据和法理依据进行深入的分析,明确是否存在重大风险

根据《环境民事公益诉讼解释》的规定,被告承担预防性责任的重要前提是,其

污染环境或破坏生态的行为“具有损害社会公共利益重大风险”。如“绿孔雀案”中,新平公司及昆明设计院建设戛洒江一级水电站是否对绿孔雀、陈氏苏铁等珍稀濒危野生动植物以及热带季雨林和热带雨林造成重大风险;“五小叶槭案”中,牙根梯级水电站以及配套的公路建设是否直接威胁到五小叶槭的生存,是法院进行充分说理以及确定被告责任的重点和难点。“绿孔雀案”中,作出生效裁判的法院结合原告提供的证据以及政府及有关部门发布或出具的通知、调查报告,听取专家意见,对各项事实与证据进行了深入的分析,认定戛洒江一级水电站继续建设将对绿孔雀栖息地、陈氏苏铁生境以及整个生态系统生物多样性和生物安全构成重大风险。“五小叶槭案”还通过对预防原则两层含义的分析,结合对《环境保护法》《环境民事公益诉讼解释》《生物多样性公约》等文本意旨的分析,认定牙根梯级水电站建设可能存在损害环境公共利益重大风险。两案生效裁判作出法院,综合证据认定、事实说明、法条解释和法理分析,得出正当合法兼具说服力的裁判理由,对司法审判具有重要的司法实践指导意义。

(作者:侯佳儒,中国政法大学绿色发展战略研究院院长、教授,博士生导师,中国环境科学学会环境法委员会副主任委员,北京市环境与资源法学研究会副会长)

最高人民法院指导案例175号和176号点评

——用最严格制度最严密法治保护生物多样性

罗　丽

近日,最高人民法院发布第31批指导性案例(生物多样性保护专题),指导案例175号《江苏省泰州市人民检察院诉王小朋等59人生态破坏民事公益诉讼案》和指导案例176号《湖南省益阳市人民检察院诉夏顺安等15人生态破坏民事公益诉讼案》,是贯彻损害担责、全面赔偿原则,有机衔接对同一违法行为的刑事制裁、民事赔偿、行政处罚,正确适用人民检察院提起生态破坏民事公益诉讼制度审理的典型案例。

生物多样性是人类生存和发展的基础。我国高度重视生物多样性保护,在习近平生态文明思想的科学指引下,将生物多样性保护上升为国家战略,坚持保护优先、绿色发展,生物多样性保护取得显著成效。我国已制定出台环境民事公益诉讼、检察公益诉讼和生态环境损害赔偿诉讼等系列司法解释,充分运用公益诉讼制度保护生物多样性。

这两个指导性案例的裁判要点,对人民法院审理人民检察院提起的生态破坏民事公益诉讼案件具有指导性意义，主要体现在以下几个方面：

一是体现人民法院“用最严格制度最严密法治”加强对长江流域生态环境保护和修复。长江是我国生物多样性最具典型性的一条生态河流，是我国重要的水生生物基因宝库，加强长江流域生态环境保护和修复，对于实现人与自然和谐共生、中华民族永续发展具有重要意义。

指导案例175号所涉鳗鱼苗是2014年被世界自然保护联盟列为濒危物种，在长江干流水域采用“绝户网”大规模、多次非法捕捞长江鳗鱼苗，造成长江生态资源损失和生物多样性破坏，损害社会公共利益。因此，在追究王小朋等人非法捕捞水产品罪、掩饰、隐瞒犯罪所得罪等刑事责任的同时，人民检察院提起生态破坏民事公益诉讼，追究侵权行为人生态破坏民事责任。指导案例175号是全国首例判令从捕捞、收购到贩卖长江鳗鱼苗“全链条”承担生态破坏赔偿责任的案件，充分体现了人民法院“用最严格制度最严密法治”保护长江生态环境的决心和力度。

洞庭湖是长江流域重要的调蓄湖泊，具有丰富的水域岸线资源。指导案例176号所涉下塞湖，地处洞庭湖腹地，又是洞庭湖湿地的重要组成部分，区域内矿产资源丰富。夏顺安等15人私自开采国家矿产资源，其非法采砂行为严重破坏了采砂区域洞庭湖生态系统，破坏水生生物资源繁衍生存环境，损害社会公共利益，因此，人民检察院提起生态破坏民事公益诉讼。

法律责任分为民事责任、行政责任、刑事责任三类。同一违法行为，可能同时承担民事责任，并被追究行政责任和刑事责任。指导案例175号和指导案例176号均体现了人民法院在另案追究行为人违法犯罪行为刑事责任的同时，追究行为人生态破坏的民事责任，判令侵权行为人承担生态环境损害责任，体现了惩治和修复并重，统筹适用刑事、民事法律责任的现代环境司法理念。

二是关于生态破坏责任的构成要件。根据《民法典》和《最高人民法院关于审理环境侵权责任纠纷案件适用法律若干问题的解释》的规定，因污染环境、破坏生态造成他人损害，不论侵权人有无过错，侵权人应当承担侵权责任。在指导案例175号中，侵权行为人董瑞山等人单独或共同实施了在长江干流水域使用禁用渔具非法捕捞长江鳗鱼苗的生态破坏行为；非法捕捞濒危物种鳗鱼苗造成长江生态资源损失和生物多样性破坏；非法捕捞长江鳗鱼苗的生态破坏行为与长江生态资源损失和生物多样性破坏之间具有因果关系。因此，侵权行为人董瑞山等人应承担生态破坏责任。在指导案例176号中，侵权行为人夏顺安等人实施了非法采砂生态破坏行为；造成洞庭湖生态系统的损害，即造成了洞庭湖丰富的鱼类、虾蟹类和螺蚌等软体动物生物资源的损失，并严重威胁洞庭湖河床的稳定性及防洪安全，破坏水生生物资源繁衍生存环境；侵权行为人非法采砂生态破坏行为与洞庭湖生态系统损害之间具有因果关系。因此,侵权行为人夏顺安等人应承担生态破坏责任。

三是关于生态破坏责任中共同侵权责任的认定。《民法典》第1168条、第1171条、第1172条,以及《最高人民法院关于审理环境侵权责任纠纷案件适用法律若干问题的解释》等,对共同侵权行为责任进行了明确规定。在指导案例175号中,在判断非法捕捞者和收购者是否构成共同侵权行为责任时,人民法院认为,当销售是非法捕捞的唯一目的,且收购者与非法捕捞者形成了固定的买卖关系时,收购行为诱发了非法捕捞,实际上就是非法捕捞者与收购者构成了共同实施侵权行为,共同损害了长江生态资源损失和生物多样性破坏,因此,收购者与非法捕捞者构成了共同侵权,即收购者应当与非法捕捞者对共同实施的生态破坏行为所造成的长江生态资源损失和生物多样性破坏损失承担连带赔偿责任。在指导案例176号中,各被告当庭陈述均认可实施了采砂行为,其非法采砂生态破坏行为,共同造成了洞庭湖生态系统的损害,因此,人民法院判令夏顺安等15人在各自参与非法采砂数量范围内构成共同侵权,应在各自参与非法采砂数量范围内承担连带赔偿生态环境修复费用的民事责任。指导案例175号和176号关于生态破坏责任中共同侵权责任的认定具有重要指导意义。

四是关于生态资源损失范围的确定。生态环境损害,是指因污染环境、破坏生态造成大气、地表水、地下水、土壤、森林等环境要素和植物、动物、微生物等生物要素的不利改变,以及上述要素构成的生态系统功能退化。我国有关部门已经出台了生态环境损害鉴定评估技术指南等国家标准,通常应根据相关国家标准进行鉴定评估。但在遇到生态资源损失无法准确统计时,如何算定生态资源损失成为问题。指导案例175号关于生态资源损失无法准确统计时,根据生态破坏的范围和程度、资源的稀缺性等因素、非法行为方式的破坏性、时间敏感性、地点特殊性等因素,并参考专家意见,酌情作出判断的审理意见,对此类问题的解决具有重要的指导意义。指导案例176号所采取的根据水环境质量、河床结构、水源涵养、水生生物资源等方面的受损情况进行全面评估、合理认定的方法,在非法采砂造成生态资源损失的统计方面,也具有重要指导意义。

(作者:罗丽,北京理工大学法学院教授,中国环境科学会环境法学分会副主任委员,北京市生态法治研究会副会长)

最高人民法院指导案例177号点评

——全面严格履行公约义务 依法保护濒危野生物种

刘 飞 吴荣荣

生物多样性是人类生存和发展的基础。习近平总书记在《生物多样性公约》第十五次缔约方大会领导人峰会上深刻指出,"保护生物多样性有助于维护地球家园,促进人类可持续发展"。在习近平生态文明思想的科学指引下,人民法院切实加强生物多样性司法保护,更好发挥法院服务保障生态文明建设职能作用。在海南临高盈海船务有限公司诉三沙市渔政支队行政处罚案中,彰显贯彻环境司法保障生物多样性的宗旨,我国严格履行《濒危野生动植物种国际贸易公约》义务,依法保护水生野生动物及其产品,全面惩处非法开发利用野生动物资源"产业链",维护海洋生态环境平衡,促进人与自然和谐共生。

一、严格履行《濒危野生动植物种国际贸易公约》义务

作为负责任的大国,我国一直坚持全面履行公约缔约方义务,为保护濒危野生动植物种作出巨大贡献。公约附录中的野生动植物种既明确了缔约国需要予以保护的动植物种的范围和保护程度,亦为行政执法和人民法院司法提供清晰的公约保护物种的界定范围。该案的争议焦点集中于案涉砗磲的贝壳是否属于濒危野生动植物种。首先,砗磲的所有种均已被纳入公约保护附录,案涉大砗磲、砗蠔皆属于砗磲种,因此大砗磲、砗蠔属于公约保护物种。其次,公约明确附录中任何活的或死的动物,或其任何可辨认的部分,或其衍生物均属于保护的范围。因此,砗磲属受保护的珍贵、濒危水生野生动物,指导案例177号案中,原告海南临高盈海船务有限公司(以下简称盈海公司)运输的砗磲贝壳是砗磲的一部分,亦应当属于公约保护的范围。

二、依法保护水生野生动物及其产品

根据《最高人民法院关于审理发生在我国管辖海域相关案件若干问题的规定(二)》第七条第三款及《水生野生动物保护实施条例》第二条的规定,列入《国家重点保护野生动物名录》中国家一、二级保护的,以及列入《濒危野生动植物种国际贸易公约》附录一、附录二中所有水生野生动物物种,无论属于活体、死体,还是相关制品,均受到法律保护。案涉大砗磲属《国家重点保护野生动物名录》中的国家一

级保护动物,砗蠔属《濒危野生动植物种国际贸易公约》附录二物种,二者均受法律保护。因此,案涉的砗磲贝壳为砗磲的一部分,应当被认定为《水生野生动物保护实施条例》第二条规定的受保护的水生野生动物产品。

三、全面惩处非法开发利用野生动物资源“产业链”

野生动植物资源的非法开发利用涉及非法采捕、收购、运输、加工、销售珍贵、濒危野生动物及其制品等行为。非法开发利用“产业链”的任何环节都应受到到法律的制裁,任一环节的疏漏均为保护野生动物资源的“短板”。既溯及到采捕源头,又牢抓中间环节,更紧盯下游销售,全过程惩处是减少违法开发利用野生动物资源的必要之举。根据案发时生效的《野生动物保护法》(2009 年 8 月 27 日修订)第二十三条、《水生野生动物保护实施条例》第二十条及《水生野生动物利用特许办法》第二十九条的规定,运输、携带国家重点保护野生动物或者其产品出县境的,必须经省、自治区、直辖市政府野生动物行政主管部门或者其授权的单位批准并取得相应许可证明。我国法律对水生野生动物的保护涉及各个环节,不仅制裁对活体野生动物的捕捞、捕杀等行为,对购买、出售、养殖、运输、采挖受保护水生野生动物等行为也施加相应的法律责任。这也是相关法律规定违法采挖、运输、携带砗磲及其制品的行为均应受到处罚的原因和立法精神所在。案涉砗磲贝壳是法律保护的水生野生动物产品,盈海公司运输砗磲贝壳的行为,未取得相应许可证明,属于非法运输珍贵、濒危野生动物及其产品的行为,应当受到法律惩处,行政机关作出的行政处罚于法有据,符合依法行政原则。

(作者:刘飞,中国政法大学宪法学与行政法学教授;吴荣荣,中国政法大学宪法学与行政法学博士研究生)

最高人民法院指导案例 178 号点评

——依法严惩非法填海　维系海域生态平衡

刘　飞　吴荣荣

海洋对人类生存和发展具有重要意义,海洋孕育了生命、联通了世界、促进了发展。习近平总书记指出,我们要像对待生命一样关爱海洋。海洋是野生动植物生存环境重要系统之一,为生物多样性提供基础环境,应当得到全方位的保护。在指导性案例 178 号北海市乃志海洋科技有限公司诉北海市海洋与渔业局行政处罚案中,人民法院立足于全面保护海洋资源,依法认定“非法围海、填海”行为,明确“共同违法行为”的界定标准,实施海域环境处罚行为符合比例原则,有助于以环境司法维护国家海岸线安全、维系海域生态平衡。

依法认定“非法围海、填海”行为。该案中,北海市乃志海洋科技有限公司(以下简称乃志公司)对涉案海域的改造行为是否属于“非法围海、填海”应当依法予以认定。《国家海洋局关于印发〈海域使用分类体系〉和〈海籍调查规范〉的通知》*(国海管字〔2008〕273 号)对填海造地做如下界定,“2.5 填海造地指筑堤围割海域填成土地,并形成有效岸线的用海方式”。乃志公司使用外运泥土及建筑废料对涉案海域上的沙堆进行平整、充实形成临时码头,并在该码头靠海一侧设置围堰和护岸设施,最终使涉案海域形成目前的陆域现状。乃志公司平整、填海和围堰的用海方式,改变了海域的自然属性,案涉行为符合“填海造地”的界定。经广西壮族自治区地理国情监测院勘测定界,扣除已经办理土地使用证件的面积后,仍有 0.38 公顷海域为未经批准的非法填占。因此,乃志公司非法改造海域形成陆域装现状的行为,属于“非法围海、填海”。

明确“共同违法行为”的界定标准。案涉争议焦点之一为北海市渔沣海水养殖有限公司(以下简称渔沣公司)与乃志公司先后对同一海域进行不同程度的改造活动是否构成“共同违法行为”。界定行政处罚中的共同违法行为应当以“故意共同实施违法行为”作为判断标准。首先,渔沣公司与乃志公司并无共同故意之构成要件,双方实施的改造海域行为不存有共同违法的意思联络,属分别实施各自的违法行为。其次,渔沣公司与乃志公司先后实施不同的改造海域行为,并造成不同损害后果。渔沣公司在案涉海域先行实施非法吹填的行为,但自从签订转让协议后,未再使用该海域,亦无改变海域状况的其他行为。乃志公司在获得转让协议的权益后,独立实施了“非法围海、填海”行为,导致海域自然属性改变,形成有效岸线。因此,渔沣公司与乃志公司先后实施的不同行为不符合“故意共同实施违法行为”的标准,两者不构成共同违法行为,不应当一并进行处罚。据此,行政机关应当针对两公司的违法行为分别进行处理。

海域环境处罚行为应当符合比例原则。依据《行政处罚法》第五条第二款规定,设定和实施行政处罚必须以事实为依据,与违法行为的事实、性质、情节以及社会危害程度相当。行政机关实施行政处罚应当在法定的裁量幅度内,并符合法定目的,作出符合个案具体情形的公正处理。首先,该案不存有从轻或者减轻处罚的情形。根据行政机关调查和相对人举证,乃志公司在被查处后并无主动消除或者减轻违法行为危害后果等法定的从轻或者减轻处罚的情形,故行政机关在处罚决

---

* 现已失效。——编者注

定中不予从轻、减轻处理并无不当。其次,行政机关的处罚决定在裁量幅度内作出。依据《海域使用管理法》第四十二条的规定,“处非法占用海域期间内该海域面积应缴纳的海域使用金十倍以上二十倍以下的罚款”,行政机关对相对人按十五倍进行处罚属于裁量幅度内的处理,不构成裁量逾越。最后,行政裁量无明显不当之情形。根据中国海监总队《关于进一步规范海洋行政处罚裁量权行使的若干意见》,“行政处罚幅度有倍数规定的,低于中间倍数的,属于从轻处罚,按照中间倍数的,属于一般处罚,高于中间倍数的,属于从重处罚”。基于本案既不具有从轻处罚之情节、亦无从重处罚之事宜,行政机关遂根据本案之具体情形,作出中间倍数“十五倍”的一般处罚,不构成裁量滥用,符合依法行政原则和比例原则。

（作者:刘飞,中国政法大学宪法学与行政法学教授;吴荣荣,中国政法大学宪法学与行政法学博士研究生）

【案例工作】

天津市高级人民法院印发《关于推进案例工作高质量发展的若干措施》的通知

津高法〔2022〕107号

第一、第二、第三中级人民法院，海事法院，各区人民法院，铁路运输法院，本院各部门：

为进一步加强全市法院案例工作，市高院制定了《关于推进案例工作高质量发展的若干措施》，现印发给你们，请认真贯彻执行。

天津市高级人民法院

2022年4月24日

关于推进案例工作高质量发展的若干措施

为深入贯彻落实习近平法治思想，进一步优化案例工作机制，切实发挥案例在统一裁判标准、促进司法公正、提升司法公信力等方面的重要作用，推进全市法院案例工作高质量发展，根据《最高人民法院关于推进案例指导工作高质量发展的若干意见》等有关文件精神，结合我市法院实际，提出如下措施。

一、严格遵循案例工作基本原则。全市法院案例工作要坚持以人民为中心的发展思想，积极回应人民群众的司法需求。要坚持社会主义法治理念，大力弘扬社会主义核心价值观。要坚持问题导向，注重解决审判执行工作中的突出问题。

二、建立健全案例工作统筹机制。市高院研究室统筹全市法院案例工作，负责制定案例格式、发布流程等标准。各中基层法院和市高院各审判执行部门应于每年1月底前向市高院研究室报送当年度案例工作开展计划,市高院研究室汇总形成台账后向全市法院发布,并按计划节点督促落实。

三、建立健全案例发现联动机制。全市法院要不断提高发现案例的主动意识,注重在案件审理、执行过程中发掘具有典型性、示范性、指导性的案件。要探索将案例发现与优秀裁判文书评选、法治宣传、专业法官会议和审判委员会讨论案件等紧密结合,鼓励干警通过报送立案信息、审判动态等方式向本院案例工作主管部门提供案例线索。各院案例工作主管部门每月要将收到的案例线索整理汇总,并报送市高院研究室,必要时也可随时报送。

四、建立健全案例跟进培育机制。全市法院要不断提高培育案例的能动意识,对于发现具有案例价值的案件,指定专人全程跟踪负责,并可建议办案部门组成专门合议庭精心审理,为案例培育奠定良好基础。对于重要案件,可提交审判委员会研究讨论,确保正确的审理方向。办案人员在案件审理、执行过程中,要准确认定事实,正确适用法律,加强裁判文书说理,及时提炼裁判规则,形成典型性案例或备选参考性案例、指导性案例予以推荐。

五、建立健全案例质量把控机制。全市法院选编案例时,要严格遵循认定事实清楚、适用法律正确、裁判说理充分,法律效果和社会效果良好,具有一定典型性或对类似案件审理具有普遍指导意义的评价标准。要严格遴选程序,深入研究论证,广泛听取意见,严把案件挑选关、内容编写关,确保案例质量过硬。

六、建立健全案例发布宣传机制。市高院各审判执行部门每年要认真谋划案例选题,定期在所负责业务领域内专题征集发布一定数量的优秀典型案例,各中基层法院要按照要求及时组织报送相关案例,并可在本院范围内组织开展优秀典型案例征集评选活动,充分挖掘优秀案例资源,激发干警案例创作热情。全市法院要积极通过网络新媒体、新闻发布会等形式,加强对案例研究成果的宣传推广,打造多元展示窗口平台,不断扩大案例工作的影响力和覆盖面。

七、建立健全案例审核备案机制。全市法院对于公开发布或宣传的典型案例,要全面落实意识形态工作责任,在发布或宣传之前对案例进行严格审核,确保立场鲜明,导向正确,避免发布或宣传之后引发负面舆论炒作。各中基层法院和市高院各审判执行部门对于各自发布或宣传的典型案例,要在10日内将案例文本和案件所涉全部裁判文书报市高院研究室备案。

八、建立健全案例应用转化机制。全市法院要充分发挥典型性案例的重要示范作用,深入挖掘指导性案例和参考性案例的规则指引价值,进一步完善类案强制检索机制,以案例促进提升裁判文书说理水平,确保裁判尺度统一和法律正确实施。市高院研究室要积极创新方式方法,充分利用各类案例研究刊物和各类案例评选活动等平台，为优秀案例研究成果刊登发表、参选参评创造有利条件，切实推动案例研究成果高效转化。

九、建立健全案例人才管理机制。全市法院要加强案例人才队伍建设，选派责任心强、理论水平高、审判经验丰富的人员负责案例工作，组建一支政治过硬、业务精湛、观察敏锐、认识深透、严谨细致、精益求精的案例研究队伍，确保好案例有人跟、有人报、有人推。要加强案例培训工作，将其纳入每年培训计划，定期开展案例研讨培训活动，通过邀请优秀案例承办法官和案例作者参与研讨、开展讲座等方式，促进经验总结交流，提升干警的案例发现、培育、选编和应用能力。

十、建立健全案例工作考核机制。全市法院要细化案例工作考核指标，适当提高案例工作在绩效考核中所占比重。要将案例报送和采用情况纳入单位、部门和个人绩效考评范围，并依据法官法等规定，对案例工作成绩突出的单位、部门和个人予以相应奖励。要在晋职晋级、法官入额、审判业务专家评选、评优评先等活动中，将案例工作成果作为优先考核评价标准，并依据所取得成果的重要性，分别设置不同加分档次，切实突出目标导向。

江西省高级人民法院
关于印发推进案例指导工作高质量发展的
实施意见的通知

赣高法〔2022〕52号

全省各级法院：

《江西省高级人民法院关于推进案例指导工作高质量发展的实施意见》经2022年3月17日省法院第三次审委会讨论通过，现印发给你们，请认真贯彻执行。执行中有何问题，及时向我院研究室反馈。

江西省高级人民法院

2022年5月17日

江西省高级人民法院关于推进
案例指导工作高质量发展的实施意见

为进一步加强和改进全省法院的案例指导工作，充分发挥案例在总结审判经验、统一法律适用、提升审判质效、促进司法公正、宣传法律知识、培育法治信仰等方面的重要作用，根据最高人民法院《关于案例指导工作的规定》《〈关于案例指导工作的规定〉实施细则》《关于规范上下级人民法院审判业务关系的若干意见》《关于规范高级人民法院制定审判业务文件编发参考性案例工作的通知》《关于推进案例指导工作高质量发展的若干意见》等文件之规定，结合江西法院案例指导工作实际，制定本实施意见。

一、强化案例指导工作意识

第一条 案例指导制度是中国特色社会主义司法制度的重要组成部分。做好案例指导工作，是加快建设公正高效权威的社会主义司法制度的必然要求，是更好发挥人民法院审判职能作用的必然要求，是提高审判质量、效率和司法公信力的必然要求。全省法院要充分认识做好案例指导工作的重大意义，切实增强做好案例指导工作的意识。

第二条 开展案例指导工作，必须坚持以习近平新时代中国特色社会主义思想为指导，深入贯彻习近平法治思想，大力弘扬社会主义核心价值观；必须坚持以人民为中心的发展思想，积极回应人民群众的司法需求，充分发挥"一个案例胜过一打文件"的示范、引领和推动作用，努力让人民群众在每一个司法案件中感受到公平正义。

第三条 开展案例指导工作，要聚焦"作示范、勇争先"的目标要求，以"走稳前列，争做标杆"活动为引领，对标对表上级法院的工作部署，深入实施精品案例工程，不断推出更多具有指导作用、参考价值、典型意义、宣传效果的优秀案例，持续擦亮江西法院案例指导工作品牌，助力推动全省法院工作高质量发展。

二、健全案例指导工作机构

第四条 省法院成立案例指导工作领导小组，负责统筹、协调、指导全省法院案例指导工作。领导小组办公室设在研究室，负责归口统一管理全省法院日常案例指导工作。

第五条 各中级、基层法院应当建立健全专门的案例指导工作机构，切实加强对案例指导工作的组织领导，确保案例指导工作事有人做、责有人担。

第六条 全省各级法院要充分发挥审判委员会、专业法官会议、专家咨询委员会等机构的作用，完善讨论机制，适当增加案例指导工作方面的议题频次。

第七条 有条件的法院，可以与法学会、高等院校、研究机构等合作，探索设立案例研究基地、案例研究中心等专门的案例研究机构。

三、突出案例指导工作重点

（一）指导性案例

第八条 本意见所称指导性案例，是指经最高人民法院审判委员会讨论通过后，以文件形式公开发布，对全国法院审判、执行工作具有指导作用的案例。

本意见所称备选指导性案例，是指以省法院名义报送最高人民法院，推荐作为指导性案例的案例。

第九条 省法院研究室负责全省法院备选指导性案例的征集、遴选、审查、报送等日常工作。

省法院各业务部门对本院和下级法院已经发生法律效力的裁判,认为符合备选指导性案例推荐条件的,经部门负责人同意,可以向研究室推荐。

中级法院对本院和辖区法院已经发生法律效力的裁判,认为符合备选指导性案例推荐条件的,经本院审判委员会讨论决定或者分管院领导同意,可以向省法院研究室推荐。

基层法院对本院已经发生法律效力的裁判,认为符合备选指导性案例推荐条件的,经本院审判委员会讨论决定或者分管院领导同意,可以层报省法院研究室推荐。

第十条 备选指导性案例应当符合最高人民法院《关于案例指导工作的规定》等文件要求,即裁判已经发生法律效力,认定事实清楚,适用法律正确,裁判说理充分,法律效果和社会效果良好,对审理类似案件具有普遍指导意义,并具有以下情形之一的案例:

(一)社会广泛关注的;

(二)法律规定比较原则的;

(三)具有典型性的;

(四)疑难、复杂或者新类型的;

(五)其他具有指导作用的案例。

第十一条 对于入选《最高人民法院公报》《人民法院案例选》《中国法院年度案例》《中国审判案例要览》等刊物的案例、中国司法案例网推选的案例、在全国法院系统年度优秀案例分析评选活动中获奖的案例等,可以作为备选指导性案例予以推荐。

第十二条 省法院各业务部门和全省各中级、基层法院向省法院研究室推荐备选指导性案例,应当提交下列材料:

(一)指导性案例推荐表;

(二)按照规定体例编写的案例文本及其编选说明;

(三)相关裁判文书。

以上材料需要纸质版一式三份,并附电子版。

必要时,可以提交审判委员会讨论笔录、案件审理报告、相关新闻报道及研究资料等。

第十三条 提交的备选指导性案例文本应当符合最高人民法院指导性案例的

体例要求，即由标题、关键词、裁判要点、相关法条、基本案情、裁判结果、裁判理由以及包括生效裁判审判人员姓名的附注等组成。

最高人民法院调整指导性案例体例的，从其规定。

第十四条 省法院研究室应当健全案例评审会议机制，做好案例的审查、论证等工作。

案例评审会议可由常设成员和临时成员组成。常设成员由研究室主任、副主任、员额法官和案例工作人员担任。临时成员可以根据案例内容邀请二级高级法官、审判业务专家、高校知名学者等担任。

第十五条 省法院研究室经初审后认为有指导意义的案例，应当按照案例类型分送相关业务部门进行复审。相关业务部门应当认真进行复审，并及时反馈经部门负责人审定的复审意见。

第十六条 对经复审同意推荐的案例，由省法院研究室报经分管院领导同意后，按照程序提请省法院审判委员会讨论或者分送各位委员审核。

经省法院审判委员会讨论通过或者半数以上委员审核同意推荐的备选指导性案例，由省法院研究室按照规定报送最高人民法院研究室。

第十七条 案件承办法官在办理案件过程中，应当进行类案检索，并首先检索现行有效的指导性案例。

发现正在审理的案件在基本案情和法律适用方面，与最高人民法院发布的指导性案例相类似的，应当参照相关指导性案例的裁判要点作出裁判。

第十八条 参照指导性案例作出裁判的，应当将指导性案例作为裁判理由引述，但不直接作为裁判依据使用。

在裁判文书中引述相关指导性案例的，应当在裁判理由部分引述指导性案例的编号和裁判要点。

第十九条 公诉机关、案件当事人及其辩护人、诉讼代理人引述指导性案例作为控（诉）辩理由的，案件承办人员应当在裁判理由中回应是否参照了该指导性案例并说明理由。

（二）参考性案例

第二十条 本意见所称参考性案例，是指由省法院审判委员讨论通过后，以文件形式公开发布，对全省法院审判、执行工作具有参考价值的案例。

全省各中级、基层法院不得编发参考性案例。

第二十一条 省法院研究室负责参考性案例的征集、遴选、审查、发布、管理、备案、清理等日常工作。

第二十二条 省法院各业务部门对本院和下级法院已经发生法律效力的裁

判,认为符合参考性案例推荐条件的,经部门负责人同意,可以向省法院研究室推荐。

中级法院对本院或辖区法院已经发生法律效力的裁判,认为符合参考性案例推荐条件的,经本院审判委员会讨论决定或者分管院领导同意,可以向省法院研究室推荐。

基层法院对本院已经发生法律效力的裁判,认为符合参考性案例推荐条件的,经本院审判委员会讨论决定或者分管院领导同意,可以层报省法院研究室推荐。

第二十三条 参考性案例必须是裁判已经发生法律效力,认定事实清楚,证据确实充分,适用法律正确,办案程序合法,文书制作规范,裁判说理充分,法律效果和社会效果良好,对审理类似案件具有参考价值,并具有以下情形之一的案例:

(一)社会影响重大的案件;

(二)新类型的案件;

(三)在法律适用等方面有争议的疑难复杂案件;

(四)在立案、审判、执行等工作中具有典型性、代表性的案件;

(五)法律规定比较原则,缺乏具体明确标准的案件;

(六)其他具有参考价值的案件。

参考性案例应当符合宪法、法律规定和立法精神,弘扬社会主义核心价值观,不得与司法解释、指导性案例相冲突。

第二十四条 对于入选《最高人民法院公报》《人民法院案例选》《中国法院年度案例》《中国审判案例要览》等刊物的案例、中国司法案例网推选的案例、在全国法院系统年度优秀案例分析评选活动中获奖的案例等,可以作为备选参考性案例予以推荐。

第二十五条 省法院各业务部门和各中级、基层法院向省法院研究室推荐备选参考性案例,应当提交下列材料:

(一)参考性案例推荐表;

(二)按照规定体例编写的案例文本及其编选说明;

(三)相关裁判文书。

以上材料需要纸质版一式三份,并附电子版。

必要时,可以提交审判委员会讨论笔录、案件审理报告、类案检索报告、相关新闻报道及研究资料等。

第二十六条 参考性案例的体例可以参照最高人民法院指导性案例的体例。具体由省法院研究室确定。

第二十七条 省法院研究室经初审后认为有参考价值的案例,应当根据案例类型分送相关业务部门进行复审。相关业务部门应当认真进行复审,并及时反馈经部门负责人审定的复审意见。

必要时,也可以征求二级高级法官、审判业务专家、高校知名学者等的意见。

第二十八条 经复审后,对省法院相关业务部门一致意见或者多数意见同意采用的案例,由省法院研究室报送分管院领导审核同意后,按照程序提请审判委员会讨论。

第二十九条 经省法院审判委员会讨论通过的参考性案例,可以作为备选指导性案例报送最高人民法院。

第三十条 发布参考性案例应当使用统一的文号,并做好舆情研判、保密审查、技术处理等工作,注意防控舆情风险,保护国家秘密、商业秘密和个人隐私。

第三十一条 参考性案例正式印发后,应当在十五日内报送最高人民法院研究室备案。

第三十二条 对省法院编发的参考性案例,全省各级法院在审理、执行类似案件时可以作为参考,但不得在文书中援引作为裁判依据或作为裁判理由引述。

对类似案件作出与参考性案例不同的裁判的,应当在作出裁判后一个月内将相关文书报送省法院研究室,以供进一步研究。

第三十三条 参考性案例有下列情形之一的,不再具有参考价值:

(一)与新的法律法规、立法解释、司法解释相冲突的;

(二)与最高人民法院发布的审判业务文件、指导性案例相抵触的;

(三)为新的参考性案例所取代的。

第三十四条 收到有关机关、组织、个人反映参考性案例存在问题的建议函后,省法院研究室应当商相关业务部门在一个月内研究提出处理意见。

收到最高人民法院转交的上述建议函后,省法院研究室应当商相关业务部门在一个月内提出书面研究意见报最高人民法院。

第三十五条 省法院研究室应当建立健全参考性案例的清理工作机制,及时清理不再具有参考价值的参考性案例,并向最高人民法院备案。

省法院各业务部门和全省各中级、基层法院可以向省法院研究室提出清理参考性案例的书面建议及理由。

(三)典型案例

第三十六条 本意见所称典型案例,是指最高人民法院以及全省各级法院发布的在审判、执行等工作中具有典型意义的案例。

第三十七条 省法院各业务部门和全省各中级、基层人民法院应当认真落实“谁执法谁普法”普法责任制,认真做好典型案例的发布、报送等工作。

省法院各业务部门经分管院领导同意,可以根据工作需要发布典型案例,或者按照最高人民法院的要求报送备选典型案例。

全省各中级、基层法院可以根据工作需要发布典型案例,或者按照上级法院的要求报送备选典型案例。

省法院各业务部门以及全省各中级、基层法院编发的典型案例不得称为指导性案例或参考性案例。

第三十八条 全省各级法院发布的典型案例应当是裁判已经发生法律效力、认定事实清楚、适用法律正确、审判程序合法、办案效果良好,并符合以下情形之一的案例:

(一)对展示法院形象、树立司法权威有宣传作用的;

(二)对规范社会行为、引领社会风尚有导向作用的;

(三)对围绕中心工作、服务保障大局有引领作用的;

(四)对规范司法行为、提升办案质效有促进作用的;

(五)其他具有典型意义的案例。

第三十九条 典型案例发布分为年度发布和专题发布。年度发布是指按照刑事、民事、行政、执行等业务类别,每年定期发布的典型案例。

专题发布是指针对一个时期内党委政府中心工作、人民法院重点工作、社会公众关注热点等,适时发布的典型案例。

第四十条 典型案例发布可按照以下流程进行:

(一)确定主题;

(二)征集案例;

(三)审查确定;

(四)公开发布。

第四十一条 典型案例体例可以包括以下要件:

(一)案例标题;

(二)基本案情;

(三)裁判结果;

(四)典型意义。

第四十二条 典型案例发布可以包括以下内容:

(一)通报工作情况;

(二)发布案例文本;

(三)邀请专家点评。

第四十三条 典型案例发布可以采取以下形式:

（一）制发文件；

（二）召开新闻发布会；

（三）通过官方网站、微信公众号、内刊等发布。

第四十四条 发布典型案例，应当事先做好文本审核、舆情研判、保密审查、技术处理等工作，切实保护国家秘密、商业秘密和个人隐私，有效防控舆情风险。

四、完善案例指导工作机制

第四十五条 完善案源发现机制。全省各级法院要建立健全优秀案例发现机制，充分发挥各员额法官、办案团队、业务部门案例发现的主渠道作用，及时发现、研究、上报有价值的案例。审判管理、调研宣传等部门，要善于通过优秀裁判文书评选、审判委员会讨论案件、专题调研活动、新闻媒体报道等渠道发现案例素材。

第四十六条 完善案件精审机制。对于可以打造成精品案例的案件，一般应当采取合议制，并处理好调解与判决的关系。院、庭长可以通过亲自承办案件、担任审判长、给予业务指导、召开专业法官会议、报请审判委员会讨论、请示上级法院等方式，确保办案质量和效果。

第四十七条 完善文书把关机制。要加强和规范裁判文书释法说理工作，严格落实承办法官文书质量第一责任人责任和审判团队、所在部门、分管领导的管理责任，完善文书校核、评查、评比、通报、追责等机制，用好智能辅助软件，切实提高裁判文书制作水平。

第四十八条 完善联合打造机制。坚持审判执行力量与审判管理、调研宣传等力量有机结合的原则，共同做好案例编写、宣传等工作，发挥整体优势，形成工作合力。案例可由承办人独自撰写或者合议庭、办案团队、业务部门集体撰写，也可以跨部门、跨法院联合撰写。

第四十九条 完善报送备案机制。省法院各业务部门和各中级、基层法院参加全国法院系统年度优秀案例分析评选活动的案例，以及投稿《最高人民法院公报》《人民法院案例选》《中国法院年度案例》《中国审判案例要览》等刊物的案例，应当通过省法院研究室统一报送。

省法院各业务部门和各中级、基层法院在最高人民法院各部门（研究室除外）所组织的案例类优秀业务成果评选、典型案例征集等活动中获奖、入选的案例，以及自行发布的典型案例，应当及时报省法院研究室备案。

第五十条 完善学习应用机制。要把最高人民法院、省法院发布的指导性案例、参考性案例、典型案例和评选的优秀案例等作为干警业务培训的重要内容。要严格落实类案强制检索与说明报告制度，充分发挥案例在规范裁判行为、统一司法尺度等方面的作用。

第五十一条 完善考评激励机制。将案例指导工作情况纳入省法院各业务部门和全省各中级、基层法院以及员额法官、法官助理等的绩效考评范围,发挥考评指挥棒作用。健全案例指导工作通报制度,定期举办或者组织参加优秀案例评选等活动,营造浓厚的案例工作氛围。

全省各级法院可以依据相关规定,对案例指导工作成绩突出的集体和个人予以相应的物质奖励和精神奖励。在晋职晋级、法官入额、评优评先、专门人才评选等活动中,应当将指导性案例、参考性案例等成果作为优先考虑条件。

五、建强案例指导工作队伍

第五十二条 加强案件审判人员队伍建设。好案件是好案例的前提和基础,全省各级法院要深化审判业务专家、执法办案标兵等专门人才队伍建设,不断提高办案质量、效率和效果,多办经得起法律和历史检验的精品案件,为打造优秀案例奠定坚实基础。

第五十三条 加强案例编写人员队伍建设。省法院各业务部门和全省各中级、基层法院要有意识地发现、培养、选拔本部门、本单位的优秀年轻案例写手,着力打造一支人员稳定、意识敏锐、专业精湛、积极投入的案例编写工作队伍。

第五十四条 加强案例通讯编辑队伍建设。省法院各业务部门以及全省各中级、基层法院应当选派专人担任案例通讯编辑,形成上下联动、衔接顺畅的案例指导工作网络。通讯编辑的确定和变更,应当及时报省法院研究室备案。

第五十五条 加强案例师资人才队伍建设。全省法院要切实做好优秀案例师资人才的选拔、培养、管理、使用等工作,充分发挥其传帮带的孵化器、助推器作用,不断提高全省法院案例指导工作队伍的整体能力和水平。

六、优化案例指导工作平台

第五十六条 全省各级法院要加强纸质内刊和电子内刊的编发工作,做好微信公众号、官方网站等网络平台的运维工作,用好相关案例工作专栏,完善案例审核发布、作者稿酬支付等制度,充分发挥其主渠道作用。省法院研究室负责《司法纵横》《江西法院案例选》的编辑工作,并在内网开设"案例工作"专栏。

第五十七条 全省各级法院要不断完善和提升案例推荐、审查、检索、应用、评估等工作信息化水平,积极发挥中国司法案例网、中国裁判文书网、国家法官学院综合管理信息系统、中国应用法学数字化服务系统、法信、中国知网等信息化平台和内网 CoCall、法讯通、数字法院业务应用系统、法官 e 助理、审判 e 管理等应用软件的作用。

第五十八条 省法院研究室可以探索建立指导性案例、参考性案例、典型案例等的纸质档案库及其电子信息库,为全省法院干警对上述案例的查询、检索、学习、研究等提供便利。司法技术、行政装备等部门应当提供技术、财务等方面的必要支持。

七、附则

第五十九条 本意见由省法院审判委员会负责解释。

第六十条 本意见自印发之日起执行。之前发布的案例指导工作文件与本意见不一致的,以本意见为准。

第六十一条 最高人民法院对案例指导工作有新要求的,从其规定。

附件:关于成立案例指导工作领导小组及其办公室的通知(略)

四川省高级人民法院印发《关于推进全省法院案例工作高质量发展的实施意见》的通知

川高法发〔2022〕10号

全省各级人民法院：

为全面加强全省法院案例工作，推动新时代人民法院工作高质量发展，经四川省高级人民法院2022年第46次审判委员会讨论通过，现将《关于推进全省法院案例工作高质量发展的实施意见》印发你们，请结合工作实际，认真贯彻落实。

四川省高级人民法院

2022年7月7日

关于推进全省法院案例工作高质量发展的实施意见

为更好地发挥案例制度在统一裁判标准、促进司法公正、提升司法公信等方面的重要作用，根据《最高人民法院关于推进案例指导工作高质量发展的若干意见》《关于规范高级人民法院制定审判业务文件编发参考性案例工作的通知》等文件要求，结合四川法院工作实际，制定本意见。

一、总体要求

（一）指导思想

1. 以习近平新时代中国特色社会主义思想为指导，深入贯彻习近平法治思想，增强“四个意识”、坚定“四个自信”、做到“两个维护”，积极适应新时代人民法院工作高质量发展新形势新任务，坚持系统观念、法治思维、强基导向，以推动案例工作高质量发展为目标，建立健全目标明确、责任明晰、管理规范的长效工作机制，全面提升全省法院案例工作能力和水平。

（二）基本原则

2. 立足时代要求。准确把握立足新发展阶段，贯彻新发展理念，融入新发展格局要求，贯彻落实党中央、省委重大决策部署，始终保持与国家重大战略同频共振，充分发挥案例规范指引生产生活的重要作用，依法精准服务保障经济社会高质量发展。

3. 坚守法治原则。要确保案例阐释的裁判规则符合宪法、法律规定，符合立法目的、立法原则和立法精神，符合社会主义核心价值观要求，更好地维护国家法律的统一和正确实施。

4. 注重社会效果。聚焦贯彻落实党和国家政策方针中的重点问题，经济社会发展中的疑难问题，审判执行中的突出问题等，以案例的“小切口”解决司法实践中的“真问题”，让人民群众切实感受公平正义就在身边。

5. 突出应用价值。按照类案检索和法律适用分歧解决机制相关要求，强化类案检索，发挥案例统一裁判尺度的价值。注重案例成果转化应用，融合形式多样的研究成果转化平台，推动优秀案例向学术调研和裁判规则转化。

6. 把握时效规律。聚焦社会热点和审判执行工作重点，主动、及时开展案例培育、编写和转化应用工作，突出案例时效性，确保案例质量。

7. 全程风险评估。将“三同步”理念贯穿于案例工作全过程，按照“先评估、后启动”要求，结合社会热点和公众关切，实时进行动态风险评估，防范舆情炒作。

（三）目标任务

8. 要充分认识案例工作的重要地位和重要作用，将其置于建设中国特色社会主义法治体系，构建社会主义法治国家的战略高度来谋划，切实解决当前案例工作存在的重视程度不高、培育意识不强、编写能力不足、协作配合不力、考核激励乏力等问题，确保实现最高人民法院备选指导性案例报送工作稳中求进，四川法院参考性案例提档升级，四川法院民商事司法参考性案例库建设持续推进，《最高人民法院公报》案例、《人民法院案例选》《中国审判案例要览》《中国法院年度案例》《全国法院优秀案例分析》、典型案例等征集工作创新发展。

二、职责分工

9. 各级法院研究室（未设研究室的，为调研职能部门）为案例工作的归口管理部门,组织开展案例(各业务条线典型案例除外)征集、审查、选编、发布、报送,以及对案例工作的协调等工作。

10. 各级法院审判业务部门应当积极参与案例选题、推荐、评选等工作,指定专人负责案例联络,负责各业务条线典型案例的征集、审查、选编及报送等工作。业务条线案例及评选结果应当及时送研究室备案。宣传部门负责对拟公开发布的案例进行舆情风险评估。

11. 各级法院要建立由研究室统筹负责、各审判业务部门共同参与的案例工作机制,并负责辖区法院案例的指导、推荐、调研、培训等工作。

三、工作载体

12. 指导性案例:由最高人民法院审判委员会讨论决定,供全国各级法院在审判类似案件时参照,旨在通过案例加强类案裁判指导,统一法律适用。全省各级法院应当关注指导性案例年度重点工作,常态化开展备选指导性案例选编和报送工作。

13. 四川法院参考性案例、四川法院民商事司法参考性案例库案例:由省法院审判委员会讨论决定,对辖区各级法院的审判工作进行指导。全省各级法院应当结合审判执行工作实际,重点选编、报送解决法律适用分歧的案例,常态化开展备选参考性案例选编和报送工作。

14.《最高人民法院公报》案例、《人民法院案例选》《中国审判案例要览》《中国法院年度案例》《全国法院优秀案例分析》:由各主办单位选编,旨在展示中国司法案例的裁判方法和理念,供司法实务工作者、法学理论研究者参考和研究。全省各级法院应当结合各类案例特征,有针对性地开展选编和报送工作。

15. 四川法院年度十大典型案例和各业务条线典型案例:旨在发挥典型案例对社会的示范引领作用,弘扬社会主义法治精神和核心价值观、统一法律适用等。全省各级法院应当关注社会热点和司法需求,按征集要求开展典型案例选编和报送工作。

四、案例发现机制

16. 要树立案例意识,把握案例工作规律,及时发现、征集案例线索。业务条线员额法官应当增强参与案例工作的积极性与主动性,院、庭长在履行审判监督管理职责时,应当加强对案件裁判规则及典型意义的归纳和总结,夯实案例工作基础。把握裁判决策环节,充分发挥审判委员会、专业法官会议等发现案例的优势。加强判后分析,注重通过裁判文书评比、案件评查、质效分析等发现案例线索。关注重大司法改革事项,结合四级法院审级职能定位改革试点开展案例研究。通过代表委员监督、职业共同体推荐、新闻媒体报道等途径,积极扩展案例发现渠道。

17. 要找准案例工作突破口,把握案例工作类型化特点,着重关注以下类型案件。

(1)统一法律适用型:在法律适用、事实认定、证据采信、诉讼程序方面疑难复杂,有助于解决裁判分歧的案件;

(2)以案释法型:法律规定较为原则,能够正确适用法律规定或展示法律适用方法的案件;

(3)填补漏洞型:现行法律尚无具体规定,正确运用法理或法律原则并形成裁判规则的案件;

(4)新法适用型:适用新颁布的法律、法规和司法解释,展示新规定、新理念、新思路的案件;

(5)重大影响型:在全省范围有重大影响,解决社会广泛关注的法律问题,政治效果、法律效果、社会效果有机统一的案件;

(6)其他对统一法律适用、维护司法公正、弘扬社会主义核心价值观等具有重要意义的案件。

五、案例培育机制

18. 在案件审理、执行中发现具有统一法律适用价值的案件,要加强裁判文书说理,及时总结提炼裁判规则。做到案情叙述清晰、争点归纳准确、说理充分透彻。

19. 在案件审理、执行中发现具有社会示范价值的案件,要注重全过程培育。将社会主义核心价值观融入裁判文书释法说理,并主动延伸审判职能,开展社会调查、司法建议、司法救助、判后回访等工作,积极参与基层社会治理。

20. 要充分发挥资深法官、专家学者和法律职业共同体优势,加强研究论证,凝聚各方共识,以理论研究促进案例工作发展,以案例实践丰富理论研究成果。

六、案例审议机制

21. 建立案例专业会议机制。备选指导性案例、参考性案例、民商事司法参考性案例库等案例提交审判委员会审议前,一般应召开案例专业会议进行论证。案例专业会议可由常设成员和临时成员组成。常设成员由案例编选部门相关人员担任,临时成员根据案例内容由相关业务部门法官、法官助理、专家学者以及其他部门工作人员担任。

22. 完善审判委员会讨论机制。要提高审判委员会审议备选指导性案例、备选参考性等案例的效率,增加审议会议频次。各中级法院向省法院推荐备选指导性案例、参考性案例,应当经过审判委员会讨论决定,也可根据工作实际经审判委员会半数以上委员审核同意。

23. 建立案例风险评估会商机制。对拟公开发布的案例,提交案例专业会议论证前,案例推荐部门应当对可能出现的舆情风险进行评估分析,也可以召集宣传、信访等部门,共同就潜在风险进行会商,听取意见建议。

七、案例应用机制

24. 指导性案例应当作为类案裁判参照。在裁判文书中引述相关指导性案例的,应当在裁判理由部分引述指导性案例的编号和裁判要点。公诉机关、案件当事人及其辩护人、诉讼代理人引述指导性案例作为控辩理由的,案件承办人员应当在裁判理由中回应是否参照了该指导性案例并说明理由。

25. 在办理案件过程中,案件承办法官可以参考引述四川法院参考性案例、民商事司法参考性案例库案例的裁判要旨,对类案作出裁判,但不得在裁判文书中援引作为裁判依据。如果存在法律适用分歧,应当依照《四川省高级人民法院关于建立全省法院法律适用分歧解决机制的实施细则(试行)》办理。

八、考核激励机制

26. 优化案例工作考核机制。全省各级法院要将案例报送和采用情况纳入部门和个人绩效考评范围。推动落实将案例报送和采用情况,纳入对中级、基层人民法院的绩效考核。

27. 完善案例工作激励机制。落实案例法官署名和表扬表彰机制,切实增强法官的职业尊荣感和工作积极性。依法依规对案例工作成绩突出的单位和个人予以奖励。在晋职晋级、法官入额、审判业务专家评选、评优评先等活动中,将案例工作成果作为优先考核评价标准。

九、工作保障机制

28. 重视案例工作队伍建设。全省各级法院要从人民司法事业发展全局的高度出发,切实加强案例工作队伍建设。明确责任部门,确定岗位职责,落实责任人员,主动开展案例工作。选派理论水平高、审判经验丰富的同志负责案例的编选、报送等工作,建立一支政治过硬、业务精湛、观察敏锐、认识深透、严谨细致、精益求精的案例工作队伍。

29. 加强案例工作教育培训。全省各级法院在业务培训时应将案例作为重要培训内容,引导法官正确提炼总结案例的裁判规则和裁判方法,提升法官案例培育、选编和应用能力。

安徽省高级人民法院
关于印发《安徽省高级人民法院
关于进一步加强案例工作的意见》的通知

皖高法〔2022〕33 号

全省各中级、基层人民法院，本院各部门：

现将《安徽省高级人民法院关于进一步加强案例工作的意见》印发给你们，请认真贯彻执行。

安徽省高级人民法院

2022 年 5 月 13 日

安徽省高级人民法院
关于进一步加强案例工作的意见

司法案例对统一裁判标准、促进司法公正、提升司法公信力具有重要作用。为深入贯彻习近平法治思想，落实最高人民法院《关于推进案例指导工作高质量发展的若干意见》，进一步加强全省法院案例工作，巩固提升审判执行质效，按照省高院党组部署，结合工作实际，制定本意见。

一、加强案例工作的统筹管理。明晰案例工作职责，省高院研究室承担院案例编审委员会办公室职责，负责向最高人民法院推报指导性案例和公报案例，发布全省法院参考性案例，组织评选全省法院优秀案例等工作。审判业务部门负责条线典型案例发布工作；增强主体意识、责任意识，积极编写、推报本部门案例，认真审核把关条线推报案例;参与有关案例征集、提交审议等工作。

省高院建立案例专业会议机制,严格规范遴选程序,强化对案例的审查论证。案例专业会议由研究室和审判业务部门法官、法官助理等参加,案例审查论证纳入审判绩效考核。拟提交审判委员会审议的备选指导性案例、参考性案例和拟推报为最高人民法院公报案例的,一般应召开案例专业会议审查论证。省高院审判委员会讨论重大或典型案件时,通知研究室负责人或从事案例工作的同志列席。

各中基层法院可以参照本意见,明确案例编选、推报责任部门,健全案例工作机制。

二、加强案例发现、编写工作。建立备选案例库,省高院各审判业务部门、各中基层法院对于在审理、执行中发现的具有典型性、示范性、指导性案件,要注重加强裁判说理,生效裁判文书于1个月内报省高院研究室;发布的典型案例,7日内及时将案例材料报省高院研究室。拓展案例发现渠道,对于入选最高人民法院公报案例、在全国法院系统优秀案例分析评选等活动中获奖的案例、省高院领导在监管中发现和推荐的案件等,案件承办法院(部门)应及时编写,作为备选参考性案例推报;对于提级管辖案件,省高院各审判业务部门、各中级法院应当在案件审结时同步提出是否作为备选参考性案例推报的意见,连同生效裁判文书一并报省高院研究室审查。

省高院各审判业务部门、各中基层法院要增强培育案例意识,及时做好备选指导性案例、参考性案例等编写、推报工作;办案法官既要办好案件,也要写好案例。对于拟推报为备选指导性案例、参考性案例的,经案件承办人编写、部门负责人把关、分管院领导审签后,报省高院研究室。常态化开展案例推报,省高院各审判业务部门每季度报送不少于1篇备选参考性案例,各中级法院每季度报送不少于3篇备选参考性案例。

三、加强案例转化应用。强化指导性案例应用,办案中检索到的类案为指导性案例的,应当参照作出裁判。认真落实《安徽省高级人民法院关于加强参考性案例工作的意见》,加大参考性案例发布力度。对于已发布的参考性案例,全省法院要认真组织学习,自觉作为办理类似案件的参照标准。

四、加强考核激励。增加案例工作在审判绩效考核中的分值,激发案件承办人、案例编写人、案例编选人的积极性。对入选指导性案例的,可为推报法院(部门)记三等功,编写人记二等功;对入选最高人民法院公报案例的,可为编写人记三等功;对入选参考性案例的,给予编写人嘉奖;相关入选情况,作为晋职晋级、员额遴选、审判业务专家评选等的重要参考。

五、加强组织保障。各级法院党组要高度重视案例工作,作为巩固提升审判执行质效的重要抓手,列入党组重要议事日程;明确归口部门,选派理论水平高、审判经验丰富的同志负责案例编选、推报等工作。在《安徽审判》等设置"案例"专栏,定期组织案例专题培训班,把案例作为民事、刑事、行政审判以及执行等业务条线培训的重要内容。组建全省法院案例通讯编辑队伍,健全上下联动的案例工作网络。加强院校合作,邀请专家学者开展案例点评、分析、成果转化,定期选派法律实习生帮助开展案例工作,推动全省法院案例工作高质量发展。